요한복음 설교

믿음과 생명

요한복음 설교 *믿음과 생명*

총편집인	김 의 원
지 은 이	안 오 순
발 행 일	2020년 10월 20일
발 행 처	도서출판 사무엘
등 록	제972127호 (2020.10.16)
주 소	안양시 동안구 관악대로 282 고려빌딩 3층
표 지	김 별 아

ISBN 979-11-972127-1-0

값 **15,000원**

SEE 성경과 신학 시리즈 01
성경 교사와 설교자를 위한 기본과정 101

요한복음 설교
믿음과 생명

총편집인 김 의 원
지 은 이 안 오 순

도서출판 사무엘

석의의 위기, 설교의 위기

교회는 세상의 유일한 희망입니다!

세상은 하루가 다르게 급변하고 있습니다. 교회는 여기에 대한 구체적인 대응을 해야 합니다. '콘텍스트(context)'와 환경은 변하지만, '텍스트(text)'와 진리는 변하지 않기 때문입니다. 변하지 않는 진리를 변화하는 세계에 적용하려면 교회의 본질을 살펴야 합니다. 교회의 중심은 성경에 있습니다. 성경은 역사의 소용돌이 속에서 여전히 영혼을 구원하고 교회를 바르게 세우며, 성도를 양육하기 위해서 주신 하나님의 도구입니다. 그 도구 중 하나는 설교자를 통해 선포하는 설교입니다.

한국교회의 강단처럼 설교가 양적인 면에서 풍요로운 곳은 세계 어느 곳에도 없습니다. 하지만 그 설교가 최근에는 성도의 삶을 변화시키지 못할 뿐만 아니라 사회와 국가에 영향력을 미치지 못합니다. 그 원인 중 하나는 '석의(釋義)'를 바르게 하지 못한 데 있습니다. 현실과는 수천 년 거리가 있는 성경의 이야기를 메마르게 나열하거나 현실을 너무 강조하여 말씀은 단지 설교 내용의 구호나 후렴구 정도로 머뭅니다. 설교자는 설교 강단에서 건강에 좋지 못한 '부실 음식(junk food)'을 성도에게 제공하는 모습입니다. 그 결과 교회는 영적 허약 체질로 자라고 있습니다.

건강한 교회는 설교자의 설교로부터 시작합니다. 설교자의 사명은 성경 본문이 '의미(meaning)'했던 것을 정확하게 찾아내어 오늘의 회중에게 그 '의의(significance)'를 적실하게 전달하는 일입니다. 하지만 오늘의 설교자는 성경 본문이 말하는 역사적 상황 안에서 의미했던 내용을 오늘을 살아가는 회중에게 적용하는 일을 잘하지 못합니다. 설교의 위기가 석의의 위기에서 비롯되었다는 말입니다. 따라서 설교의 위기를 극복하려면 석의의 위기부터 극복해야 합니다.

그다음으로 적용에 힘써야 합니다. 적용과 상관없는 석의는 공허한 지적 놀음에 불과합니다. 하나님의 말씀은 처음 청중은 물론이고 오늘 우리에게도 적실하게 적용할 수 있기 때문입니다. 성경은 당대 사람의 성경일 뿐만 아니라 오늘 우리의 성경이기도 합니다. 적용이란 본문을 통하여 찾아낸 신학적 메시지를 청중이 삶의 현장에서 그대로 실천하도록 도와주는 일입니다. 즉 '그때 그곳(at that time & there)'에서의 의미를 '오늘 이곳(now & here)'에 적용하는 것을 말합니다. 적용은 석의의 최종 목적이며, 설교의 최종 목적입니다.

이런 배경에서 사무엘연구원(SEE: Samuel Education by Extension)은 '성경 교사와 설교자를 위한 기본과정' 시리즈로 본문 공부 교재와 함께 그 공부를 기초한 설교집을 만들었습니다. 사무엘연구원은 오늘의 설교 현주소를 '본문을 잃어버린 설교'와 '청중을 잃어버린 설교'로 진단합니다. 따라서 우리는 본문을 회복하고 청중을 회복하는 설교를 지향합니다. 우리는 '하나님의 말씀을 어떻게 적실성 있게 청중의 삶의 자리에 상황화할 수 있는가?'에 대한 하나의 대안을 제시하려고 합니다. 우리는 바른 석의를 통해 본문의 의미를 밝히고, 그 의미를 통하여 청중의 필요를 채워주며 이 시대를 뚫고 들어가는 메시지를 만드는 일에 힘썼습니다.

석의와 적용, 즉 본문과 청중에 대한 설교의 두 기둥을 바르게 균형을 잡아가면 갈수록 우리 교회의 메마른 설교 강단은 양 떼가 뛰노는 푸른 초장으로 바뀔 겁니다.

아테아(ATEA) 대표
사무엘연구원(SEE) 원장
김의원(철학박사, 구약)

머리말

청중에게 들리는 설교를 지향하면서

"그러므로 믿음은 들음에서 나며 들음은 그리스도의 말씀으로 말미암았느니라"
(롬 10:17).

믿음의 선배들은 극심한 시련 속에서도 매주 강단에서 선포하는 설교를 통해 믿음의 중심을 지켰습니다. 그들은 설교를 통해 삶의 현장에서 '신행일치(信行一致)'를 하였고, 세상에 물들지 않고 세상에 대항하는 공동체, 즉 '대안 공동체'로 살았습니다. 설교는 시련을 이기는 힘이었고, 조국과 민족, 그리고 세계선교까지 도전하는 원동력이었습니다.

하지만 오늘의 현실은 어떠합니까? 우리는 이곳저곳에서 성장의 역기능을 볼 수 있습니다. 우리는 목회 현장에서 실패와 좌절감으로 정체성이 흔들리는 목회자를 만날 수 있습니다.

그 원인을 어디에서 찾을 수 있습니까? 많은 사람들이 설교를 지목합니다. 지금도 수많은 설교강단에서 외치는 수많은 설교가 홍수처럼 쏟아져 나옵니다. 하지만 많은 성도는 그 설교를 들으면서도 영적인 갈급을 느낍니다. 아모스 선지가 "말씀의 홍수 속에서 말씀의 기근"(암 8:11)을 외쳤던 그 위기의 목소리가 들립니다.

그 이유가 무엇일까요? 설교의 두 기둥은 '석의'와 '적용'인데, 오늘의 설교 현실을 보면 부실한 석의로 본문을 잃어버렸고, 부실한 적용으로 청중을 잃어버린 것 같습니다. 따라서 본문을 회복하고 청중을 회복하는 설교가 시급합니다.

이 책은 이런 문제의식에 출발해서 본문에 대한 석의와 적용을 기초로 하여 설교 현장에서 선포했던 설교문들을 정리한 설교 모음집입니다. 무엇보다 바른 석의 작업을 통해 본문의 의미를 밝히려고 애썼고, 그 의미를 토대로 청중의 필요를 채워주려 노력했으며, 우리가 살아가는 현시대적 상황과 배경을 놓치지 않으려 최선을 다했습니다.

따라서 이 책이 설교 현장의 설교자들이 본문을 드러내면서 청중에게 들리는 설교를 지향하는 일에 '보리빵 다섯 개'로 쓰임 받기를 바랍니다. 변화의 소용돌이 속에서 버거워하는 청중에게 영양분을 제공하여 그들의 삶을 변화하고, 대안 공동체를 이루는 토대가 되기를 바랍니다. 그리고 그 생명력이 대한민국은 물론이고 전 세계에까지 널리 퍼져나가기를 희망합니다.

2020년 10월 20일

아테아(ATEA) 교수위원장
사무엘연구원(SEE) 성경연구분과 위원
안오순(신학박사, 설교학)

차례

간행사
석의의 위기, 설교의 위기 ·· 5

머리말
청중에게 들리는 설교를 지향하면서 ·························· 8

제1강
육신이 되신 말씀 (1:1-18) ···································· 15

제2강
하나님의 어린양 (1:19-51) ·································· 25

제3강
좋은 와인 (2:1-11) ·· 32

제4강
새 성전 (2:12-25) ·· 39

제5강
거듭남 (3:1-15) ·· 46

11

제6강
믿음과 영생 (3:16-36) ·· 56

제7강
목마른 영혼을 위한 샘물 (4:1-26) ···························· 63

제8강
눈을 들어 보라 (4:27-54) ·· 72

제9강
돕는 자 (5:1-18) ·· 79

제10강
듣는 자 (5:19-47) ·· 88

제11강
원대로 주신 분 (6:1-15) ·· 95

제12강
영생의 양식 (6:16-40) ··· 102

제13강
영생의 말씀 (6:41-71) ··· 109

제14강
하나님의 뜻을 행하는 사람 (7:1-36) ······················ 116

제15강
생수의 강 (7:37-52) ··· 123

제16강
용서 (7:53-8:12) ·· 130

제17강
진리가 자유롭게 하리라 (8:13-59) ·············· 138

제18강
세상의 빛 (9:1-12) ····························· 150

제19강
한 가지 아는 것 (9:13-41) ····················· 158

제20강
참 목자 (10:1-18) ····························· 167

제21강
그 일은 믿으라 (10:19-42) ····················· 176

제22강
부활과 생명 (11:1-27) ························· 183

제23강
네가 믿으면 (11:28-57) ························ 191

제24강
어린 나귀를 타시다 (12:1-19) ··················· 199

제25강
한 알의 밀 (12:20-50) ························· 206

제26강
서로 사랑하라 (13:1-35) ······················ 213

제27강
길 (13:36-14:14) ····························· 220

제28강
보혜사 (14:15-31) ·· 229

제29강
열매 (15:1-17) ·· 236

제30강
성령님이 오시면 (15:18-16:33) ······················· 244

제31강
고별기도 (17:1-26) ······································· 252

제32강
내가 왕이니라 (18:1-40) ································· 259

제33강
구원의 완성 (19:1-42) ··································· 266

제34강
나도 너희를 보낸다 (20:1-31) ························· 276

제35강
사랑과 사명 (21:1-25) ·································· 283

참고 도서 ·· 291

제1강
육신이 되신 말씀

◇ 본문 요한복음 1:1-18
◇ 요절 요한복음 1:14
◇ 찬송 84장, 94장

　석가, 공자, 마호메트, 그리고 예수님. 이분들은 인류 역사에서 크고 작은 영향력을 끼쳤습니다. 이른바 '성인'으로 추앙을 받기도 해요. 특히 이들로부터 각각의 종교가 탄생했다고 할 수 있습니다. 그러면 석가, 공자, 마호메트와 예수님의 가장 큰 차이는 무엇일까요?

　1절을 보십시오. "태초에 말씀이 계시니라 이 말씀이 하나님과 함께 계셨으니 이 말씀은 곧 하나님이시니라." '태초'는 '이 세상이 시작되기 전'인데, 정확히는 모릅니다. 그 태초에 말씀이 계셨는데, 이 말씀은 하나님이십니다. 하나님은 세상이 존재하기도 전에 계셨습니다. 어떤 사람은 말합니다. "하나님은, 사람이 존재한 후에 생겼다. 사람이 만들었기 때문이다." 그렇다면 그 하나님은 하나님이 아닙니다. 사람이 만든 피조물입니다. 성경은 말씀합니다. "태초에 말씀이 계시니라."

　그런데 왜 '하나님이 계셨다.'라고 하지 않고 '말씀이 계셨다.'라고 할까요? 헬라 세계에서는 '말씀'을 우주에 편만한 이치로, 또 그것의 씨가 인간의 영혼에 있다고 보았습니다. 그래서 인간은 우주의 '말씀'을 이해할 수 있으며, 그 이치를 터득하여 지식을 얻을 수 있다고 보았습니다. 그 지식은 일반적 지식이 아닌 구원의 수단이었습니다. 그러므로 '지식을 얻는다.'라는 말은 곧 '구원을 얻는다.'라는 뜻입니다.

한편 구약에서는 '이 말씀'을 하나님의 말씀과 하나님의 계시를 상징합니다. 하나님께서는 말씀으로 하늘과 땅을 창조하셨습니다(창 1:1). 하나님의 말씀은 창조의 수단이며 구원의 수단입니다. 하나님의 말씀은 모세 율법으로 표현되는데, 이 율법을 잘 연구하고 그 뜻을 깨닫고 그대로 살면 구원을 얻습니다.

이런 점에서 볼 때 '말씀'은 헬라 사상과 구약 사상이 놀랍게 '융화'되어 있습니다. 사도 요한은 헬라인뿐만 아니라 유대인에게도 메시지를 전하고 있기 때문입니다. 헬라인과 유대인은 당시 세상 모든 사람을 대표합니다. 그러므로 요한복음은 어떤 특정인만을 대상으로 한 것이 아니라, 온 세상 만민을 대상으로 하고 있습니다. 헬라인이 생각했던 '그 말씀'이, 구약에서 가르치던 '그 말씀'이, 곧 태초에 계신 하나님이십니다.

이 말씀이 태초에 하나님과 함께 계셨습니다(2). '함께 계셨다'라는 말은 '말씀은 하나님이시면서도 각각 다른 인격을 갖고 계신다.'라는 뜻입니다. 동시에 '말씀에서 나오는 모든 것은 전적으로 하나님께로부터 나온다.'라는 겁니다. 말씀의 계시와 활동은 전적으로 하나님의 계시요 활동입니다.

이 말씀과 만물과의 관계는 어떠합니까? 3절을 봅시다. "만물이 그로 말미암아 지은 바 되었으니 지은 것이 하나도 그가 없이는 된 것이 없느니라." 어떤 종교에서는 하나님과 세상 간의 구별을 없애버립니다. 자연을 신성화하고 자연이 곧 하나님이라고 주장합니다. 하지만 태초에 계신 그 말씀이 세상 모든 것을 다 만드셨습니다. 하나님은 창조주이시고 세상 만물은 그의 피조물입니다. '그 말씀'은 사람도 창조하셨습니다. 만드셨을 뿐만 아니라 그 생명을 유지합니다. 우리는 그를 힘입어 살며 기동합니다(행

17:28).

이 생명은 사람들의 빛입니다(4). 태초에 천지를 창조하신 그 말씀은 어둠 속에 빛을 비추셨습니다. 빛을 비추심으로 생명을 시작하셨습니다 (창 1:3). 사람은 죄와 죽음 때문에 어둠에 갇혔습니다. 그런데 빛이신 그 말씀이 사람들에게 비추심으로써 생명을 주십니다. 이것이 '구원'입니다. 천지를 창조하셨던 그 빛이 죄와 죽음에 갇힌 인생들을 구원하기 위해 빛으로 오셨습니다. "진실로 생명의 원천이 주께 있사오니 주의 빛 안에서 우리가 빛을 보리이다."(시 36:9)

그러나 빛이 어둠에 비취되 어둠이 깨닫지 못했습니다(6). '깨닫지 못했다'라는 말은 '잘 몰랐다'라는 뜻과 함께 '이기지 못했다'라는 뜻을 동시에 갖고 있습니다. 어둠은 빛을 방해하며 생명을 창조하지 못하게 하지만 결코 어둠이 빛을 이기지 못합니다.

이 사실이 오늘 우리에게 주는 의미는 무엇입니까? 요즘 자살하는 사람이 정말 많습니다. 대학생 중에도, 혹은 '꽃보다 아름다웠던' 여배우의 자살은 큰 충격과 슬픔을 안겼습니다. 스트레스와 우울증이 가장 큰 원인으로 등장했습니다. 하지만 그 본질 문제는 어둠의 세력입니다. 어둠은 절망과 허무를 심고 두려움을 낳습니다. 어둠은 죽음에 이르게 하는 또 하나의 병입니다. 식물이 빛을 보지 못하면 시들시들하다가 죽습니다. '도둑고양이'조차도 빛을 보지 못하면 방황하다가 죽습니다. 빛은 사람에게 절대적으로 필요합니다. 빛이 없으면 무기력하게 되고 우울증에 걸립니다. 마음이 어둡고 장래가 어둡습니다. 빛이 없으면 살아 있을지라도 죽은 것과 같습니다. 죽음에 사로잡혀 사는 것은 사는 것이 아닙니다. 하지만 빛이 있으면 마음이 밝고 미래가 힘찹니다. 삶의 질이 다릅니다. 미래지향적 삶을 살게 됩니다. 특히 사망의 매임으로부터 해방됩니다. 이것이 가능한 것은 어둠이 아무리 기승을 부려도 빛을 이기지 못하기 때문입니다. 우리는 빛을 알아야 하고 그 빛을 받아야 합니다.

이를 위해서 하나님께서 무엇을 하십니까? 6-7절을 봅시다. "하나님께로부터 보내심을 받은 사람이 있으니 그의 이름은 요한이라, 그가 증언하러 왔으니 곧 빛에 대하여 증언하고 모든 사람이 자기로 말미암아 믿게 하려 함이라." '요한'은 '세례 요한'을 말합니다. 하나님께서는 세례 요한을 보내셔서 그 빛을 증언하게 하십니다. 요한은 빛이 아니고 이 빛에 대하여 증언하러 왔을 뿐입니다(8). 당시 사람들은 요한을 빛으로 착각했습니다. '빛'은 '메시아', '인류의 구원자'를 상징합니다. 요한의 메시지나 하는 일이 메시아처럼 보였습니다.

하지만 그가 아무리 뛰어났을지라도 '참 빛'은 아닙니다. 그런데 참 빛이 각 사람에게 비쳤고, 세상 만물을 창조하신 말씀이 그 세상에 오셨지만 각 사람과 세상은 알지 못했습니다(9-10). 지금까지 당신을 그렇게도 숨겨 오셨고, 또 그렇게도 멀리 계셨던 그 참 빛이 사람의 눈으로 볼 수 있고 이해할 수 있는 모습으로 오셨습니다. 하지만 세상은 그분을 알아보지 못했습니다. 자기 백성이 그분을 영접하지 않았습니다(11).

세상은 이대로 끝나는 겁니까? 12절을 읽읍시다. "영접하는 자 곧 그 이름을 믿는 자들에게는 하나님의 자녀가 되는 권세를 주셨으니." 모두 'No' 할 때 'Yes'하는 사람이 있습니다. 모두가 '그 말씀'을 믿지 않을 때 영접하는 자가 있습니다. '영접한다'라는 말은 '믿는다'라는 뜻입니다. '믿는다'라는 말은 '그냥 한 번 믿는 것'이 아니라, '계속해서 믿는 것'을 뜻합니다. 믿음의 진정한 판단은 그 시작에 있지 않고 계속성에 있습니다. 계속해서 그 이름을 믿는 자에게는 하나님의 자녀가 되는 권세를 주십니다. '권세'는 '특권'을 말합니다.

이 특권은 어떤 사람에게 주어집니까? 13절은 말씀합니다. "이는 혈통으로나 육정으로나 사람의 뜻으로 나지 아니하고 오직 하나님께로부터 난 자들이니라." '혈통'은 '핏방울들'이라는 뜻인데, 즉 '부모의 덕'을 말합니다. '육정'은 '육체의 뜻'이라는 뜻인데, '자기 수행'을 말해요. '사람의 뜻'은 '사람의 의지'를 말합니다. 하나님의 자녀가 되는 특권은 부모를 잘 만났다고 해서 갖게 되는 것이 아닙니다.

어떤 재벌기업의 아들은 30대에 사장이 되기도 해요. 보통 사람은 이 나이에 '인턴사원'도 쉽지 않은데, 초고속 승진을 했습니다. 본인이 노력한 결과이기도 하지만, 부모를 잘 만났다는 것이 가장 결정적 요인일 것입니다. 하지만 하나님의 백성은 이런 식으로 되지 않습니다. 자기가 노력한다고 해서 하나님의 자녀가 되는 것도 아닙니다. 오직 하나님의 인도하심 속에서만 됩니다. 오늘 우리가 어떻게 하나님의 아들딸들이 되었습니까? 좋은 가문에서 태어났기 때문인가요? 우리가 밤잠 안 자고 몸부림쳤기 때문인가요? 오직 하나님의 일방적인 은혜로 되었습니다.

이 은혜가 어떻게 우리에게 주어졌습니까? 14절을 읽읍시다. "말씀이 육신이 되어 우리 가운데 거하시매 우리가 그의 영광을 보니 아버지의 독생자의 영광이요 은혜와 진리가 충만하더라." '육신'이란 '우리와 같이 눈으로 볼 수 있고 손으로 만질 수 있는 존재', '아픔과 슬픔과 기쁨을 아는 존재'를 말합니다. '되었다'라는 말은 '어떤 사람이나 사물이 그 고유한 특성을 변화시켜 전혀 다른 존재가 되는 것'을 뜻해요. 그러므로 '말씀이 육신이 되었다.'라는 말은 '말씀이 이전과는 전혀 다른 존재가 되었다.'라는 뜻입니다. 하나님이신 말씀이 우리와 같은 사람이 되신 겁니다. 그분이 곧 예수 그리스도이십니다. 태초부터 계신 '그 말씀'은 예수님이십니다. 예수님은, 헬라사람이 구원의 도구로 생각했던 '그 말씀'이시며, 유대인들이 천지를 창조하신 분으로 믿었던 '그 말씀'이십니다. 동시에 예수님은 우리와 똑같은 사람이십니다. 하나님이 사람이 되신 것을 '성육신(Incarnation)'이라고 부릅니다.

당시 어떤 이들은 예수님을 사람으로만 생각했습니다. 즉 예수님께서 태초부터 계시고 천지 만물과 사람을 창조하신 하나님이심을 부인했습니다. 이런 주장을 했던 친구들을 '에비온파(Ebionites)'라고 부릅니다. 요즘 우리의 삶의 현장에서도 여전히 그 후손의 목소리가 들립니다. 물론 다른 목소리도 있는데, 예수님이 사람이신 것을 부정합니다. 거룩하신 하나님이 악한 인간이 될 수도 없고 되어서도 안 된다는 겁니다. 사람들이 봤던 것은 실제 모습이 아니라 가상적 모습이라는 겁니다. 이것을 '가현설(假現說, Docetism)'이라고 말해요. 그들은 '영은 선하고 육은 악하다.'라는 이원론에 뿌리를 두고 있어요. 이것을 '영지주의'라고도 해요. 하지만 성경은 이런 '설(ism)'에 정면으로 도전합니다. 예수님은 완전한 하나님이시면서 동시에 완전한 사람이십니다. 그래서 예수님은 하나님께도 속하고 사람에게도 속하십니다. 하나님과 사람 사이의 영원한 중보자이십니다.

이 예수님께서 어디에 계십니까? 우리 가운데 거하십니다. '거한다.'라는 말은 '장막을 친다.'라는 뜻입니다. 즉 성막과 관련된 용어입니다. 과거 여호와께서는 광야에서 성막을 짓고 그곳에 계셨습니다. 성막은 하나님의 처소로서 율법이 있고, 계시의 근원이며, 예배의 중심이었습니다. 그런데 예수님께서 우리 가운데 오셔서 성막을 짓고 그곳에 함께 계십니다. 그러므로 예수님은 옛 성막을 대신하는 새 성막이십니다. 이제부터는 예수님 안에서 여호와 하나님을 만날 수 있습니다. 예수님 안에서 하나님의 말씀을 듣고, 하나님께 예배할 수 있습니다. 예수님은 우리와 함께하시는 하나님, '임마누엘'이십니다. 누구든지 이 예수님을 보면 아버지 독생자의 영광을 봅니다. '아버지의 독생자의 영광'이란 '하나님으로서의 영광'을 말합니다. 예수님께서 세상에 오심으로써 하나님의 영광이 예수님을 통해서 나타나셨습니다. 성막에 오신 여호와께서 그 영광을 보여주셨듯이, 육신이 되어 이 땅에 거하신 예수님께서 하나님으로서의 영광을 보여주십니다.

이 예수님께는 은혜와 진리가 충만합니다. '은혜'는 '하나님께서 사람에 대해 값없이 주시는 사랑'입니다. 사람은 자기 멋대로 삽니다. 예쁜 짓도 하지 않습니다. 그런데도 하나님은 일방적으로 택하시고 용서하시고 생명을 주십니다. 이 은혜를 육신을 입고 이 땅에 오신 예수님께서 주십니다. '진리'란 '실제로 존재하는 실체'를 말합니다. 과거 성막에 거하시는 여호와는 육신을 입고 세상에 오신 하나님에 대한 '그림자'였습니다. 그 '그림자'가 마침내 예수님으로 인해 '실체'로 보이신 겁니다. 여기서 더욱 중요한 것은 예수님만이 구원의 '실재'라는 사실입니다. 헬라 사람이 붙들었던 것은 '가짜'입니다. 그들은 '가짜'를 붙들었기 때문에 '짜가 인생'을 살 수밖에 없었습니다. 즉 죄가 용서되지 않았고, 죽음에서 해방될 수 없었습니다. 생명을 맛보지 못했습니다. 하지만 예수님께서 구원의 실체이시기 때문에 누구든지 예수님을 믿으면 '진짜 인생'을 살게 됩니다. 진짜로 죄가 용서되고 진짜로 죽음에서 해방됩니다. 이에 대해서 예수님께서 직접 선포하십니다. "예수께서 이르시되 내가 곧 길이요 진리요 생명이니 나로 말미암지 않고는 아버지께로 올 자가 없느니라"(14:6). 예수님만이 우리에게 구원을 주시는 '영원한 실재'이십니다.

이 사실이 오늘을 살아가는 우리에게는 어떤 의미로 다가옵니까? 우리는 종교 다원주의 시대에 살고 있습니다. 우리나라 '3대 종교(Big 3)'는 '기독교, 불교, 유교'라고 할 수 있습니다. 학교나 직장은 물론이고 가족들 간에도 이 'Big 3'가 존재합니다. 아들은 기독교 엄마는 불교 아빠는 유교. 그런데 기독교가 유독 몰매를 맞습니다. '안티(anti) 기독교' 사이트에서는 크리스천을 '공공의 적'으로 간주합니다. 두 가지 이유 때문인데, 하나는 삶의 질이 받쳐주지 못한 겁니다. 이 문제는 우리가 겸허히 받아들여 성숙해져야 합니다. 하지만 중요한 문제가 있으니, 구원의 진리에서 타종교를 인정하지 않는 배타성입니다. 이것은 양보하기 힘든 문제이고, 양보

해서도 안 됩니다. 오히려 저들을 품고 녹여서 이 진리 안으로 들어오게 해야 합니다. 삶의 현장에서 아름다운 영향력을 끼칠 수 있는 믿음과 덕과 실력을 갖추면 가능합니다.

우리가 삶의 현장에서 눈 여겨봐야 할 것은 무엇인가요? 헬라 사상이 우리나라에서는 불교를 통해 퍼지고 있다는 점입니다. 사람은 태어나고 늙고 병들고 죽고 하는 영겁의 윤회가 있습니다. 여기서 구원이란 이런 시간적 존재에서 탈피하는 겁니다. 영겁의 윤회를 끊고 본질 세계로 귀환하는 겁니다. 이것은 지식으로 이루어집니다. 지식이란 깨달음, 즉 '각(覺)'입니다. 삼라만상에 매력을 느껴 끌리는 것을 끊고, 나아가서는 연을 끊는 겁니다. 물욕, 권력욕, 색욕 등 모든 것을 끊고, 나 자신의 본질적 자아인 영혼이 자유를 얻어 우주의 본질에 합일되는 겁니다. 현상으로서의 나를 없애는 것으로 이를 '열반'이라고 말해요. 구원은 지식을 얻음으로써 얻는다는 사상입니다. 이 사상은 과학 기술을 쌓고 선행을 장려하여 구원을 얻을 수 있다는 것으로 퍼집니다.

하지만 성경은, 이런 사고를 하는 자에게 생명은 육신을 입고 오신 예수 그리스도를 믿음으로만 얻게 된다고 강조합니다. 이 아래의 '가짜 세상'에서는 구원을 얻게 하는 참지식도 없고, 얻을 수도 없습니다. '위 세상'의 그 말씀이신 하나님의 아들이 육신이 되어 '아래 세상'에 오셔서 하나님을 보이셨습니다. 그리고 우리가 그를 영접함으로써 구원을 얻게 하십니다. 하나님께서 육신의 몸을 입고 이 땅에 오심으로써 구원과 생명의 역사가 일어났습니다. 구원은 오직 하나님에게서만 옵니다. 일방적인 은혜로만 주어집니다. 우리는 다만 그 은혜를 영접하면 됩니다.

이 은혜를 체험한 우리는 어떻게 살아야 합니까? "같아질 수 없으면 사랑이 아니다."라는 말이 있어요. 같아진다는 것은 자신을 낮추는 겁니다. 이것은 예수님이 보여주신 사랑에 근거한 겁니다. 우리를 향한 예수님의 사랑은 '우리와 같아지는 것'입니다. 예수님은 인간을 구원하시기 위하여 하나님의 보좌를 버리시고 죄 많은 인간의 모습으로 사람들과 같아지셨습니다. 이것이 우리를 구원하신 하나님의 사랑입니다. 예수님께서 하늘 보좌에 계셨다면 이 세상 어떤 자도 하나님을 알 수 없습니다. 구원받을 수 없습니다. 그분이 성육신하셔서 우리와 같아져 하나님을 보여주셨기 때문에 우리가 예수님을 믿고 구원받을 수 있는 겁니다. 우리는 이 예수님을 전하는 은혜와 복을 받았습니다. 사랑은 같아지는 겁니다.

우리가 이웃과 같아지는 것, 이것이 그리스도의 사랑을 실천하는 겁니다. 그리스도의 은혜를 전하는 겁니다. 이 실천을 통하여 이웃들이 예수님을 영접하고 구원을 받게 됩니다. 우리만 구원받는 것으로 끝난다면 세상은 하나님을 알 수도 없고 믿을 수도 없을 겁니다. 먼저 구원받은 우리가 세상과 같아지는 사랑을 실천함으로써 세상이 예수님을 알게 되고 구원을 받게 됩니다.

요한은 이 예수님에 대하여 어떻게 증언합니까? 예수님은 역사적 시간으로는 요한의 뒤에 오셨습니다. 하지만 신분적인 면에서는 요한보다 훨씬 먼저 계셨습니다(15). 태초부터 계셨기 때문입니다. 우리는 이 예수님의 충만한 데서 받으니 은혜 위에 은혜입니다(16). '은혜 위에 은혜'란 '계속되는 은혜'라는 말과 함께 '옛 은혜를 대치하는 새 은혜'라는 말입니다. 옛 은혜는 모세 율법을 통한 은혜였지만, 새 은혜는 그리스도께서 주시는 은혜입니다. 모세로 말미암은 율법은 새로운 성막으로 오신 예수님으로 말미암은 은혜와 진리를 준비한 그림자에 불과합니다(17). 성막과 언약궤의 실체이신 예수님께서 모세 성막과 언약궤를 최종적으로 대체하십니다.

따라서 그리스도에게서 받은 은혜 위에 은혜는 모세의 은혜를 대치하는 새 은혜입니다. 본래 하나님을 본 사람이 없습니다. 하지만 아버지 품속에 있는 독생하신 하나님이 나타내셨습니다(18). 즉 아버지 품속에 있는 그 외아들께서 하나님을 분명히 밝히십니다. 하나님의 품에 계신 독특한 아들 예수님만이, 사람들이 한 번도 보지 못한 하나님을 가장 분명하고 권위 있게, 가장 독점적으로 계시하십니다. 예수님은 하나님 아버지의 완전한 계시이기 때문에 예수님을 본 자는 아버지를 보았고, 예수님의 말씀을 듣는 자는 아버지의 말씀을 듣는 겁니다. 예수님께서 이 땅에 오신 목적 중 하나는 하늘에 계신 아버지 하나님을 보여주시는 겁니다.

예수님은 누구십니까? 태초부터 계신 하나님이시다. 세상을 창조하시고 우리를 지으신 그 하나님이십니다. 그 하나님께서 육신의 몸을 입고 이 땅에 오셔서 우리와 함께 계십니다. 누구든지 이 예수님을 믿으면 생명을 얻습니다. 요한복음 공부를 통하여 생명 사역이 충만하기를 기도합니다.

제2강
하나님의 어린양

◇ 본문 요한복음 1:19-51
◇ 요절 요한복음 1:29
◇ 찬송 250장, 251장

현대인이 앓고 있는 모든 병의 원인으로 스트레스와 비만을 꼽습니다. 그 중에도 뱃살 비만을 가장 심각한 문제로 여깁니다. 허리둘레가 90cm 넘는 남성과 85cm를 넘는 여성은 성인병의 원인인 '대사 증후군'을 의심해봐야 한다는군요. 예전에는 배가 나오면 은근히 자랑했는데, 지금은 오히려 배에 힘주며 감춥니다. 그러면 뱃살만 해결하면 건강한 삶을 보장하는 겁니까? 뱃살보다 더 심각한 문제가 있지 않습니까? 그것이 뭘까요? 그것을 어떻게 해결할 수 있나요?

19절을 봅시다. "유대인들이 예루살렘에서 제사장들과 레위인들을 요한에게 보내어 네가 누구냐 물을 때에 요한의 증언이 이러하니라." 예수님의 열두 제자 중 한 사람이면서 요한복음을 기록한 사람의 이름이 요한인데, 여기서 요한은 예수님께 세례를 주었던 다른 요한을 말해요. 사도 요한과 구별하기 위해서 '세례 요한'이라고 부릅니다.

세례 요한은 제사장 아버지 사가랴와 어머니 엘리사벳 사이에서 태어났어요(눅 1:6-13). 그는 세상과 구별된 삶을 살면서 성경 선생이요 목자의 길을 걷습니다. 그의 영성이 어찌나 대단했던지 종교 지도자조차도 그를 그리스도로 여길 정도였어요. 하지만 그는 그리스도가 아니라고 언론을 통하여 분명하게 밝혔어요. 그래도 사람들은 제2의 엘리야 선지자로 여기자, 이번에도 적극적으로 부인합니다(20-22). 보통 사람은 할 수만 있으면 자신의 학력과 경력을 드러내며 '뭔가 있는 사람'으로 행세하려 하는데, 요한은 반대입니다.

그는 도대체 어떤 사람입니까? 23절을 읽읍시다. "이르되 나는 선지자 이사야의 말과 같이 주의 길을 곧게 하라고 광야에서 외치는 자의 소리로라 하니라." '소리'는 소리를 내는 사람이 중요한 것이 아니라 그 소리가 전달하려는 메시지가 중요합니다. 요한에게는 자기가 누구인가가 중요한 것이 아니라 자기가 증언하려는 그분이 중요합니다. 그런데 종교 지도자들 편에서는 아무것도 아닌 것이 세례를 주는 것이 거슬렸어요. 세례는 유대교로 개종한 사람에게 물을 뿌리거나 몸을 물속에 완전히 담그는 행위로 죄를 씻고 완전 새사람으로 태어남을 상징하는 의식입니다. 이런 의식은 일정한 자격을 갖춘 사람만이 집행할 수 있어요. 아무나 그 일을 하면 공동체의 질서가 무너질 수 있기 때문입니다. 요한은 그 일을 변호하는 대신에 자기가 증언하는 분의 신발 끈도 풀 자격이 없는 하찮은 자임을 말합니다(24-28).

요한이 증언하는 그분은 누구십니까? 29절을 읽읍시다. "이튿날 요한이 예수께서 자기에게 나아오심을 보고 이르되 보라 세상 죄를 지고 가는 하나님의 어린 양이로다." 요한이 증언하는 그분은 세상 죄를 지고 가는 하나님의 어린양이십니다. 하나님의 어린양은 예수 그리스도를 말합니다.

세상 죄는 무엇을 말합니까? 세상의 모든 문제의 원인이 죄라는 말입니다. 죄는 하나님 없이 사는 겁니다. 즉 자기 마음대로 세상 풍조대로 사는 겁니다. 보통 한 사람이 건강하게 자라려면 환경이 중요하다고 말해요. 좋은 엄마 아빠 밑에서 좋은 가정에서 자란 아이들이 역기능 가정에서 자란 아이들보다 더 건강하게 자랍니다. 하지만 절대적이지는 않아요. 같은 엄마 아빠 밑에서 자란 형과 동생이 너무 다른 모습을 보입니다. 선진국 백성이 후진국 백성보다 언제나 건강하게 자라는 것은 아닙니다. 한 사람이 건강하게 자라기 위해서는 환경개선보다도 죄를 먼저 해결해야 합니다.

우리나라는 '녹색혁명'을 일으키려고 '4대강' 사업에 힘을 쏟았어요. 그런데 '4대강'의 근원인 샛강을 살리지 않으면서 이런 일이 가능할까요? 근원을 해결하지 않으면 아무 의미가 없어요. 삶이 슬프고 절망스러운 것은 돈이 없어서라기보다는 죄를 해결하지 않았기 때문입니다. 젊은 남녀가 사랑을 고백합니다. "날 믿지?" "응, 그래 넌 믿어. 하지만 네 속에 있는 악마는 믿지 못해." 우리가 아는 사람치고 악한 사람은 없어요. 문제는 그 속에 들어 있는 '악마'입니다. '악마'란 곧 죄를 말해요. 죄가 사람을 속이고, 거짓되게 합니다. 죄가 사람 속에 미움과 시기를 심습니다. 죄가 사람을 우울하게 만듭니다. 죄가 사람을 병들게 하고, 마침내 죽게 합니다.

모든 사람은 누구나 반드시 죽습니다. 그 누구도 죽음의 여행을 기쁨으로 떠나지는 못합니다. 최후의 순간까지 죽음의 그림자로부터 빠져나오려고 몸부림칩니다. 인간의 죽음을 연구하는 '사망학(thanatology)'은 삶의 마지막 순간에 존엄성을 잃지 않고 세상을 하직하는 방법을 모색합니다. 하지만 그것은 어디까지나 이론일 뿐 실제 죽음 앞에서는 모두가 절망하고 고통스러워합니다. 그런 죽음의 그늘이 지금 지구촌을 덮고 있습니다. '잔인한 4월'을 실감하고 있습니다. 중국에서는 지진 때문에 사망 실종자만 1,600여 명에 이릅니다. 서해에 침몰한 군함 때문에 우리나라는 거의 한 달 동안 '국상' 분위기입니다. TV에서 오락 프로그램이 방영되지 못하여 이쪽에서 일하는 사람들의 생계가 지장을 받을 정도라는군요. 가족의 슬픔 앞에서 어찌 웃을 수 있겠어요.

누가 그들을 위로할 수 있겠습니까? '천안함' 희생자들은 '전사자'로 대우받기를 원해요. 최소한 명예라도 보장받고자 함입니다. 하지만 그런 명예만으로 그들을 위로할 수 있을까요? 이런 죽음보다는 상대적으로는 약하지만, 자신에게는 가장 절박한 문제를 안고 씨름하는 사람도 있어요. 돈 때문에 스트레스를 받는 사람을 보십시오. 사랑의 실연 때문에 고통 하는 사람을 보십시오. 잘 안 풀리는 인생 문제 때문에 잠을 이루지 못한 사람을 보십시오. 우리는 왜 이런 아픔의 뒤안길에서 살아야 합니까? 환경 때문입니까? 죄 때문입니다. 죄가 모든 문제의 뿌리입니다. 따라서 죄를 해결하지 않고서는 행복도 없습니다. 죄를 해결하지 않고서는 생명을 맛보지 못합니다.

그 죄를 누가 어떻게 해결합니까? 어린양이 죄를 지고 가서 해결합니다. 어린양은 하나님께서 준비하신 희생양입니다. 하나님께서 아브라함을 시험하실 때 외아들을 제물로 바치라고 하셨어요. 아브라함은 믿음으로 외아들을 바쳤는데, 하나님께서 수양을 준비하셨어요. 그 수양은 이삭을 대신한 희생양이었어요(창 22:8-13). 또 이스라엘이 애굽에서 나올 때, 하나님은 어린양을 잡아서 그 피를 현관 문설주에 바르도록 하셨어요. 그 피를 보고 죽음의 사자가 넘어갔어요. 이스라엘은 희생양 때문에 목숨을 건진 겁니다(출 12장). 그 후 유대인은 대속죄 일에 염소 한 마리를 제비로 뽑아서 사람들의 모든 죄를 뒤집어씌운 뒤 광야로 보냈어요(레 16:8-10). 이 염소를 '속죄의 염소(scapegoat)'라고 부르는데, 보통 '희생양'으로 표현합니다. 또 어떤 때는 '총대를 멘다.'라는 말과도 같은 뜻으로 사용합니다. 이 말은 '큰 총을 들고 나가서 싸우다 보면 적군의 표적이 되어 총알받이가 된다.'라는 말에서 유래하여 '아무도 나서서 책임을 지지 않으려는 일을 대표로 맡거나 희생적으로 앞장서서 해결한다.'라는 뜻입니다. 예수님께서 아무도 해결할 수 없는 일에 친히 '총대를 메심'으로써 해결하신 겁니다. 하나님께서는 예수님을 세상의 모든 죄를 단번에 없애기 위해 희생양으로 삼으신 겁니다.

예수님은 어떻게 희생양이 되셨나요? 예수님은 십자가에서 죽으시고 부활하심으로써 희생양이 되셨습니다. 예수님께서 십자가에서 죽으신 것은 우리를 대신해서 '완전 총대를 멘'겁니다. 예수님은 우리의 질병을 짊어지시고, 우리의 아픔을 대신 겪었습니다. 예수님이 상처를 입은 것은 우리의 허물 때문이고, 그가 짓밟힌 것은 우리의 죄 때문입니다(사 53:4).

그 결과 우리는 어떻게 되었습니까? 예수님께서 채찍에 맞음으로 우리가 평화를 얻었고, 그가 상처를 입음으로 우리가 고침을 받았습니다(사 53:5). 예수님께서 십자가에서 희생양이 되심으로써 우리의 모든 죄는 다 해결되었습니다. 죄가 해결되었기 때문에 절망과 슬픔도 사라졌습니다. 마음의 상처도 치료받았고, 육체적 질병도 원칙적으로는 사라졌습니다. 물론 우리는 여전히 마음의 상처가 있고, 육신의 병도 앓고 있어요. 심하면 '종합병원'이라는 별명도 얻어요. 그뿐만 아니라, 죽음도 여전히 우리 곁에 있습니다. 하지만 이제는 변했습니다. 마음의 상처도, 육신의 병도 죽음도 짐이 아닙니다. 주님께서 이미 해결하셨기 때문입니다. 예수님께서 우리의 치료자가 되시고, 구원자가 되셨기 때문입니다. 따라서 예수님 안에서의 아픔은 더는 상처가 아닙니다. 병도 더는 고통이 아닙니다. 죽음도 더는 절망이 아닙니다. 죽음은 영생으로 들어가는 문입니다. 그러므로 이 땅에서의 삶이 다릅니다. 희망을 노래하고 기쁨을 말합니다. 주님과 그 양을 위하여 헌신할 수 있습니다.

우리는 대학교 '동방'에서 목요일 점심과 금요일 저녁 모임을 이루고 있어요. 섬기는 분들의 헌신으로 몇몇 양들이 영육 간에 잘 자라고 있는 줄 압니다. 이에 힘입어 '학사회 목자'들은 토요일에 1시간을 투자하는 방향을 잡았어요. 이런 일이 가능한 것은 어린양을 만났기 때문입니다.

어린양을 어떻게 만날 수 있습니까? 성령님께서 깨우쳐 주셔야 합니다. 세례 요한이 예수님을 하나님의 어린양으로 만날 수 있었던 것은 성령님께서 인도해주셨기 때문입니다(30-34). 성령님의 인도하심을 어떻게 하면 받을 수 있나요? 예수님께로 가서 봐야 합니다. 요한의 제자들은 예수님께로 가서 직접 체험함으로써 예수님을 만납니다. 시몬 베드로의 형제 안드레가 예수님을 만난 후 어떻게 변했습니까? 자기 형 시몬에게 가서 증언합니다(35-41). "우리가 메시야를 만났다." 예수님과 함께 했던 그 시간은 예수님을 정확히 알기에 충분했습니다. '메시야'란 '그리스도', 즉 구원자를 말합니다. 세상의 죄를 대신해서 짊어지신 희생양을 말합니다.

메시야를 만났다고 고백한 안드레의 다음 행동은 무엇입니까? 42절입니다. "데리고 예수께로 오니 예수께서 보시고 이르시되 네가 요한의 아들 시몬이니 장차 게바라 하리라 하시니라 (게바는 번역하면 베드로라)." 형을 예수님께로 데리고 옵니다. 예수님을 만난 사람은 가장 가까운 사람을 예수님께로 초청합니다. 그러면 예수님은 그 사람에게 비전을 주십니다. 예수님은 시몬이라는 이름을 베드로라는 이름으로 바꾸어주십니다. '시몬'은 야곱의 아내 레아가 낳은 둘째 아들 '시므온'과 같은 뜻입니다(창 29:33). '시므온'의 뜻은 '들음'이고, '게바'는 '반석'입니다. 시몬은 그 이름의 뜻처럼 동생의 증언도 잘 듣습니다. 그런 그는 주님의 말씀도 잘 들어서 교회의 반석이 됩니다.

다음 날 예수님은 빌립을 직접 초청하십니다. 그도 예수님을 만났는데, 즉시 친구 나다나엘을 만나서 성경을 기초로 자신의 신앙을 고백합니다. 하지만 나다나엘이 성경을 조금 더 알아요. 성경에는 선지자가 나사렛에서 태어난다는 말이 없어요. 그는 친구의 말보다도 성경을 더 믿어요. 빌립은 성경 실력에서 밀리자 친구를 주님께로 인도합니다. 예수님께서 나다나엘을 보시고는 그 순수함을 칭찬합니다. 그 칭찬에 나다나엘은 마음

문을 엽니다. 마음을 여니 주님이 보입니다. 주님은 하나님의 아들이시며, 이스라엘의 임금이십니다. 예수님은 장차 십자가에서 죽으시고 부활하심으로써 세상의 모든 죄를 다 짊어지십니다. 그리고 그를 믿는 자들을 하나님 나라로 인도하십니다(43-51). 이 예수님을 만나면 죽음 문제를 해결할 수 있습니다. 예수님을 증언하는 '소리'로서의 삶을 살 수 있습니다.

우리는 예수님을 어떻게 만날 수 있을까요? 성경을 통하여, 혹은 그 성경을 풀어서 오늘 우리의 삶에 적실하게 적용하는 설교를 통하여 만날 수 있습니다. 그것은 단순히 들음으로가 아닌 듣고 순종함으로 만나는 것을 말합니다. 우리가 주님을 만나는 일은 머리로만 되지 않아요. 삶의 현장에서 말씀대로 살고자 하면 성령님께서 주님을 만나도록 도와주십니다. 그러면 우리도 주님을 하나님의 어린양 메시아로 고백하고 전도할 수 있습니다.

모든 문제의 뿌리에는 죄가 있습니다. 그 죄를 오직 하나님의 어린양만이 해결합니다. 어린양은 우리의 치료자요 구원자요 생명의 근원이십니다. 이 치료와 생명이 슬픔과 절망에 휩싸여 있는 이 나라에 임하기를 간구합니다!

제3강
좋은 와인

◇ 본문 요한복음 2:1-11
◇ 요절 요한복음 2:11
◇ 찬송 295장, 289장

분위기 있는 날, 혹은 분위기를 잡기 위해서 식탁에 등장하는 것이 있으니 '와인'입니다. '좋은 와인을 고르는 법', '좋은 와인을 즐기는 법' 등은 젊은 층에 큰 인기라는군요. 그런데 예수님께서 이 세상에 계실 때 첫 표적으로 좋은 와인을 만드셨어요. 여기에는 어떤 뜻이 있을까요?

성경 시대 때 유대인은 일주일 중 셋째 날을 좋은 날로 생각하여 결혼식을 했습니다. 그들은 '한 시간' 결혼식이 아니라 일주일 잔치를 했어요. 그 결혼식에 예수님의 어머니, 예수님, 그리고 그 제자들도 초대받았어요. 그런데 포도주가 떨어졌습니다(1-3a). 결혼 잔치에서 와인은 '분위기 메이커'요, 기쁨과 풍요로움을 상징해요(사 25:6). 따라서 주최 측에서는 그 어떤 먹을거리보다도 와인에 신경을 씁니다. 그런 와인이 떨어졌으니 보통 일이 아닙니다.

그 문제를 누가, 어떻게 해결하려고 합니까? 예수님의 어머니가 그 사실을 알았어요. 그녀는 그 사실을 어떻게 알았을까요? 누가 와서 말했을까요? 스스로 알았을까요? 그 사실을 어떻게 알았느냐보다는 어떻게 해결하려고 하느냐가 더 중요해요. 성경이 그렇게 말하기 때문입니다.

그녀는 어떻게 합니까? 집 주인에게 알립니까? 예수님께 알립니다(3b). 왜 그랬을까요? 예수님의 제자들이 너무 많이 와서 너무 많이 마셨을 수 있어요. 예수님께서 일말의 책임을 지고 새 포도주를 공급하도록 압력을 가한 것일 수 있어요. 하지만 전체적인 정황을 보면, 그녀는 예수님께 도움을 청하고 있습니다. 이 문제는 오직 예수님만이 해결하실 수 있다고 믿은 겁니다.

예수님은 어떻게 반응하십니까? 4절입니다. "예수께서 이르시되 여자여 나와 무슨 상관이 있나이까 내 때가 아직 이르지 아니하였나이다." '여자여'라는 말은 '아줌마'라는 말이 아니라, '부인님'이라는 존칭입니다. 그런데도 어머니를 그렇게 부르신 데는 뭔가 깊은 뜻이 있습니다. 예수님은 어머니의 때가 아니라 당신의 때에 따라서 일하신다는 사실을 강조한 겁니다. '그 때'는 예수님이 하나님으로서 세상에 나타나시는 때를 말해요. 아직은 그 때가 아니기 때문에 어머니의 부탁을 거절하십니다. 그러나 어머니는 섭섭해하지 않고, 예수님께서 때가 되어 일하실 수 있도록 준비합니다.

그녀는, 예수님께서 무슨 말씀을 하시든지 즉시 순종할 수 있도록 하인들을 준비시킵니다(5). 그녀의 준비는 예수님께서 반드시 일하실 것이라는 믿음에서 나온 겁니다. 철저한 준비, 예수님께서 펼치시는 새로운 세계의 시작입니다.

그 세계가 어떻게 시작합니까? 결혼식장에 돌로 만든 물 항아리 여섯 개가 있어요. 그 항아리는 유대인들이 정결 예식에 사용하는 겁니다(6). 그들은 외출하고 돌아오면 손과 발을 씻었어요. 위생적으로도 중요하지만, 종교 의식적으로도 중요해요. 세상에서 묻은 더러움을 씻어 낸다는 상징입니다. 그들은 깨끗한 몸에서 깨끗한 마음이 생긴다고 생각했어요. 오늘 이곳에 모인 하객들도 그 물로 손과 발을 씻었는데, 마음도 씻었다고 생각했어요. 그들은 깨끗한 마음으로 신랑 신부를 축하하며 잔치를 즐기고 있습니다.

그 돌 항아리를 보신 예수님께서 하인들에게 말씀합니다. "항아리에 물을 채울래요" 그러자 그들은 항아리에 물을 가득 채웠어요(7). 항아리 전체 물의 양이 약 570ℓ, 포도주 한 잔의 양을 0.24ℓ로 하면 약 2,375잔에 해당하는 양이래요. 즉 2,300여 명이 마실 수 있는 양입니다. 이렇게 대단한 양의 물을 하인들이 채웠어요. 그들이 물의 용도를 알았기 때문에 순종한 것은 아닙니다. 그들은 예수님의 어머니가 말했고, 예수님께서 말씀하시니 믿고 다만 순종한 겁니다. 순종도 믿음에서 나옵니다.

예수님은 그 많은 물을 무엇에 쓰시려는 걸까요? 예수님은 하인들에게 그 물을 떠서 연회장에게 갖다주라고 말씀하십니다(8). '연회장'은 '잔치하는 장소'가 아니라 '잔치를 주관하는 사람'을 말해요. 하인들은 이번에도 군소리하지 않고 순종합니다.

그 순종이 어떤 열매를 맺습니까? 9-10절을 읽읍시다. "연회장은 물로 된 포도주를 맛보고도 어디서 났는지 알지 못하되 물 떠온 하인들은 알더라 연회장이 신랑을 불러, 말하되 사람마다 먼저 좋은 포도주를 내고 취한 후에 낮은 것을 내거늘 그대는 지금까지 좋은 포도주를 두었도다 하니라." 연회장이 그 물을 마실 때는 이미 와인이 되었습니다. 그것도 좋은 와인입니다.

어떻게 물이 좋은 와인으로 바뀐 겁니까? 11절을 읽읍시다. "예수께서 이 첫 표적을 갈릴리 가나에서 행하여 그의 영광을 나타내시매 제자들이 그를 믿으니라." 물이 좋은 와인이 된 것은 예수님께서 그렇게 만드셨기 때문입니다. 예수님이 누구시기에 물을 좋은 와인으로 만들 수 있습니까? 예수님은 천지 만물을 창조하신 하나님이십니다. 지음을 받은 것 중에서 어느 것 하나도 그분 없이 지어진 것은 없습니다(1:3). 예수님은 이 사실을 사람들에게 알리기 위해서 물을 포도주로 변화시킨 겁니다. 이것을 '표적'이라고 부릅니다.

예수님은 세상에 계시는 동안에 많은 표적을 행하셨어요. 그 표적을 통하여 사람들이 믿음을 갖고 생명을 얻기를 원하셨어요(20:31). 제자들은 그 표적을 통하여 예수님이 하나님이심을 믿었습니다. 요한복음에는 예수님께서 행하신 많은 표적 중에서 7개를 기록했는데, 이 사건이 그 첫 표적입니다.

첫 표적을 통하여 전하려는 메시지는 무엇입니까? '그림자'는 사라지고 '실체'가 왔다는 겁니다. 그러므로 옛 시대에 더는 머물러 있지 말고 새로운 세계로 들어오라는 말입니다. 그림자인 옛 시대란 항아리의 물로 죄가 씻긴다는 겁니다. 그런 시대는 사라졌습니다. 죄는 물이 아닌 예수님의 용서를 통해서만 씻어집니다. 이런 점에서 볼 때 옛 시대, 옛 종교, 혹은 타 종교들은 다 그림자에 불과합니다. 실체는 오직 예수님뿐입니다. 그러므로 이제부터는 누구든지 실체이시며 새로운 세계를 여신 예수님께로 가야 합니다. 예수님을 믿으면 죄 씻음이 있고, 생명이 있습니다.

제가 지난주에 자동차 열쇠를 여분으로 가지려고 '열쇠 아저씨'에게 복사를 부탁했어요. 하지만 요즘 '키'는 전자장치와 연결되기 때문에 등록하고 복사를 해야 한다는군요. 누군가가 요즘 세상은 거의 빛의 속도로 변화한다고 호들갑을 떨었는데, 실감했어요. 아차 하는 순간 세상은 저만큼 가 있어요. 변화하는 세상을 제대로 따라가지 못하면 삶이 불편하고 피곤해요. 어떤 사람에게는 죽고 사는 문제로 다가오기도 해요. 이런 변화는 세상에 적응하려면 고생하기도 합니다. 하지만 작은 고생을 통해서 훨씬 편리한 세상, 더 큰 세계를 경험할 수 있습니다.

그런데 옛 세상에 머물러 있는 사람이 많아요. 새로운 세계로 들어가는 것이 불편하고, 어렵기 때문입니다. 자기 세계에 갇혀서 '우물 안의 개구리'처럼 배를 내밀며 '내 배가 최고야'를 외치다가 삶이 끝나는 사람이 많아요. 이런 모습이 '성공 신화'라는 겉모습으로 잘못 나타나고 있어요. 성공 신화 뒤에 감춰진 역기능이 얼마나 심각합니까? 일부 대학인들은 입학과 함께 그 어렵다는 '임용고시'를 준비해요. 대학 생활 내내, 졸업 후에도 얼마 동안 그 시험에 매달립니다. 그 중의 소수만이 성공 신화의 주인공이 됩니다. 하지만 선생님으로서의 인성을 쌓지 못하여 현장에서는 본인은 물론이고 학생까지 어려움을 겪기도 합니다.

이런 안타까움은 교회 내에도 있어요. 일부 교회에서는 '성공 신화'가 마치 성경의 실체인 것처럼 가르칩니다. '성공 신화'는 성경의 실체가 아니라 그림자입니다. 실체는 '성공'이 아니라 '생명'입니다. 예수님께서 우리에게 성공을 주기 위해서 오신 것이 아니라 생명을 주기 위해서 오셨습니다. 생명을 얻으면 성공은 자연스럽게 따라올 수도 있고, 그렇지 않을 수도 있는 일종의 '선택 사항(option)'입니다. 우리가 예수님을 믿는 목적은 성공하는 데 있지 않고 생명을 얻는 데 있습니다. 따라서 교회는 '어떻게 성공할 수 있느냐'를 말하는 것이 아니라, '어떻게 생명을 얻을 수 있느냐'를 가르쳐야 합니다. 교회는 세상의 지배적인 문화에 반하는 '대항문화(counter-culture)'로 정의할 수 있어요. '대항문화'란 교회가 세상을 향하여 비판적 손가락질이나 하면서 동떨어져 있는 것으로 생각한다는 말이 아닙니다. 오히려 교회가 세상이 취하는 방식에 반대하는 문화를 형성한다는 뜻입니다. 즉 교회는 세상의 잘못된 문화를 말함으로써 그곳에서 나와서 새로운 대안 문화인 교회로 들어오게 한다는 겁니다.

그래서 저는 이번 여름 수양회의 제목을 "새로운 세계 대한 스토리(History & my story)"로 잡았어요. '새로운 세계에 대한 스토리'는 바로 예수님에 관한 이야기입니다. 예수님께서 이 세상에 오셔서 어떻게 새로운 세계를 보여주셨고, 그 새로운 세계의 이야기가 오늘 나에게 주는 의미가 무엇인가를 생각해 보자는 겁니다. 그리고 그 새로운 세계로 들어가서 생명을 얻자는 겁니다. 이미 새로운 세계가 왔기 때문입니다.

새로운 세계의 대표적 특징은 무엇입니까? 기쁨과 풍요로움입니다. 예수님께서 첫 표적을 행하신 곳이 결혼식입니다. 그리고 포도주가 떨어지는 순간이었습니다. 포도주는 기쁨과 풍요로움을 상징한다고 말했어요. 본래 사람은 결혼식에서 기쁨과 풍요를 맛보는 것처럼 살았어요. 하지만 죄 때문에 기쁨과 풍요를 잃어버렸어요. 안타까운 것은 그 잃어버린 기쁨과 풍요를 사람 스스로 찾을 수 없다는 겁니다. 그뿐만 아니라 유대교와 같은 타 종교도 해결하지 못한다는 겁니다. 오직 예수님만이 기쁨과 풍요를 채워주십니다. 기쁨과 풍요는 인류 역사의 과제입니다. 기쁨과 풍요를 추구하는 시도 속에서 인류 역사는 발전했다고 말할 수 있어요. 그런데 안타깝게도 그런 노력에도 불구하고 우울함과 메마름은 점점 커집니다. 진단을 잘못했기 때문입니다.

한 조사에 의하면, 한국인이 꼽은 행복의 첫째 조건은 젊음입니다. 남보다 잘사는 것, 많이 배우는 것이 뒤를 이었고, 종교를 갖는 것, 가족과 여가를 잘 보내는 것 등도 행복의 조건으로 선택되었어요. 과연 이러한 조건이 충족되면 행복해질까요? 물론 만족과 기쁨이란 지극히 주관적이기에 사람마다 다르게 느낄 수도 있어요. 그러나 순간적인 쾌락을 행복으로 여기고 그것을 따르느라 소중한 인생을 낭비하는 사람들이 얼마나 많습니까? 인간으로서 누릴 수 있는 최고의 기쁨은 따로 있습니다. 우리의 삶을 풍성하게 가꿔 줄 최고의 비결은 예수님께 있습니다.

이 예수님을 어떻게 만날 수 있습니까? 하인들처럼 예수님의 말씀에 구체적으로 순종해야 합니다. 순종한 하인들은 좋은 와인이 생기게 된 그 비밀을 알았어요. 오늘 우리가 삶의 현장에서 말씀에 순종하면 좋은 와인을 만드신 주님을 만날 수 있습니다. 그 새로운 세계로 들어갈 수 있어요. 말씀은 우리의 삶의 현장에서 방향을 주는 '내비게이션'입니다.

보통 운전자들은 '내비'의 말을 잘 듣고 운전해요. 하지만 어떤 사람은 '내비'를 달고도 자기 마음대로 운전해요. 이처럼 처음에는 말씀대로 살지만 소위 경험이 생기면 자기 생각대로 사는 사람이 있어요. 말씀과 자기 생각을 뒤섞어서 살기 때문에 본인도 헷갈려요. 무늬는 분명 신자인데 속은 아닌 거지요. 이렇게 해서는 주님을 만나지 못합니다. '내비'에 길들여진 운전자는 자주 다녔던 길도 자기 마음대로 가지 않고 '내비'에 절대 의존해요. 이처럼 하나님의 말씀에 길들여지면 어떤 일도 자기 마음대로 하지 않고 '말씀'에 절대 순종해요. 이런 순종을 통해서 예수님을 만나고, 새로운 세계에 들어가서 기쁨과 풍요를 누립니다. 이것이 선순환의 축복인데, 말씀에 대한 순종이 그 출발점입니다.

제4강

새 성전

◇ 본문 요한복음 2:12-25
◇ 요절 요한복음 2:21
◇ 찬송 216장, 600장

　한밤중에 목사의 전화벨이 울리며 다급한 목소리가 들립니다. "목사님, 성전이 불타고 있어요." 목사는 어떻게 반응할까요? "아니요, 우리 성전은 모두 잠자고 있어요." 왜 이런 대화가 이루어진 겁니까? '성전'이라는 말은 같지만, 그 내용이 다르기 때문입니다. 성전의 참된 의미는 무엇입니까?

　유대인의 명절인 유월절이 가까울 때입니다(12-13). 유월절의 핵심은 어린양을 잡아서 제물로 드리는 데 있어요. 하나님께서 어린양의 피를 보시고 그 죄를 용서하신다고 믿었기 때문입니다. 많은 사람이 성전으로 모여들었고, 예수님도 오셨습니다. 성전 뜰 안에는 소, 양, 그리고 비둘기를 파는 사람, 또 돈을 바꿔주는 사람도 있어요(14). 좀 사는 사람은 소를, 그냥 밥이나 먹는 사람은 양을, 살기가 버거운 사람은 비둘기를 제물로 드렸어요. 그런데 그것들을 고향이나 해외에서부터 가지고 올 수 없어서 성전 뜰 안에서 팔았습니다. 또 물건을 살 때는 로마 화폐를 사용하지만 성전에서 헌금할 때는 '두로인(Tyrian)'의 화폐를 사용했어요. 종교 지도자들은 백성을 위해서 법이 정한 범위 내에서 시장을 열어서 편의를 제공한 겁니다.

그러나 예수님은 그 모습을 보시고 어떻게 하십니까? 끈으로 채찍을 만들어 양과 소를 성전 뜰에서 쫓아내십니다. 돈 바꾸는 사람들의 상을 뒤엎으십니다. 그리고 비둘기를 파는 사람들에게 명령하십니다. "이것들을 여기서 치워라. 내 아버지의 집을 시장터로 만들지 마라"(15-16). '아버지의 집'은 '성전'을 말하는데, 성전은 어떤 곳입니까? 성전은 하나님이 계신 곳이요, 하나님을 만나는 곳입니다. 즉 죄를 용서받아 생명을 얻는 곳입니다. 그런 곳이 시장터가 되었어요. 시장은 물건을 사고파는 곳이고, 돈을 버는 곳입니다. 하나님을 만나서 죄를 용서받아 생명을 얻는 곳이 돈 버는 곳으로 전락했어요. 예수님은 그런 일을 더는 하지 못하도록 하신 겁니다.

이를 본 제자들은 어떻게 반응합니까? 17절입니다. "제자들이 성경 말씀에 주의 전을 사모하는 열심이 나를 삼키리라 한 것을 기억하더라." 제자들은 성전을 사모하는 예수님의 열심을 보았어요. 예수님은 성전에서 생명 사역이 일어나기를 간절히 원하고 계심을 보았어요. 하지만 유대인들은 전혀 다르게 반응합니다. 그들은 예수님께서 제도권에 도전하신 것으로 받아들였어요. 그런 그들도 예수님의 권위에 도전합니다(18).

예수님은 무엇이라고 대답하십니까? 19절을 읽읍시다. "예수께서 대답하여 이르시되 너희가 이 성전을 헐라 내가 사흘 동안에 일으키리라." '성전을 헐라.'라는 말은 '건물 자체를 헐라.'라는 뜻이면서 동시에 '성전의 기능을 없애라.'라는 뜻이기도 해요. 예수님이 보실 때 성전은 더는 의미가 없어졌어요. 성전이 없어지면 어떻게 됩니까? 어디서 하나님을 만나고, 죄를 용서받아 생명을 얻을 수 있는 겁니까?

예수님께서 성전을 다시 지으십니다. 그러자 유대인들이 놀라 자빠지며 항의합니다. "이 성전을 짓는 데 46년이나 걸렸는데, 사흘 만에 세우겠다고요"(20)? 성전의 역사는 에덴동산에서부터 시작하지만, 구체적으로는 이스라엘이 애굽에서 해방하여 광야에서 생활할 때로 올라갑니다. 그들은 천막으로 하나님의 집을 지었어요. 그래서 '성막'이라고 불러요. 그들이 정착하고서는 건물로 하나님의 집을 지었으니, '성전'이라고 부릅니다. 그때가 주전 959년 솔로몬 왕 때입니다(왕상 8:38). 하지만 주전 586년 바벨론에 의해서 성전이 파괴되었어요. 주전 516년 스룹바벨이 예루살렘으로 돌아와서 성전을 다시 지었어요(스 6:14). 그런데 그 성전에 '피로 파괴'가 일어났어요. 주전 20년 헤롯왕이 '리모델링'을 시작했는데, 46년이나 걸렸어요. 그런 성전을 사흘 만에 짓는다고 하니 기가 찰 노릇입니다.

예수님은 어떻게 사흘 만에 다시 세울 수 있나요? 21을 읽읍시다. "그러나 예수는 성전 된 자기 육체를 가리켜 말씀하신 것이라." 예수님께서 다시 세우시는 성전은 건물이 아닙니다. 자신의 육체입니다. 이제부터는 건물 성전 시대는 가고 육체 성전 시대가 온 겁니다. 어떻게 이런 일이 가능합니까? 예수님께서 우리를 대신해서 십자가에서 어린양으로 죽으시고 죽은 자 가운데서 사흘 만에 다시 살아나셨기 때문입니다. 지금까지는 건물에서 어린양을 희생 제물로 드림으로써 죄를 용서받고 생명을 얻었어요. 하지만 이제는 그런 기능은 사라졌어요. 어린양의 실체이신 예수님께서 오셨기 때문입니다. 이제부터는 예수님을 믿음으로 죄를 용서받고 생명을 얻습니다. 예수님께서 성전에서 짐승들을 쫓아내신 이유가 바로 여기에 있어요. 겉으로는 그들이 성전을 시장터로 만들어서 채찍질을 하신 것처럼 보입니다. 하지만 본질로는 짐승의 제물이 더는 필요하지 않기 때문에 쫓아내신 겁니다. 이제는 더는 옛 방식대로 제물을 드림으로써는 생명을 얻지 못합니다. 이제는 새 방식인 예수님을 믿음으로만 생명을 얻습니다.

이 사실이 요한의 공동체에 주는 메시지는 무엇일까요? 이 성전은 주후 70년 로마에 의해서 다시 헐립니다. 남은 것이라고는 한쪽 벽뿐입니다. 그

벽이 '통곡의 벽'이라는 이름으로 지금까지 남아 있어요. 이 메시지를 듣고 있는 요한의 공동체에도 건물 성전은 없습니다. 그런데 옛 방식에 길든 사람들에게는 새로운 방식에 회의가 들 수 있어요. '제물도 바치지 않는데 죄를 용서받고 생명을 얻을 수 있을까?' 그런 그들에게 목자 요한은 말합니다. "건물 성전 시대는 끝났다. 더는 양을 잡아서 제물로 드리는 시대는 끝났다. 이제는 십자가에서 죽으시고 사흘 만에 다시 살아나신 예수님을 믿음으로만 생명을 얻는 시대가 왔다."

따라서 그때부터는 건물을 짓지 않았어요. 물론 로마의 핍박 때문에 공개적으로 활동할 수도 없었지만요. 그런데 313년 로마 황제 콘스탄티누스(*Aurelius Constantinus*, 272–337)가 기독교를 정식 종교로 인정했어요. 그는 비잔티움을 '새로운 로마', 즉 새로운 수도로 정했어요. 그가 죽자 비잔티움은 '콘스탄티누스의 도시'라는 뜻의 '콘스탄티노폴리스(*Constantinopolis*)'로 개명했고, 세계 최초의 기독교 도시가 되었어요. 지금은 터키의 이스탄불(Istanbul)로 이름이 바뀌었어요. 그때부터 '교회'라는 이름으로 커다란 건물들이 등장했어요. 그런데 그 많던 교회 건물들은 회교도들에게 빼앗겨 모슬렘 사원이 되었거나, 무너지고 말았어요. 이것은 건물이 교회가 아님을 바로 보여주는 사례입니다. '교회'란 예수님을 그리스도로 믿고 고백하는 자들의 신앙 공동체를 말해요. 공동체가 모여서 예배드리는 공간, 건물을 말할 때는 '예배당' 혹은 '교회당'으로 불러야 해요. 그런데 그것을 상징적으로 '교회'라고 부를 뿐입니다. 건물이 성전이 아닌 것처럼 교회도 건물이 아닙니다.

그런데도 건물을 성전이라고 부르는 사람이 있어요. 성전 시대에는 모든 남자는 일 년에 세 번 곧 무교절과 칠칠절과 초막절에 예루살렘 성전에 가서 예배드렸어요(신 16:16). 따라서 교회당을 성전이라고 말하면 1년에 세 번만 예배드리면 되는 모순을 낳고 맙니다. 어떤 사람은 큰 교회당에서 예배드려야만 생명을 얻는 줄 알고 말해요. "작은 교회 다니지 말고 큰 교회로 가자." 건물이 생명을 주는 것이 아니고 예수님이 생명을 주는 데도 말입니다. 어떤 사람은 '예배당 짓는 일'을 '성전 건축'이라고 말해요. 예수님께서 허무신 성전 건물을 왜 우리가 지어야 합니까?

우리가 지어야 할 성전은 무엇입니까? 그것은 사람의 손으로 지은 '돌 성전'이 아닌 '사람 자체인 산돌 성전'(벧전 2:5)입니다. 무슨 말입니까? 우리 주위에 있는 사람이 예수님을 믿고 새 생명을 얻도록 돕는 일에 힘써야 합니다. 한 사람이 예수님을 믿고 새 생명을 얻으면 그 사람이 곧 새 성전입니다. 성전 개념이 물질에서 영적으로 바뀐 겁니다. 이제는 예수님을 믿는 그 사람이 성전입니다. 그 사람 안에 성령님이 계시기 때문입니다 (고전 3:16). 이것을 건물로 비유하자면, 예수님께서 친히 건물의 머릿돌이 되시고 그를 믿는 자들은 서로를 연결하는 한 장의 벽돌이 되어 성전을 아름답게 지어가는 겁니다(엡 2:20-22). 한 사람이 예수님을 믿으면 그 사람이 성전이 되니, 그 성전은 온 세상으로 점점 커집니다. 그 완성은 장차 이루어질 '거룩한 성 새 예루살렘'입니다(계 21:2). '거룩한 성 새 예루살렘'은 새 하늘과 새 땅이 만들어질 때 세상에 세워질 교회 공동체를 말합니다.

그러므로 오늘 우리는 어떻게 살아야 합니까? 첫째로, 세상에서 무슨 말을 듣든지 오직 예수님만이 생명을 주시는 새 성전이심을 믿어야 합니다. 우주물리학자 스티븐 호킹(Stephen W. Hawking)은 우주 생명체의 존재에 대해서 말했어요. "우주 여러 곳에 생명은 분명히 존재한다. 우주 공간에 표류하고 있을 가능성도 있다." "그 이유가 무엇이냐?"고 묻자, "우주는 매우 광활하기 때문이다."라고 대답했어요. 그러면서 "우리는 그들의 존재를 파헤치기보다는 최대한 그들과 접촉하지 않는 것이 좋은데, 인류에게 큰 해가 될 수 있기 때문이라."는군요. 우주에 생명체가 존재할 수도 있겠지요. 하지만 더 중요한 것은 하나님이 계신다는 사실입니다. 그 하나님께서 육신의 몸을 입고 우리에게 오셔서 생명을 주신다는 사실입니다. 따라서 우주의 참 주인은 외계인이 아니라 예수님이십니다. 외계인이 우리를 파멸하는 것이 아니라 죄가 우리를 파멸합니다. 두려워해야 할 것은 외계인이 아니라 내 속에 있는 죄입니다. 그 죄를 오직 예수님을 믿음으로만 해결받습니다.

얼마 전 치러진 '해군 병사의 장례식'은 그 예우가 예전과는 사뭇 달랐어요. 예전의 가족은 상대적 비교의식 때문에 마음의 상처가 큽니다. 하지만 이런 예우조차도 생명을 잃은 슬픔을 대신할 수 있을까요? 말로는 "잊지 않겠다."라고 하지만 새로운 일이 일어나면 잊어버릴 겁니다. 설사 우리가 기억한다고 해도 그 생명이 영원할 수는 없습니다. 죽음 앞에서 가장 소중한 것은 생명입니다. 그 생명을 누가 줍니까? 오직 예수님만이 주십니다. 다른 종교가 주지 못합니다. 그것들은 그림자에 불과합니다. 우리는 세상에서 어떤 말들이 오고 가든지 이 사실을 굳게 붙들어야 합니다.

둘째로, 새로운 성전 건축 사역에 힘써야 합니다. 영국은 과거에 '해가 지지 않은 나라'였고, '선교사 파송의 나라'였어요. 조선 시대 때 대동강 변에서 순교한 토마스(Robert J. Thomas, 1840-1866) 선교사, 최초로 한글 성경을 번역한 존 로스(John Ross, 1842-1915) 선교사들이 영국 출신입니다. 그랬던 영국교회가 어떤지 압니까? 에든버러의 한 교회는 의류 판매점과 티켓 판매장소로 전락했어요. 또 다른 교회는 유령 체험관으로 변했어요. 관광객들은 교회 건물 안에서 1시간 동안 벌어지는 갖가지 귀신체험을 하기 위해 표를 사서 들어가요.

중국과 몽골의 내륙지역에서 일어나고 있는 사막화의 피해를 우리가 받고 있어요. 사막에는 오아시스가 있는데, 그곳 주변에는 큰 나무들이 자랍니다. 하지만 사막화의 심각성은 큰 나무가 없는 데 있는 것이 아니라, 풀

뿌리가 없는 데 있어요. 한국교회도 일부 대형교회들은 오아시스 옆에서 자라고 있는 큰 나무들처럼 아주 잘 자라고 있어요. 문제는 풀뿌리 교회가 점점 사라지고 있는 겁니다.

어떻게 해야 합니까? 풀뿌리 교회를 가꾸어야 합니다. 한 사람에게 성경을 가르치고 예수님을 믿도록 돕는 일에 힘써야 합니다. 더딘 것 같지만 캠퍼스에서 양과 씨름하는 일, 이것이야말로 풀뿌리를 심는 일입니다. 영적으로 사막화하는 일을 막을 수 있는 유일한 대안입니다. 어떤 때는 피곤하기도 하고, 누가 알아주지 않아서 자부심도 생기지 않기도 해요. 하지만 주님의 렌즈로 보면 정말 소중한 일입니다. 이 시대를 살리는 일이요, 조국과 캠퍼스를 살리는 일입니다. 그리고 거룩한 성 새 예루살렘을 이루는 일에 하나의 벽돌이 되는 놀라운 의미가 있습니다.

이 놀라운 소식 앞에서 제자들도 처음에는 그 의미를 잘 몰랐어요. 예수님께서 부활하신 후에야 그렇게 말씀하신 것을 기억하였고, 성경과 그 말씀을 믿었어요(22). 반면 말씀을 믿지 못한 자들은 표적만 요구하는 신앙으로 변질합니다(23-25). 누구든지 예수님만이 생명을 주시는 새 성전임을 믿으면 생명을 얻습니다. 성전이 됩니다. 그리고 영적으로 사막화하는 이 땅에서 성전 건축 사역의 핵심인 '풀뿌리'를 가꾸는 일에 힘쓸 수 있습니다.

제5강
거듭남

◇ 본문　요한복음 3:1−15
◇ 요절　요한복음 3:3
◇ 찬송　171장, 289장

　　요즘 아이는 생일을 맞으면 친구들을 많이 초청하여 잔치를 크게 해요.
그만큼 탄생의 기쁨이 크고 감사하기 때문일 겁니다. 그런데 그 아이들은
자신들이 어떻게 세상에 태어났는지를 알고 있을까요? 우리가 '예수님을
믿고 산다.'라는 말속에는 '탄생'이라는 뜻이 담겨 있습니다. 즉 우리는 다
시 태어난 사람입니다. 우리는 어떻게 다시 태어난 겁니까? 다시 태어남이
어떤 점에서 그렇게 중요합니까?

　　많은 사람이 예수님께서 행하신 표적을 보고 예수님의 이름을 믿었습니
다. 그런데 예수님은 그 몸을 저희에게 의탁하지 않으셨습니다
(2:23−24). '의탁한다.'라는 말은 '신임하다', '믿는다'라는 뜻입니다. 사
람들은 예수님의 이름을 믿었는데, 예수님은 그들을 믿지 않습니다. 왜냐
하면 그들의 속내를 아셨기 때문입니다(25). 그들은 예수님께서 행하신
표적에는 관심이 많지만 정작 그 표적을 행하신 예수님께는 무관심했습니
다. 예수님이 만드신 포도주는 마시면서 그 포도주를 만드신 예수님을 하
나님으로 믿지는 않았습니다. 이런 믿음으로는 영생을 얻지 못합니다. 그

래서 예수님은 그들의 믿음을 인정하지 않습니다. 이런 믿음의 대표적인 사람이 니고데모입니다.

그의 사회적 지위는 어느 정도입니까? 1절을 봅시다. "그런데 바리새인 중에 니고데모라 하는 사람이 있으니 유대인의 지도자라." '바리새인'은 당대 최고의 율법학자요 경건의 상징이었습니다. '유대인의 지도자'란 유대인의 최고 의결기구인 산헤드린 공회의 회원을 말합니다. 그는 유대교의 '최고봉'에 오른 종교 지도자입니다. 그는, 예루살렘 대학생들이 가장 닮고 싶은 '올해의 인물'로 선정되었을 겁니다. 그런 그가 밤에 예수님을 찾았습니다. 낮에는 일이 많아서 너무 바빴기 때문일 겁니다. 혹은 낮에는 사람들의 눈초리가 부담스러웠기 때문일 겁니다. 그의 마음이 밤처럼 어두웠을 수도 있고요.

그는 예수님을 어떤 분으로 인정합니까? 2절을 봅시다. "그가 밤에 예수께 와서 이르되 랍비여 우리가 당신은 하나님께로부터 오신 선생인 줄 아나이다 하나님이 함께하시지 아니하시면 당신이 행하시는 이 표적을 아무도 할 수 없음이니이다." '랍비'는 '선생님'이라는 뜻인데, 최고의 스승에게 붙이는 존경의 표현입니다. 니고데모는 예수님을 최고의 스승으로 인정하고 예의를 갖춥니다. 동시에 자신은 이런 선생님께 한 수 배워야 할 학생으로 낮추고 있습니다. 그가 이렇게 예수님을 인정하는 근거는 무엇입니까? 예수님께서 행하신 표적 때문입니다. 그는 예수님께서 행하신 표적은 사람의 능력이 아닌 하나님의 능력으로 된 것임을 알았습니다. 그는 예수님을 하나님께로부터 오신 선생님으로 인정합니다. 그는 예수님을 제대로 알고 있는 것처럼 보입니다.

하지만 예수님의 말씀은 이런 기대를 깨버립니다. 3절을 읽읍시다. "예수께서 대답하여 이르시되 진실로 진실로 네게 이르노니 사람이 거듭나지 아니하면 하나님의 나라를 볼 수 없느니라." '거듭난다'라는 말은 '위로부터 다시 태어난다.' '하늘로부터의 탄생'을 의미합니다. '하나님 나라를 본다.'라는 말은 '구원을 받는다', '영생을 얻는다'라는 뜻입니다. 예수님의 말씀을 볼 때 니고데모는 거듭나지 않았습니다. 거듭나지 않았기 때문에 하나님 나라를 보지 못합니다. 즉 그에게는 영생이 없습니다. 그래서 니고데모가 예수님을 인정했음에도 불구하고 예수님은 그를 인정하지 않으신 겁니다.

하나님 나라는 왜 거듭남으로만 볼 수 있습니까? 하나님께서 모든 인류를 창조하셨지만 모든 사람이 하나님의 자녀가 되는 것은 아닙니다. 하나님의 가족이 되는 방법은 새롭게 태어나는 것뿐입니다. 한OO 형제가 '한 씨 가족'이 된 것은 '한 씨 가정'에서 태어났기 때문입니다. 그런데 경우 형제가 하나님의 가족이 되었습니다. '하나님의 가정'에 다시 태어났기 때문입니다. 누구나 하나님의 가족이 될 수 있지만, 한 가지 조건이 있습니다. 다시 태어나는 겁니다. 니고데모처럼 유대교를 대표하는 인물도 다시 태어나야 합니다. 이것은 니고데모에게는 엄청난 충격입니다. 왜냐하면 당시 유대인들, 특히 종교 지도자들은 하나님 나라에 들어가는 것을 '당근'으로 여겼기 때문입니다. 율법을 연구하고 묵상하며, 그것에 순종하며 살아가는 자들에게 하나님 나라는 절대적으로 보장된 것이나 다름없다고 생각했습니다.

이런 일반 관념을 생각할 때, 예수님께서 구원의 전제 조건으로 거듭남을 제시했다는 것은 파격적인 도전입니다. 제아무리 거룩하고 종교적으로 경건한 인물이라 할지라도 하나님 나라가 그 종교성 때문에 주어지지 않습니다. 오직 거듭날 때만이 영생을 보장받습니다. 물론 당시 사람들도 율법을 안 지키고 그래서 도덕적으로 문제가 많은 사람은 다시 태어나야 하나님 나라에 갈 수 있다고 생각했습니다. 이런 사람들은 원래 문제 있는 삶을 살았기 때문에 새로 태어나야만 비로소 새사람이 되어 영생을 얻을 수 있다고 생각했습니다. 하지만 니고데모처럼 성공한 인물, 지식이 많은 인물, 사람들에게 존경과 부러움을 받은 인물, 철저하게 경건의 모습을 지닌 인물에게 영생의 절대적 조건으로 거듭남의 절대적 필요성을 제시했다는 점이 중요합니다. 이것은, 모든 인간은 한 사람도 예외 없이 사회적으로 도덕적으로 손가락질을 받든 혹은 존경을 받든, 인생의 최고 수준에 있든 혹은 밑바닥 수준에 있든 신분 고하를 막론하고 새로운 탄생이 있어야 비로소 영생을 얻을 수 있다는 겁니다.

이 사실을 오늘 우리에게 어떻게 적용할 수 있습니까? 삶을 어떻게 정의하느냐에 따라 우리의 운명이 결정됩니다. 만일 '삶을 파티'라고 생각한다면 그 사람의 최우선 가치관은 분명 쾌락을 추구할 겁니다. 만일 '삶을 경주(race)'로 본다면 '속도(speed)'를 중요하게 여깁니다. 만일 '삶을 마라톤'으로 본다면 인내에 높은 가치를 둘 것이고, '삶을 서바이벌 게임(survival game)'으로 본다면 승리를 가장 중요하게 여길 것입니다. 하지만 성경은, '삶은 영생'이라고 정의합니다. 영생은 자연적 생명 연장이 아닙니다. 하나님 나라에서 영원한 생명을 누리는 겁니다. 사람은 누구나 영생을 소망합니다. 하나님께서 이 소망을 주셨기 때문입니다.

『목적을 이끄는 삶』(*The Purpose Driven*)이라는 책을 쓴 워런(Rick Warren) 목사는 말합니다. "많은 사람은 이 땅에서의 영원한 유산을 만드는 데 인생을 보낸다. 그들은 죽은 후에 기억되고 싶어 한다. 하지만 궁극적으로 중요한 것은 '다른 사람들이 우리의 삶에 대해 어떻게 얘기하느냐'가 아니고, '하나님이 우리에 대해서 어떻게 생각하시느냐'이다." 사람은, 다른 사람이 우리가 평생 이룩한 것 이상으로 이룩할 것이고 기록은 깨어지며 명성은 사라지고 공로는 잊힌다는 사실을 깨닫지 못합니다. 대학 시절 한 학생의 목표는 학교 테니스 챔피언이었습니다. 그는 열심히 노력했고 자신의 트로피가 학교 전시장에 놓였을 때 너무 자랑스러웠습니다. 그런데 몇 년 후 어떤 사람이 그 트로피를 우편으로 보내왔는데, 학교 재건축 당시 쓰레기통에서 발견한 것이었습니다. 그는 말해요. '얼마간 시간이 흐른 뒤에 당신 삶의 모든 트로피는 누군가에 의해서 버려지게 될 것이다.'"

지금 우리가 사는 현재의 삶이 전부는 아닙니다. 하나님 나라에서 영원히 사는 영생이 있습니다. 우리가 어머니 자궁에서 보낸 10개월의 시간은 그 자체로 끝이 아니었습니다. 이 세상으로 나오기 위한 또 다른 삶의 준비 기간이었습니다. 만일 태아가 그 10개월을 전부인 것처럼 산다면 얼마나 한심할까요? 이처럼 현재의 삶은 다음 삶을 위한 준비 과정입니다. 다음 삶, 즉 영생으로 이르는 문은 육신의 죽음입니다. 그 죽음은 영생으로 들어가는 문입니다. 이 땅에서 보내는 마지막 순간이 되겠지만 그것이 우리 존재의 마지막 시간은 아닙니다. 삶의 끝이 아닌 영원한 삶을 새롭게 시작하는 날입니다. 모든 사람은 이 영원한 삶을 살아야 하는데, 그것은 거듭남으로만 가능합니다.

니고데모는 이 말씀을 어떻게 받아들입니까? 4절을 보십시오. "니고데모가 이르되 사람이 늙으면 어떻게 날 수 있사옵나이까 두 번째 모태에 들어갔다가 날 수 있사옵나이까." 그는 예수님의 말씀을 생물학적 재탄생으로 이해했습니다. 그는 유대교의 최고봉이지만 이 물리적 세상의 사람일 뿐입니다. 그는 '위 세상'에 대한 이해를 하지 못합니다. 아직 거듭나지 못했기 때문입니다.

어떻게 거듭날 수 있습니까? 5절을 읽읍시다. "예수께서 대답하시되 진실로 진실로 네게 이르노니 사람이 물과 성령으로 나지 아니하면 하나님의 나라에 들어갈 수 없느니라." '거듭난다'라는 말은 생물학적으로 다시 태어나는 것을 말하지 않습니다. 물과 성령으로 태어나는 영적인 탄생을 말합니다. '물과 성령으로 태어난다.'라는 말은 '위로부터 다시 태어난다.'라는 말을 좀 더 구체적으로 설명한 겁니다. '물과 성령'이란 '물, 즉 성령'

이라는 뜻입니다. 예수님은 '물'을 '성령'을 가리키는 다른 표현으로 자주 사용하십니다(6-7; 4:14; 7:38). 사람은 성령 하나님의 역사에 의해서만 다시 태어납니다. 잘난 사람이나 못난 사람이나, 있는 사람이나 없는 사람이나, 의인이라고 말하는 사람이나 죄인이나 오직 성령님에 따라서만 거듭나고 영생을 얻게 됩니다.

왜 성령님으로만 다시 태어나는 겁니까? 육으로 난 것은 육이요 성령으로 난 것은 영이기 때문입니다(6). 인간의 육적 탄생과 성령님으로 말미암은 영적 탄생은 철저하게 구분되기 때문입니다. 인간의 어떤 노력도 영적인 탄생에 이바지하지 못하고 육적 탄생에 머무를 뿐입니다. 인간의 의지나 투쟁, 그리고 선행과 같은 어떤 공로도 영적인 탄생에 전혀 도움이 되지 않습니다. 헬라적 사고로 말하면, '아래 세계'에서 아무리 이치를 터득해도 '위의 진리'를 이해할 수 없습니다. 현상의 세계를 관찰하는 것으로 지식을 얻어 영혼이 위로 복귀한다는 것은 있을 수 없습니다. 고양이가 '도'를 닦았다고 해서 호랑이가 되지 못합니다. 곰이 마늘을 백 일 동안 먹는다고 해서 사람이 될 수 없습니다. 곰이 아무리 대단해도 곰은 곰일 뿐입니다. 곰은 곰을 낳고, 사람이 사람을 낳습니다. 어디까지나 육은 육이지 영이 될 수 없습니다. 오직 성령님의 역사만이 영적인 탄생을 가져옵니다.

우리의 삶의 현장에는 얼마나 많은 종교가 있습니까? '종교 다원주의'를 실감하지 않을 수 없습니다. 그런데 종교 다원주의 시대에서 '성령님으로만 다시 태어난다.'라고 말하는 것은 타 종교에 대한 도전처럼 들립니다. 세상 사람에게 이 사실은 기독교로 나아가는 것을 가로막는 하나의 배타적 걸림돌이 되기도 합니다. 동시에 강한 자극이며 도전이기도 합니다. 이 '유일성'만 아니라면 기독교도 믿어볼 만한 것인데, 이것 때문에 많은 대가를 지급하도록 요구하는 것처럼 보입니다. 가족들과 부딪히게 되고, 친구들과 마찰과 갈등의 근원이 되기도 합니다.

한편 영생을 소유했다고 하면서도 '성령님으로만 거듭난다.'라는 사실을 확신하지 못하는 사람도 있습니다. 즉 다른 종교에도 구원이 있다는 것을 인정함으로써 심각한 마찰 없이 사이좋게 지내면 좋겠다고 생각합니다. 이 유일성만 아니라면 다른 종교를 추구하는 사람에게 굳이 복음을 전해야 할 부담이 없으니 정말 마음이 홀가분할 것으로 생각합니다. 그런데도 그 앞에다 대고 이 유일성만을 고집하는 것은 참으로 편협한 행동이며 인류의 다양한 문화와 철학, 그리고 종교 등에 대한 폭넓은 지식의 부재를 나타내는 무식한 까닭으로 느껴지기도 합니다. 이런 생각에 사로잡히면 전도할 때 자의식이 생기고 주저주저하게 됩니다. 보편적인 구원론을 수용한다면 많은 종교적 대립과 갈등을 극복하고 인류에 화해와 일치를 가져다줄 것으로 생각합니다. 다양성을 존중하는 것이야말로 일종의 교양 있는 태도로 간주합니다. "산은 하나이며 정상에 올라가는 길은 여러 가지다."라는 논리를 폅니다. 이 다양한 길은 곧 문화적 역사적 맥락과 상황의 차이에 의해서 만들어졌다는 겁니다.

이런 시대 흐름 속에서 이슬람교는 강력한 유일신 종교로서 세계사에 엄청난 영향력을 행사해왔습니다. 이슬람 인구는 11억 명이 넘습니다. 최근에는 유럽과 미국에 급속히 퍼지고 있습니다. 영국의 많은 교회가 이슬람 사원으로 팔려나가고 있습니다. 이슬람교는 일종의 율법주의 종교라고 할 수 있습니다. 하지만 율법의 행위로서는 영생을 얻지 못합니다. 영생은 오직 성령 하나님께서만 주십니다. 우리는 이 시대의 다원성은 인정해야 합니다. 하지만 영생을 얻는 데 있어서 다원주의는 인정할 수 없습니다. 이런 확신이 있으면 전도도 자신 있게 자랑스럽게 담대하게 할 수 있습니다.

하지만 니고데모의 반응은 어떠합니까? 그는 여전히 예수님의 말씀에 고개를 흔듭니다. 예수님은 성령님의 사역을 바람에 비유하십니다. 바람은 제 맘대로 붑니다. 우리는 바람 부는 소리를 듣지만, 그 바람이 어디서부터 와서 어디로 가는지는 알지 못합니다. 성령님으로 다시 태어난 사람도 이와 같습니다(7-8). 거듭남은 절대적으로 필요한 것이지만 이것은 인간의 노력 여하에 달린 것이 아니라, 성령님의 주권적인 사역에 달려 있다는 겁니다. 바람이 부는 방향을 사람이 인위적으로 조작하거나 바꿀 수 없습니다. 성령님의 사역도 이와 같습니다.

하지만 니고데모는 계속 묻습니다. "이런 일이 어떻게 가능할 수 있습니까"(9)? 예수님은 그런 그를 책망하십니다. "너는 이스라엘의 선생으로서 이러한 것들을 알지 못하느냐"(10). 이스라엘 선생은 최소한 구약성경의 내용을 알고 있습니다. 예수님께서 새로운 학설을 가르치는 것이 아닙니다. 성령님의 사역은 구약시대에도 이미 있었습니다. 그러므로 니고데모는 알 수 있습니다.

그의 실제 문제는 무엇입니까? 11절을 읽읍시다. "진실로 진실로 네게 이르노니 우리는 아는 것을 말하고 본 것을 증언하노라 그러나 너희가 우리의 증언을 받지 아니하는도다." '우리'는 '예수님과 그 제자들'을 말하고, '너희'는 '니고데모뿐만 아니라 이런 믿음을 가지고 있는 모든 사람'을 말합니다. 니고데모만 새롭게 태어나야 하는 것이 아니고 모든 사람이 예외 없이 다시 태어나야 함을 강조한 겁니다. 거듭남은 예수님의 증거를 받아들이는 것으로부터 시작합니다. 예수님의 증거를 받아들이지 않으면 성령님의 사역을 믿지 못합니다. 성령님의 사역을 믿지 못하면 거듭날 수가 없습니다.

그런데 니고데모는 어느 정도 안 믿습니까? 그는 예수님께서 땅의 일을 말하여도 믿지 않습니다. '땅의 일'은 '예수님께서 말씀하신 성령님으로 말미암은 거듭남의 절대적 필요성과 성령님이 바람처럼 일하신다는 주권성과 신비성에 관한' 겁니다. 이 정도도 믿지 못하면 하늘의 일은 꿈도 꿀 수 없습니다. '하늘 일'이란, 하나님이신 예수님께서 십자가에 높이 달려 돌아가실 일입니다. 그리고 누구든지 그 예수님을 믿으면 영생을 얻는다는 겁니다. 예수님께서 이 하늘 일에 대해서 말씀하실 수 있는 것은 예수님만이 하늘에서 오셨기 때문입니다. 예수님만이 하늘로 다시 가시기 때문입니다(13). 그러므로 이 예수님의 말씀을 믿을 수 있고, 믿어야 합니다.

믿는 것이 얼마나 중요합니까? 14절을 보십시오. "모세가 광야에서 뱀을 든 것 같이 인자도 들려야 하리니." 이스라엘은, 애굽에서 구원받았지만, 기대만큼 삶이 잘 안 풀리자 구원의 은혜를 잊고 모세에게 대들었습니다. 하나님께서는 독사를 보내 그들을 물어 죽게 하셨습니다. 모세의 간청으로 하나님께서 구원의 방도를 주셨는데, 구리 뱀을 만들어 장대에 달아 높이 달아 올리고 그 뱀을 바라보는 자들을 살게 한 겁니다(민 21:4-9). 이것은 모세의 메시지를 믿지 않고서는 절대로 순종할 수 없는 방향입니다. 상식적으로나 합리적으로나 과학적으로 맞지 않기 때문입니다. 사람들은 이 방향 앞에서 갈등할 수 있습니다. 자기들의 경험과 세상적인 방법, 그리고 전통에 따라서 행동하기 쉽습니다. 그런데 하나님의 말씀에 순종하여 장대에 달린 구리 뱀을 바라본 사람만 살았습니다. 여기서 '바라본다'라는 말은 하나님의 메시지를 믿는 것을 말합니다. 곧 믿음이 그들을 살렸습니다. 예수님은 이 사건을 무엇과 연결합니까? 예수님은 이 사건을 당신의 죽으심과 연결합니다. '인자도 들려야 한다.'라는 말은 '예수님께서 십자가에서 죽으셔야 한다'라는 뜻입니다. 여기서 한 가지 흥미로운 것은 '죽으심'을 '들림'으로 표현한 겁니다. 예수님의 죽으심은 영광을 받는 사건이기 때문입니다. 왜냐하면 예수님은 십자가의 죽음을 통해서 부활하시고 하나님의 나라로 다시 가시기 때문입니다.

예수님은 왜 십자가에 높이 들리시는 겁니까? 15절을 읽읍시다. "이는 그를 믿는 자마다 영생을 얻게 하려 하심이니라." 예수님을 믿는 자들에게 영생을 주시기 위함입니다. 누구든지 십자가에 높이 달리신 예수님을 믿으면 영생을 얻습니다. 모세에 의해 장대에 달려서 들려 올려진 구리 뱀처럼 십자가에 들려 올려진 예수님을 바라볼 때만 영생을 얻습니다. 구리 뱀이 하나님께서 출애굽 세대에게 마련해 주신 구원의 방도였듯이, 십자가에 들려 올려진 예수님이 오늘 우리에게 마련해 주신 구원의 방도입니다. 하나님께서 제시하신 구원의 방편을 받아들이는 사람만 영생을 얻습니다. '구원의 방편을 받아들이는 것', 이것이 믿음입니다.

그러면 믿는 것과 거듭남의 관계는 어떻게 됩니까? 거듭난 자가 하나님 나라를 봅니다. 믿는 자는 영생을 얻습니다. 거듭나는 것은 우리가 할 수 있는 것이 아니라, 성령 하나님께서 해 주시는 일입니다. '믿는다'라는 말은 예수님께서 십자가에 높이 달리심으로써 성령 하나님께서 우리를 다시 태어나게 하신다는 사실을 받아들이는 겁니다. 믿음은 우리의 행위가 아니라 성령 하나님의 사역에 대한 응답입니다.

우리는 왜 다시 태어나야만 합니까? 어떻게 다시 태어날 수 있습니까? 사람은 거듭나야만 하나님 나라에 들어갑니다. 사람은 성령 하나님에 의해서만 거듭납니다. 세상의 그 어떤 것도, 우리의 그 어떤 것도 거듭나게 하지 못합니다. 오직 십자가에 달리신 예수님을 믿는 자만 영생을 얻습니다. 이것이 우리가 이 시대에 예수님만을 믿어야 하는 이유입니다. 우리가 이 시대에서 예수님을 증언해야 하는 절대적 이유입니다. 예수님을 믿음으로 우리 안에 거듭남의 은총이 넘치기를 기도합니다.

제6강
믿음과 영생

◇ 본문 요한복음 3:16−36
◇ 요절 요한복음 3:16
◇ 찬송 294장, 458장

저는 지난주에는 기침 때문에 많이 힘들었어요. 예전에는 잠깐 하고 말았는데, 이번에는 정도도 심하고 기간도 오래 갑니다. 저는 빨리 낫기 위해서 주사도 맞고 약도 먹고 도라지 끓인 물도 마셨어요. 많은 분에게 기도 부탁도 했고요. 저는 주일 메시지를 준비하면서 문득 이런 생각이 들었어요. '기침의 고통에서 벗어나려고 이렇게 애를 쓰는데, 영생을 소유하기 위해서는 무엇을 하고 있는가?' 여러분, 영생이 있는 줄을 아십니까? 그리고 그 영생을 소유하기 위해서 우리가 해야 할 일이 무엇인지 아십니까?

16절을 읽읍시다. "하나님이 세상을 이처럼 사랑하사 독생자를 주셨으니 이는 그를 믿는 자마다 멸망하지 않고 영생을 얻게 하려 하심이라." 누군가가 말했어요. "사람의 본질 문제는 사랑 문제이다. 사랑만 정상적으로 받고 산다면 거의 모든 문제를 다 해결할 수 있다." 한 광고에 '가족의 재발견' 중 '남편 편'이 실렸어요. '남편'이란 늘 다른 사람의 편만 들어서 얄미운 '남(의) 편'인 줄 알았는데, 아내를 배려하는 '남편'으로 재발견해요. 두세 살 먹은 형이나 누나가 한 살짜리 동생을 괴롭히는 것도 실은 사랑

56

때문입니다.

우리도 자주 '하나님께서 날 사랑하시는가?'에 대해서 고민해요. 어떤 때는 하나님이 무섭고 부담스럽게만 느껴집니다. 어떤 때는 나와는 아무 상관이 없는 목석처럼 느껴지기도 하고요. 그러나 하나님은 우리를 사랑하십니다.

그 사랑의 징표가 무엇입니까? 독생자를 주신 겁니다. 하나님께서 육신의 몸을 입고 이 세상에 오셨습니다. 그리고 우리 죄를 대신해서 십자가에 죽으시고 죽은 자 가운데서 사흘 만에 다시 살아나셨습니다. 사랑의 징표로 꽃이나 반지, 혹은 상품권을 선물하기도 해요. 하지만 모든 사람에게 공통적인 징표는 현금이라는 말이 있어요. 왜 현금인가 했더니, 현금을 선물하려면 액수가 높아야 하기 때문이더군요. 그런데 그것과는 비교할 수 없는 사랑의 징표가 있으니 바로 자기 목숨입니다.

초등학교 때부터 사귄 '커플'이 있었는데, 막상 결혼하려니 '거시기'해서 남자가 여자에게 헤어지자고 말했어요. 그 말을 들은 여자는 수면제를 먹고 죽겠다고 데모를 했어요. 그 남자는 목숨 바쳐 사랑한다는데, 더는 무슨 말을 할 수 있겠느냐며 결혼했어요. 목숨 바친 사랑보다 더 큰 사랑은 없습니다. 그런데 하나님께서 우리를 사랑하시는 징표로 당신의 목숨을 주십니다.

이렇게까지 하신 목적은 무엇입니까? 그것은 우리가 멸망하지 않고 영생을 얻도록 하신 겁니다. '멸망'은 죽음이고 심판입니다. 지옥으로 떨어지는 겁니다. 반면 영생은 영원한 생명을 누리는 것이며, 천국에서 사는 겁니다. 하나님은 우리가 지옥에 가지 않고 천국에서 살기를 원하십니다. 영생은 하나님께서 우리에게 주신 사랑의 선물입니다.

이 선물을 누가 받습니까? 그를 믿는 자, 즉 예수님을 믿는 자입니다. 하나님 사랑의 선물은 온 세상을 향하고 있어요. 하지만 실제로 그 선물을 누리는 자는 예수님을 믿는 자뿐입니다. 제가 지금 메시지를 전하고 있지만, 모든 분이 같이 듣지는 않습니다. 다른 생각을 하기도 하고, 졸기도 해요. 메시지를 듣고자 하는 사람만 듣습니다. 하나님 사랑의 선물도 오직 예수님을 믿는 자에게만 임합니다. 영생과 멸망, 천국과 지옥의 기준은 예수님입니다. 이것을 영생의 절대성이라고 말해요.

그런데 그 절대성의 이면에는 배타성이 있어요. "이 가방만이 명품이다."라는 말에는 다른 가방은 "다 짝퉁이다."라는 배타성이 들어 있는 것과 같아요. 예수님 외에는 그 어떤 것도 다 '짝퉁'이기 때문에 그 어떤 종교도, 철학도, 그리고 돈도 영생을 주지 못합니다.

당시 로마는 종교 다원주의를 인정했는데, 그 사회를 '여러 종교의 시장(a market-place of religions)'이라고 불렀어요. 하지만 그들은 종교를 두 가지로만 나누었는데, '합법적인 종교'와 '불법적인 종교'입니다. 그 기준은 황제를 숭배하느냐 그렇지 않느냐에 있어요. 황제를 숭배하면 어떤 종교든지 합법적으로 인정받았어요. 하지만 황제를 숭배하지 않으면 불법으로 간주하여 엄청난 박해를 가했어요. 다신교 사회에서 황제숭배를 요구하는 것은 다른 종교인에겐 문제가 아닙니다. 하지만 그리스도인에겐 심각한 도전입니다. 그런 것들에는 영생이 없다고 믿기 때문입니다. 따라서 예수님 외에는 그 어떤 것도 인정하지 않습니다. 결국 기독교를 불법의 종교로 간주하여 국가로부터 강한 압력을 받았습니다. 반면 다른 종교는 순탄한 길을 걸었습니다. 하지만 세월과 함께 많은 다른 종교는 사라졌습니다. 반면 기독교는 역사 한 가운데 우뚝 섰습니다. 오직 예수님을 믿음으로만 영생을 얻는다는 절대적인 믿음이 모든 다원주의를 이기고 세계에 우뚝 서게 한 겁니다. 절대성이 경쟁력입니다.

최봉석(1869-1944) 목사님은 그의 생애가 놀라운 능력으로 가득 찼기 때문에 별명이 '권능'입니다. 그의 삶은 전도로 시작하여 전도로 마쳤는데, 무려 70개 교회를 개척했어요. 그의 메시지는 아주 단순했습니다. "예수 천당 불신 지옥." 그는 일본군 연대장이 말을 타고 지나가는 것을 보고는 그 앞으로 가서 "예수 천당 불신 지옥"이라고 외쳤습니다. 말이 놀라서 펄쩍 뛰었고, 연대장은 땅바닥으로 떨어져 정신을 잃었어요. 부하들이 칼을 뽑아 최 목사를 죽이려고 하자, 말해요. "만일 나를 죽이면 연대장은 죽소. 내가 하나님께 기도해야 연대장은 살 수 있소." 군인들은 "기도하여 연대장을 살려내라."라고 명령합니다. 최 목사는 그 자리에서 연대장을 위해 기도했는데, 잠시 후 연대장은 정신이 돌아왔어요. 사건을 들은 연대장은 최 목사에게 고맙다고 말했어요. 그 자리에 있던 많은 사람이 예수님을 믿었어요.

또 어느 날, 어둠이 깔릴 무렵 어느 방앗간을 지났어요. 열린 창문으로 안을 들여다 보니 어느 중년 남자가 쭈그리고 앉아서 일하고 있었어요. 그를 향해 "예수 천당"이라고 소리쳤어요. 그 사람은 일하다가 말고 그 소리에 놀랐어요. 그는 최 목사를 잡으려고 했지만, 너무 빨리 도망쳐서 잡지 못합니다. 그는 돌아와 다시 일하는데, '예수 천당'이라는 말이 계속 맴돌아서 일하지 못해요. 며칠 동안 고민하다가 결국 교회로 갔어요. 최 목사는 걸어 다니면서 큰 소리로 찬송가 부르기를 좋아했어요. 일본 경찰이 시끄럽다고 야단치자 대꾸합니다. "자동차가 뺑뺑 울리는 소리는 시끄럽지 않고 내가 부르는 찬송 소리는 시끄럽다는 말이오. 당신들은 교통사고를 막기 위해서 자동차 소리를 그냥 놔두지만 나는 지옥으로 가는 영혼에게 영생을 주기 위해서 찬송을 부르는 것이오." 그에게는 오직 '예수 천당 불신 지옥'만이 있었어요.

이런 최 목사님을 본받고자 하는 후배 중에서 '예수 천당 불신 지옥'이라는 피켓을 들고 전도하는 사람이 있었어요. 하지만 그 방법에 대해서 이의를 제기하는 사람이 많아요. 너무 일방적이고 너무 무식하다는 겁니다.

시대의 변화와 함께 전도의 방법도 변해야 한다는 겁니다. 맞는 말입니다. 하지만 그 본질 자체는 바뀔 수 없습니다. 왜냐하면 '예수 천당 불신 지옥'은 성경이 전하고자 하는 메시지의 핵심이기 때문입니다. 천당과 지옥의 기준은 오직 하나, 예수님께 대한 믿음뿐이기 때문입니다.

예전에 한 대학교 축제에 점(占)집이 들어왔습니다. 점을 보러 온 학생 대부분은 취업 문제를 물었어요. 한 4학년 학생은 "올해 취직해야 하는데, 점쟁이가 내년에 된다고 하니 기분이 썩 안 좋다."며 어두운 표정으로 발길을 돌렸어요. 반면 한 학생은 "고시 공부를 계속해야 할지, 취업해야 할지 고민했는데, 점쟁이가 보자마자 공무원 하라고 해서 기분이 정말 좋다."라고 말했어요. 물론 그들도 "넌 정말 점쟁이 말을 믿니?"라고 물으면 "재미로, 심심풀이로 보았다."라고 말해요. 하지만 그 사람의 의식을 이미 점쟁이의 말이 사로잡고 있다는 것이 문제입니다. 다른 곳도 아닌 대학에서 그런 일이 일어나는 현실이 마음을 무겁게 합니다.

한편 불교에서는 '극락왕생'을 말해요. 즉 괴로움은 없고 즐거움만 있는 곳, 깨달음을 얻어 더는 윤회하지 않는 곳을 뜻해요. 일종의 영생이라고 말할 수 있어요. 이런 말을 들으면 '그럴 수도 있게구나.'라는 생각이 들 수 있어요. 그들 중에도 윤리적으로나 사회적으로 훌륭한 인물이 많습니다. 그럴지라도 영생에 관해서는 그들의 어떤 논리도 거부합니다.

그런데도 종교 다원주의적인 모습은 교회 내에도 있어요. 주일 메시지를 들으면서 고개를 끄덕이는 중에도 다른 한편에서는 이런 세속적인 가치관이 꿈틀거립니다. 우리는 세속문화 속에서 더 많은 시간을 보내기 때문입니다. 우리도 모르게 무의식적으로 그런 다원주의에 말려들고 있기 때문입니다. 우리가 비록 이런 삶의 현장에서 살지라도 영생만큼은 예수님을 믿는 자만 얻는다는 이 불변의 진리를 놓치지 않아야 합니다. 이것이 기독교의 생명 줄이요, 우리 교회 정체성의 보장입니다. 더 나아가 다원주의 사회에서 이길 수 있는 경쟁력입니다.

성경은 계속해서 무엇을 강조합니까? 하나님께서 아들을 세상에 보내신 것은, 세상을 심판하시려는 것이 아니라, 아들로 세상을 구원하시려는 겁니다(17). 따라서 예수님을 믿는 자는 심판을 받지 않습니다. 반면 믿지 않으면 벌써 심판을 받은 겁니다(18). 심판은 미래에 일어날 것만은 아니고 지금 이곳에서부터 시작합니다. 그것은 빛보다 어둠을 더 사랑한 겁니다.

요즘 인터넷상에서 부적이 엄청나게 팔리는데, 주로 밤 1-2시 사이에 쓴다는군요. 그때 '영발'을 잘 받기 때문이래요. 어둠을 사랑하는 자는 어둠의 일을 행하고, 어둠 속으로 사라집니다. 하지만 진리를 따르는 자는 빛으로 옵니다. 그 행위가 하나님 안에서 행한 것임을 나타내려 함입니다(19-21).

이런 삶을 산 대표적 인물이 누구입니까? 세례 요한입니다. 요한이 사역을 시작했을 때는 '인기 짱'이었어요. 하지만 예수님께서 등장하시자 사람들이 예수님께로 갔어요. 그는 경쟁심과 패배감으로 힘들 수 있지만, 자신의 정체성을 붙듭니다. 요한의 정체는 신랑의 친구와 같은 위치입니다. 결혼식에서 신랑의 친구는 모든 하객의 초점을 신랑에게 향하도록 돕습니다. 신랑의 친구가 축하받지 못한 것 때문에 힘들어한다면, 뭘 모르는 친구입니다. 신랑의 친구는 신랑이 사람들로부터 축하를 많이 받으면 받을수록, 자기는 사람들로부터 인정을 받지 않으면 않을수록 기쁩니다. 그것이 자신의 본분이기 때문입니다. 신랑이신 예수님은 하늘로부터 오셨습니다. 하지만 요한은 땅에서 난 사람에 불과합니다. 그 본분은 말 그대로 하늘과 땅의 차이만큼이나 차이가 있습니다(22-31).

그런데 하늘로부터 오신 예수님께서 증언을 해도 받지 않는 사람이 있어요(32). 하나님의 말씀을 하시는데도, 성령님께서 함께 하시는 데도 증언을 받지 않는 사람이 있습니다(33-34). 우리가 캠퍼스 현장에서 이런 사람을 만나면 어떤 마음이 드나요? '그래 내가 부족해서 그렇다. 실력을 더 기르자.'라는 생각이 들어요. 어떤 때는 '성경에 문제가 있는 것은 아닌가?'라는 생각도 들어요. 하지만 예수님이 친히 증언해도 받지 않는 사람이 있었다는 것은 우리에게 큰 위로와 소망입니다. 빛보다 어둠을 사랑하는 자들은 어쩔 수 없다는 겁니다.

하지만 그 아들을 믿는 자가 있습니다. 믿는 자에게는 영생이 있지만 아들에게 순종하지 아니하는 자는 영생을 보지 못하고 도리어 하나님의 진노가 그 위에 머물러 있습니다(36). 영생을 소유하고 소유하지 못하고의 결정은 '아들'에 대한 반응에 달려 있습니다.

하나님은 우리를 사랑하셔서 영생을 주기 위해서 독생자를 보내셨습니다. 누구든지 이 예수님을 믿는 자만 영생을 얻습니다. 다원주의 시대에서 흔들리지 말고 끝까지 이 믿음으로 살고, 이 믿음을 증언할 수 있기를 바랍니다.

제7강
목마른 영혼을 위한 샘물

◇ 본문 요한복음 4:1-26
◇ 요절 요한복음 4:14
◇ 찬송 526장, 272장

어떤 대학 새내기가 말하더군요. "난 사랑에 목말라요." 한 운동선수도 이렇게 말합니다. "우린 우승에 목말라요." 그런데 어떤 아줌마도 진지하게 말합니다. "우린 돈에 목마릅니다." 결국, 사람은 뭔가에 목말라하고 있습니다. 그 원인은 무엇일까요? 어떻게 그 목마름을 채울 수 있습니까?

바리새인들은 예수님께서 요한보다 더 많은 사람을 제자로 삼고 세례를 준다는 소문을 들었습니다. 그러나 실은 예수님께서 직접 사람들에게 세례를 주신 것이 아니라 제자들이 준 겁니다. 즉 제자들이 열심히 일한 겁니다. 예수님은 유대를 떠나 갈릴리로 가십니다. 그때 사마리아 지방을 거쳐서 가십니다(1-4).

남쪽 유대에서 북쪽 갈릴리로 가는 길은 두 가지였습니다. 하나는 사마리아를 거쳐 가는 지름길이고, 다른 하나는 빙 돌아서 가는 먼 길입니다. 많은 유대인은 지름길로 가지 않고 멀리 돌아다녔습니다. 사마리아 사람과는 교제하지 않았기 때문입니다. 사마리아는 본래 유대와 한 가족이었는데, 이런저런 사정으로 혼잡한 민족 혼잡한 종교를 갖게 되었습니다. 유대인은 그런 사마리아인을 '혼잡한 것들'이라고 비난하면서 '왕따'했습니다. 그러자 사마리아인도 그런 유대인과 그 신앙을 인정하지 않았습니다. 유대인을 몰래 때리고 죽이고 '신용카드'를 훔쳤습니다. 지금의 '팔레스타인'과 '이스라엘'과 같은 악순환의 길을 걸었습니다.

그러나 예수님은 그런 사마리아를 거쳐 가고자 하십니다. 이것은 단지 지름길이었기 때문만은 아닙니다. 여기에는 신학적 필연성이 내포되어 있습니다. 즉 사마리아에도 하나님의 택함을 받을 자들이 있기 때문입니다. 혼잡스러운 그들도 구원하는 것이 하나님의 뜻이고, 그 뜻을 이루기 위해서 예수님은 가십니다.

예수님은 사마리아에 있는 수가라는 마을로 들어가셨습니다. 그곳에 야곱의 우물이 있습니다. 예수님은 오랜 여행으로 피곤하여 그 우물가에 털썩 앉으십니다. 때는 정오쯤입니다. 사마리아 여자 한 사람이 물을 길으러 나왔습니다(5-7a). 보통 물은 서늘할 때 긷는데 그 여인은 좀 이상합니다. 예수님은 지치고 목마른 상태에서 정오의 강렬한 태양열을 받으면서 우물가에서 아낙네와 마주칩니다. 힘없는 낯선 자에 불과한 예수님이 여인에게 부탁합니다. "물 좀 주시오"(7b). 그때는 제자들이 먹을 것을 사러 마을로 들어가 그 자리에 없었습니다(8). 아무리 목이 마른다 한들, 어찌 지체 높은 분이 혼잡한 동네 우물에서 물을 마실 수 있겠으며, 천한 것이 주는 바가지로 목을 축일 수 있을까요?

여인은 어떻게 반응합니까? 9절입니다. "사마리아 여자가 이르되 당신은 유대인으로서 어찌하여 사마리아 여자인 나에게 물을 달라 하나이까 하니 이는 유대인이 사마리아인과 상종하지 아니함이러라." 보통의 경우에는 여자가 수줍은 듯 물을 건네줍니다. 좀 더 현숙한 여인은 버들잎 서너 잎을 띄워서 주지요. 그런데 그 여인은 왜 이렇게 복잡하게 반응한 걸까요? 유대인과 사마리아인이 서로 상종하지 않았기 때문입니다. 그들은 서로 교제하지도 않았고, 그릇을 함께 사용하지도 않았습니다. 그들은 '가깝고도 먼 당신'으로 사는 것이 체질화되었습니다.

또 그들에게는 성차별도 엄격했습니다. 남성은 길에서 여성과 대화를 나눠서는 안 됩니다. 다른 사람의 아내는 물론이고 심지어 자기 아내와도 안 됩니다. 남성과 여성이 길에서 속삭이는 것은 천박함의 극치였습니다. 그래서 여인은 한편으로는 놀라고 한편으로는 예수님의 저의를 의심할 수밖에 없습니다.

예수님은 그녀에게 어떻게 대답하십니까? 10절을 읽읍시다. "예수께서 대답하여 이르시되 네가 만일 하나님의 선물과 또 네게 물 좀 달라 하는 이가 누구인 줄 알았더라면 네가 그에게 구하였을 것이요 그가 생수를 네게 주었으리라." 예수님은 그녀가 이런 시대 분위기를 뛰어넘어 두 가지를 알기를 원하십니다. 하나님의 선물과 물 좀 달라 하는 이가 누구인 줄 아는 겁니다. 그러면 예수님께 오히려 구하였을 것이고, 그러면 그녀에게 생수를 주었을 겁니다. '생수'는 저수지나 웅덩이에 고여 있는 물과 구분되는 샘에서 솟아나는 신선한 물을 말합니다. 여인은 예수님을 단순히 '목마른 사람' '유대인 남자'로만 알고 있습니다. 그래서 예수님께 아무것도 구하지 않습니다.

그러나 하나님의 선물에 관심을 두고 예수님에 대해서 알게 되면 달라집니다. 여인은 예수님을 '유대인 남자'로만 관심이 있는데, 예수님은 자신을 '유대인 남자'로 정의되기를 거부하십니다. 하나님의 선물을 주는 분으로 인식되기를 원하십니다. 예수님은 유대에 속한 분이 아니라 하나님께 속한 분이십니다. 예수님은 유대에서 오신 분이 아니라 '위로부터' 오신 분이시기 때문입니다. 예수님은, 여인이 '세상의 렌즈'가 아닌 '영적인 렌즈'로 예수님을 보기를 원하십니다.

하지만 그녀는 어떻게 받아들입니까? 예수님이 주시는 생수를 야곱의 우물물 정도로만 생각합니다(11). 예수님을 야곱보다도 못한 사람으로 보고 있습니다. 사막 지역에서 샘물은 한 부족의 생명을 지탱합니다. 번성과 풍요를 낳습니다. 야곱의 자손들은 그 조상 야곱이 준 우물에서 물을 공급받아 지금까지 살아왔습니다. 그녀에게 있어서 야곱보다 더 큰 사람은 없습니다.

그래서 예수님을 야곱과 비교합니다(12). 예수님이 야곱보다 더 위대하지 않고서는 야곱의 우물보다 더 좋은 우물을 줄 수 없기 때문입니다. 어떻게 지쳐 있는 나그네가 그 위대한 야곱보다 더 나은 일을 할 수 있다고 장담할 수 있겠어요? 이 남자가, 야곱이 물을 찾으려고 그토록 깊이 팠던 이곳에서 금방 새 우물을 발견할 수 있단 말입니까?

예수님은 어떻게 대답하십니까? 13-14절을 읽읍시다. "예수께서 대답하여 이르시되 이 물을 마시는 자마다 다시 목마르려니와, 내가 주는 물을 마시는 자는 영원히 목마르지 아니하리니 내가 주는 물은 그 속에서 영생하도록 솟아나는 샘물이 되리라." 제가 어렸을 때는 부자들의 과소비를 "돈을 물 쓰듯 한다."라고 말했어요. 하지만 지금은 물이 귀합니다. 물이 얼마나 비싸졌나요? 물이 고갈된다면 우리의 생존 자체에 심각한 위기가 옵니다. 물은 우리의 생존권과 직결됩니다. 우리 몸을 구성하고 있는 요소 중 70%가 물이고, 이 지구의 2/3가 물로 뒤덮여 있어요. 우리의 생명과 물은 서로 떼려야 뗄 수가 없습니다.

그런데도 물은 사람의 갈증을 영원토록 채워주지는 못합니다. 물을 마셔서 시원함을 얻는다고 해도 다시 목마르기 때문입니다. 야곱의 우물물이 수천 년 동안 수많은 사람의 목마름을 해결해 주었습니다. 하지만 문제는 다시 목마르다는 데 있습니다. 이것이 야곱의 우물물의 한계입니다. 그러나 예수님이 주시는 물은 영원히 목마르지 않습니다. 왜냐하면 그 속에서 영생하도록 솟아나는 샘물이기 때문입니다. '영생하도록 솟아나는 샘물'이 곧 '영생수'입니다. 영생수의 핵심은 다시 목마르지 않은 데 있습니다. 이것이 예수님께서 주고자 하시는 하나님의 선물입니다.

이 선물이 누구에게 주어집니까? 예수님은 인생의 가장 밑바닥에 있는 여인을 보자마자 이 선물을 약속하십니다. 이것은 하나님의 선물이 인간의 자격이나 조건에 달려 있지 않음을 보여줍니다. 하나님의 선물은 오직 하나님의 은혜에 달려 있습니다. 예수님께서 혼잡한 땅 사마리아에 오신 것은 이 선물을 주시기 위함입니다. 사람이 다시는 목마르지 않도록 하기 위함입니다.

이 영생수는 구체적으로 무엇을 말합니까? 예수님께서 주시는 성령님이십니다. '영생수를 마신다.'라는 말은 '예수님을 믿는다.'라는 뜻입니다. 누구든지 예수님께서 우리 죄를 위해서 십자가에서 죽으시고 죽은 자 가운데서 사흘 만에 다시 살아나신 것을 믿으면 성령님께서 오십니다. 성령님께서 우리 속에 거하십니다. 우리는 목마르지 않습니다.

그런데 우리는 왜 목마릅니까? 사람이 에덴동산에 있었을 때는 목마르지 않았습니다. 하지만 죄를 짓고 나서 목마름을 알게 되었고, 그것은 심해졌습니다. 아무리 물을 마셔도 언제나 '2%'가 부족합니다. 이 부족한 '2%'를 채우기 위해서 야곱의 우물물을 계속해서 긷고 또 긷습니다. 하지만 다시 목마릅니다. '야곱의 우물'은 '유대의 율법', 혹은 '사마리아교'를 상징합니다. 오늘날로는 세상적인 것이라고 할 수 있습니다. 종교 혼합주의는 물론이고 돈과 권세와 사랑일 수 있습니다. 돈은 참 좋은 겁니다. 문제는 그 많은 돈을 가져도 다시 돈에 대해서 목마른 데 있습니다.

어떤 가수는 "사랑은 언제나 목마르다"라는 노래를 통해 젊은이들의 마음을 대변했습니다. 사람들은 말해요. "돈이 없으면 인생도 없다(No life, without money)." "애인이 없으면 인생도 없다." 그러나 알아야 합니다. "생명수가 없으면 인생도 없다(No life, without living water)." 영생수를 마시는 사람만이 참된 인생을 살 수 있습니다. 영생수만이 우리의 목마름을 해결합니다.

여인의 반응이 어떻게 달라집니까? 15절을 봅시다. "여자가 이르되 주여 그런 물을 내게 주사 목마르지도 않고 또 여기 물 길으러 오지도 않게 하옵소서." 여인도 이 물을 마시고 싶어 합니다. 왜냐하면 그녀도 목마르기 때문입니다. 여인의 모습은, 갈증으로 물 긷기를 반복하면서 그 욕구를 충족하지 못하고 공허감과 소외감으로 반복되는 일상을 되풀이하며 또 다른 욕구 충족의 길을 떠나는 인간 실존의 모습이기도 합니다.

그때 예수님은 여인에게 어떤 말씀을 하십니까? 16절을 봅시다. "이르시되 가서 네 남편을 불러오라." 여자가 대답합니다. "전 남편이 없습니다." 그러자 예수님께서 그 여인의 말을 인정하십니다. 그런데 그녀는 남편이 다섯 명이나 있었고, 지금은 한 남자와 동거하고 있습니다(17-18). 그녀가 어떤 사연이 있었는지는 몰라도 화려한 경력을 가졌음이 틀림없습니다. 그 여인의 혼잡한 결혼생활은 사마리아 종교의 무질서를 정확하게 반영하고 있고요. 신앙의 혼잡성이 삶에 그대로 투영된 겁니다. 잘못된 신앙은 잘못된 삶을 삶게 합니다.

우리 시대의 혼잡한 결혼생활, 화려한 이혼 경력도 따지고 보면 혼잡한 신앙에 그 뿌리가 있습니다. 바른 신앙만이 바른 삶을 살게 합니다. 그래서 예수님은 남편 문제를 꺼낸 겁니다. 남편 문제는 그녀 목마름의 표출입니다. 그녀는 목마름을 채우기 위해서 어디에 가면 남자들을 만날 수 있는지를 아는 '선수'가 되고 만 겁니다. 목마름은 사람을 쾌락적으로 되게 합니다. 목마름은 사람을 비참하게 만듭니다.

여인은 예수님을 어떤 분으로 인정합니까? 여인은 예수님을 선지자로 인정합니다(19). 선지자는 인생 문제의 본질을 깨닫게 하고, 그 문제를 해결할 수 있는 방향을 제시합니다. 무엇보다도 하나님께로 인도합니다. 여인은 예수님께 예배에 관해서 묻습니다. "우리 조상들은 이 산에서 예배하였는데 당신들의 말은 예배할 곳이 예루살렘에 있다 하더이다"(20).

여인은 왜 예배를 '이슈'로 제시할까요? 모든 인간 문제는 근원적으로 종교 문제입니다. 모든 '세속'은 다 '성(sacrament)', 즉 예배에 뿌리를 두고 있습니다. 여인의 가슴 아픈 삶의 현실은 하나님과 올바른 관계가 정립되지 않아서 나타난 겁니다. 즉 그녀의 혼잡한 이혼 경력은 하나님을 제대로 예배하지 못했기 때문입니다. 여인의 목마름은 하나님과 올바른 예배를 통해서만 해결됩니다. 자신의 세속의 삶을 꿰뚫어 보시는 예수님은 그녀가 논란이 되는 예배의 이슈를 끄집어내게 만든 겁니다. 죄가 노출된 이상 이제는 속죄에 관해서 물어야 합니다. 속죄는 예배를 통해서만 가능합니다.

그런데 사마리아 사람은 "'이 산', 즉 그리심 산에서 예배해야 한다."라고 주장했습니다. "그리심 산 예배만이 정통이다."라는 겁니다. 반면 유대인은 "'예루살렘', 즉 예루살렘 성전에서만 예배해야 한다."라고 주장했습니다. 예배 장소 문제는 단순한 장소 문제가 아닙니다. 이것은 '어느 것이 하나님께서 받으시는 예배냐', 즉 '어느 것이 정통성 있는 예배냐' '어느 것이 진정한 구원을 주느냐'의 신학적 논쟁입니다.

예수님의 대답은 무엇입니까? 21절을 읽읍시다. "예수께서 이르시되 여자여 내 말을 믿으라 이 산에서도 말고 예루살렘에서도 말고 너희가 아버지께 예배할 때가 이르리라." 지금부터는 자기 생각, 고정관념, 전통, 심지어 '관습 헌법'도 믿어서는 안 됩니다. 오직 예수님의 말씀만 믿어야 합니다. 하나님께서 받으시고 기뻐하시는 예배를 드리려면 오직 예수님께서 가르쳐 주신 대로만 해야 합니다. 그래야 영생이 있습니다. 그동안 사마리아는 알지 못하는 것을 예배했습니다. 즉 잘못된 예배를 했습니다. 반면 유대인은 아는 것을 예배했는데, 구원이 유대인에게서 났기 때문입니다(22). 굳이 말하자면 '그리심 산 예배'보다는 '예루살렘 예배'가 좀 더 정통성이 있었다는 말입니다.

하지만 이제부터는 장소가 중요하지 않습니다. 무엇이 중요합니까? 23절을 읽읍시다. "아버지께 참되게 예배하는 자들은 영과 진리로 예배할 때가 오나니 곧 이 때라 아버지께서는 자기에게 이렇게 예배하는 자들을 찾으시느니라." 하나님께서는 예배자가 어느 장소에 있는지에 관심을 두지 않습니다. 예루살렘에서 예배한다고 받으시는 것도 아니고 그리심 산에서 예배한다고 거절하시는 것도 아닙니다. 하나님께서는 영과 진리로 예배하는 사람을 찾으십니다. '영과 진리'란 '성령님과 진리 안에서'라는 말입니다. '진리'란 '진실한 마음'을 말하는 것이 아닙니다. 즉 예배하는 사람이 얼마나 진지하고 간절하게 예배하느냐를 말함이 아닙니다. '진리'란 '그림자'나 '모조품'의 반대말인 '실체'를 뜻합니다. 그러므로 '영과 진리'는 '성령님이 가져다주시는 실체'를 말합니다. 예루살렘 성전에서 예배하는 것은 '실체'가 오시기 전의 모조품 예배에 불과했습니다. 더는 유대교가 정통인지 아니면 사마리아교가 정통인지 의미가 없습니다. 이 두 성전에서는 양을 잡고 소를 잡고 희생 제물을 통해서 예배했기 때문입니다.

하지만 이제는 이런 것들은 모두 소용이 없습니다. 이제부터는 성령님께서 가르쳐주시는 실체로 예배해야 합니다. 그 실체는 예수님 자신이며 십자가에 달리심입니다. 이제부터 하나님께서는 예수 그리스도의 십자가와 부활을 통해서만 예배를 받으십니다. 이제는 민족이 문제가 아니며 장소도 이슈가 아닙니다. 어떤 민족의 누구라도 어떤 장소에서든지 예수 그리스도의 십자가와 부활을 믿는 믿음으로 하나님께 나아가 예배하면 됩니다. 하나님은 이런 예배와 그 예배자를 찾으시고 받으십니다. 예수님께서 하나님의 성령님이 충만히 거하시는 새 성전이십니다. 따라서 사람들은 옛 성전을 초월하여 성령님과 예수님으로 말미암아 하나님께 언제 어디서나 예배할 수 있습니다.

이제부터 참다운 예배는 장소의 문제가 아니라 성령님과 그리스도 중심적인 예배냐 아니냐에 달려 있습니다. 성령님의 인도함을 받고 진리이신 예수님으로 하는 예배만이 참 예배입니다. 이 예배를 통해서만 죄 문제가 해결됩니다. 영생을 선물로 받습니다. 사람은 누구에게나 예수 그리스도가 필요합니다. 하나님은 영이시기 때문에 예배하는 자가 영과 진리로 예배해야 합니다(24).

여자는 누구를 기다리고 있습니까? 25절을 봅시다. "여자가 이르되 메시아 곧 그리스도라 하는 이가 오실 줄을 내가 아노니 그가 오시면 모든 것을 우리에게 알려 주시리이다." 그렇게 혼잡한 인생을 살았던 그 여자도 메시아를 기다리고 있습니다. 메시아의 '메'자도 생각하지 않고 사는 것처럼 보인 그 여자도 메시아를 기다립니다. 사람은 누구나 메시아를 기다립니다. 메시아가 오시면 모든 것을 알려주시기 때문입니다.

예수님은 그녀에게 무엇이라고 말씀하십니까? 26절을 읽읍시다. "예수께서 이르시되 네게 말하는 내가 그라 하시니라." 예수님은 자신의 정체를 직접 나타내십니다. 예수님은 여인이 그토록 기다리던 그 메시아이십니다. 여인의 목마름을 해결해 줄 바로 그 영생수입니다. 여인이 온 마음을 다해 사랑하고 섬겨야 할 참 남편입니다.

야곱의 우물가에서 물을 달라고 하셨던 예수님도, 물을 길러 왔던 여인도 모두 물을 마시지 않았습니다. 더는 야곱의 우물물이 마름을 채워주지 못합니다. 예수님께서 주시는 영생수가 채워줍니다. 우리가 먼저 이 영생수를 마시고, '영생수의 증인'이 되어 목마른 이웃에게 영생수를 증언할 수 있기를 바랍니다. 특히 '목마른 여인'들이 영생수를 마실 수 있기를 기도합니다.

제8강
눈을 들어 보라

◇ 본문 요한복음 4:27-54
◇ 요절 요한복음 4:35
◇ 찬송 515장, 525장

『누가 내 치즈를 옮겼을까?』라는 책은 '변화하는 현실에 어떻게 대응해야 하는가?'에 대해서 가르칩니다. 생쥐 두 마리와 꼬마 둘은 매혹적인 치즈를 찾다가 치즈가 가득 찬 창고를 발견해요. 생쥐들은 매일 아침 창고에 가서 어제와 다른 변화가 있는지를 확인해요. 반면 꼬마들은 치즈를 평생 먹을 수 있다고 착각하고 변화에 대비하지 않아요. 어느 날 치즈가 없어졌어요. 생쥐들은 놀라지 않는데, 치즈가 조금씩 줄고 있다는 사실을 알고 있었기 때문입니다. 생쥐들은 새 치즈를 찾아 나섰고, 마침내 치즈를 찾았어요. 반면 꼬마들은 새 치즈를 찾지 않고 누군가가 다시 가져다 놓기만을 기다립니다. 하지만 치즈는 다시 돌아오지 않지요.

여기서 '치즈'는 직업, 돈, 건강, 인간관계, 자유 등 사람들이 원하는 것을 모두 아우르는 개념입니다. 사람들은 각자 자신의 '치즈'를 마음속에 두고 그것을 추구하며 살아갑니다. 그 치즈를 얻으면 그것에 집착합니다. 그러나 세상은 계속해서 변화합니다. 그 변화에 대처하지 못하면 치즈는 사라져 버립니다. 먹지 못하니 결국 죽을 수밖에 없습니다. 이 사실은 아무리 피하려 해도 피할 수 없는 현실입니다. 이런 현실에서 우리는 어떻게 살아야 합니까?

첫째, 삶의 에너지에 대한 개념이 변해야 합니다(27-34).

먹을거리를 사러 갔던 제자들이 김밥을 가지고 돌아왔어요. 그런데 예수님께서 뜻밖의 말씀을 하십니다(27-31). "내게는 너희가 알지 못하는 먹을 양식이 있느니라"(32). 제자들은 사마리아 여인이 김밥을 드린 것으로 생각했어요(33).

그러나 예수님이 말씀하시는 양식은 무엇인가요? 34절을 읽읍시다. "예수께서 이르시되 나의 양식은 나를 보내신 이의 뜻을 행하며 그의 일을 온전히 이루는 이것이니라." '양식'은 삶의 필수품이며 질을 높이는 에너지입니다. 흰쌀밥과 소고깃국이 최고였던 때가 있었어요. 보리밥과 오리고기로 바뀌더니 이제는 낙지 시대인가 봐요. 세월과 함께 음식에 대한 개념이 바뀝니다. 먹을거리를 통해서 삶의 질을 높이려는 본능 때문입니다. 하지만 먹을거리로 삶의 질을 높이는 데는 한계가 있음을 알고 쉼을 통해서 그 한계를 극복하려고 해요. 주말이면 쉼을 찾아 떠나는 사람들 때문에 쉬지 못하는 기이한 현상이 생겼어요. 그래서인지 월요일이면 더 피곤합니다.

어떻게 해야 합니까? 삶의 에너지에 대한 개념이 변해야 합니다. 예수님이 말씀하십니다. "나의 양식은 나를 보내신 이의 뜻을 행하며 그의 일을 온전히 이루는 이것이니라." 하나님의 뜻을 온전히 이루는 것은 한 사람이 영생을 얻도록 돕는 일입니다. 보통의 사람에게 낙지 전골이 에너지라면 예수님께는 한 사람을 말씀으로 돕고 섬기는 일이 에너지입니다. 쌀밥에서 보리밥으로 바뀐 것처럼, 삶의 에너지에 대한 개념도 바뀌어야 합니다. "밥 안 먹어도 배부르다."라는 말이 있어요. 너무 좋은 일을 만나면 밥 안 먹어도 배가 부릅니다. 삶의 힘이 넘칩니다.

우리에게 그 일은 무엇입니까? 그 일은 바로 양을 말씀으로 돕고 섬기는 일입니다. 우리가 양을 섬기면 양도 생기가 돌지만, 우리가 더 생기가 돕니다. '안티-에이징(Anti-Aging, 노화 방지)'이라는 말이 있어요. 나이에 비해서 젊게 살자는 겁니다. 어떤 여가수는 요가를 권하고, 좋은 화장품을 권해요. 건강식품을 추천하기도 하고요. 이런 것도 필요할 겁니다. 하지만 양을 말씀으로 돕고 섬기면 'Anti-Aging'을 체험할 수 있어요. 양을 섬기느라 시간과 물질이 부족하여 비싼 음식을 먹지 못하고 놀러 가지 못해도 젊게 살고 기쁘게 삽니다.

한 형제는 금요일 저녁에 '동방'에서 양을 섬기고 있어요. 본래도 생동감이 넘쳤지만 지금은 더욱 넘치고 있습니다. 특히 그 내면이 많이 성숙해졌어요. 삶의 에너지를 얻는 개념이 변했기 때문입니다. 어떻게 하면 개념이 이렇게 바뀔 수 있나요?

둘째, 예수님의 렌즈로 사람과 세상을 봐야 합니다(35-38).

35절을 읽읍시다. "너희는 넉 달이 지나야 추수할 때가 이르겠다 하지 아니하느냐 그러나 나는 너희에게 이르노니 너희 눈을 들어 밭을 보라 희어져 추수하게 되었도다." '추수'는 사마리아 사람에게 전도하여 영생을 얻도록 돕는 일입니다. 그런데 사마리아를 보는 렌즈가 제자들과 예수님이 다릅니다. 제자들은 사마리아는 넉 달 후에나 전도할 수 있다고 생각해요. 하지만 예수님은 지금 당장 해야 한다는 겁니다. 왜 이런 차이가 생긴 겁니까? 눈을 들어 보느냐, 그렇지 않느냐에 있습니다. 예수님은, 제자들이 넉 달을 말하는 것은 눈을 들지 않았기 때문으로 보십니다. 눈을 들어 보기만 하면 넉 달이 아닌 지금을 말할 수 있다는 겁니다.

'눈을 든다.'라는 말은 무슨 뜻입니까? 자기 생각, 세상 기준에서 벗어나는 겁니다. 즉 겉만 보지 말고 속을 보라는 말입니다. 눈앞의 현실만 보지 말고 멀리 보라는 겁니다. 바다를 볼 때 코앞만 보면 직선으로 보여요. 하지만 눈을 들어 멀리 보면 곡선으로 보입니다. 지구가 둥글어서 수평선은 곡선입니다. 상황을 정확하게 읽으려면 코앞만 봐서는 안 되고, 눈을 멀리 봐야 합니다. 남자 문제가 복잡한 여인의 겉만 보면 소망을 갖지 못해요. 냉소적일 수 있어요. '저 여편네 언제 바람날지 몰라, 두고 봐야지.' 하지만 눈을 들어서 보면 전혀 다릅니다. '그녀가 얼마나 목말랐으면 그 짧은 성경 공부를 통해서 저렇게 변화했겠어.' 따라서 눈을 들어 본다는 말은 소망을 보는 겁니다. 예수님의 렌즈는 어떤 상황에서도 소망을 갖게 합니다.

지금 우리 사회는 '전쟁'이라는 단어가 존재감으로 다가왔어요. 예전에는 걸핏하면 '전쟁', 즉 '북풍'이 불었어요. 하지만 최근에는 '순풍'이 불었기 때문에 전쟁의 체감 온도는 더 크게 느껴집니다. 주식과 환율이 어려움을 겪고 있어요. 여기에 지방선거까지 겹쳐서 혼돈의 바람은 더욱 거세집니다. 한쪽에서는 경제를 살리고 환경을 살리는 '황금 거위'라고 말해요. 반면 다른 쪽에서는 환경을 파괴하고 경제도 말아 먹는 최악이라고 비판해요. 보는 렌즈가 다르기 때문입니다. 그렇다고 하여 우리가 세상을 부정적으로만 보고 비판만 해서는 안 됩니다. 세상에 대항하여 대안을 제시해야 합니다. 그것은 예수님의 렌즈로 세상을 보는 겁니다. 예수님의 렌즈는 소망을 보여줍니다. 아무리 세상이 술렁거려도 말씀이 필요합니다. 아니 오히려 그런 세상이기 때문에 말씀이 더 필요합니다. 우리 민족은 서로 경쟁하느라 안주하지 않아요. 불교계의 목소리가 높아진 것도 우리 교회에게는 오히려 도전입니다. 미꾸라지를 옮길 때 그들만 있으면 금방 죽어요. 그곳에 메기가 있으면 먹히지 않으려고 몸부림치다가 오래 삽니다. 도전은 교회가 안주하지 않고 정신을 차려서 대안을 제시하며 건강하게 자라게 하는 예방주사와 같습니다.

어떤 사람이 아내가 졸라서 어느 주일예배에 참석했어요. 메시지를 듣는 중에 자신의 마음을 발견하고는 표현했어요. "내 속엔 내가 너무도 많

아 당신의 쉴 곳 없네/ 내 속엔 내가 어쩔 수 없는 어둠, 당신의 쉴 자리를
뺏고/ 내 속엔 내가 이길 수 없는 슬픔 무성한 가시나무 숲 같네/ 쉴 곳을
찾아 지쳐 날아온 어린 새들도 가시에 찔려 날아가고 …" 하지만 주님은
그 사람에게 소망을 두시고 변화시켰어요.

　보통의 캠퍼스 학우들은 '더럽고(dirty)' '힘들며(difficult)' '위험한
(dangerous)' 일, 이른바 '3D' 업종을 싫어하잖아요? 인내와 끈기를 갖춰야
한다고 배웠던 아버지들은 걱정이 이만저만이 아닙니다. 그러나 앞으로의
세상을 헤쳐가려면 학생들은 이런 일을 싫어해야 옳다는군요. 창의성과 아
이디어가 중요한 시대이기 때문이래요. 따라서 이제는 '3D'의 시대를 지나,
'언제나(Anytime)', '어디서나(Anywhere)', '누구라도(Anyone)' 자기가
원하는 일에 빠지는 '3A'의 시대를 향하고 있다는군요. 이처럼 'G세대
(global generation)'의 장점을 보면 복음 사역에 대한 비전도 볼 수 있어
요. 자기들이 원하기만 하면 'anyone' 'anytime' 'anywhere' 복음 사역에
헌신할 수 있기 때문입니다. 예수님의 렌즈, 즉 소망의 눈으로 보면 할 일
이 생깁니다.

　이렇게 일하는 자에게 어떤 상이 있습니까? 한 영혼이 복음을 듣고 자
라는 모습 자체가 상입니다. 그 상은 나 한 사람의 것만은 아니고 이미 씨
를 뿌린 그 사람과 함께 받는 겁니다. 생명 사역은 심는 사람이 있고, 거두
는 사람이 있습니다. 예수님께서 사마리아 여인을 추수할 수 있었던 것도
구약의 선지자들이 뿌렸기 때문입니다(36-38). 오늘 우리가 캠퍼스에서
양을 섬길 수 있는 것도 실은 과거에 누군가가 뿌렸기 때문입니다. 반대로
지금 우리가 뿌리면 후에 누군가가 거둘 겁니다. 이런 렌즈가 있어야만 복
음 사역을 즐겁게 감당할 수 있습니다. 그러면 그 렌즈는 어디에서 생기는
겁니까?

　셋째, 믿음의 뿌리가 말씀이어야 합니다(39-54).

믿음을 처음 가질 때는 보통 두 가지에 근거해요. 첫째는, 예수님을 먼저 만난 사람의 간증입니다. 사마리아 여인이 동네로 들어가서 간증하니까 동네 사람들이 믿음을 가졌습니다. 그도 그럴 것이 그 여인이 보통 여인이 아닌데, 저렇게 변화되었기 때문입니다. 죄가 더 한 곳에 은혜가 넘칩니다. 하지만 그 믿음이 여기서 멈추면 안 됩니다. 동네 사람들은 예수님을 직접 만나서 말씀을 듣습니다. 믿음의 뿌리가 간증에서 말씀으로 옮겨졌어요. 그런 그들은 예수님을 세상의 구주로 인격적으로 만나고 고백하기에 이릅니다(39-42).

둘째는, 표적을 보고 믿습니다. 갈릴리 사람들은 예수님께서 행하신 표적을 보고 믿었어요. 그들은 표적에만 관심을 두기 때문에 예수님 자체를 별로 환영하지 않습니다. 그런 그들을 예수님도 별로 환영하지 않고요 (43-45).

예수님이 원하시는 믿음은 어떤 겁니까? 그때 아들이 심하게 앓아서 죽어가는 아들을 둔 아빠가 예수님께서 와서 도움을 청합니다. "아들이 죽기 전에 오셔서 안수 기도를 꼭 해주세요." 예수님은 시큰둥하십니다. 왜냐하면 그 사람도 기이한 일 때문에 믿음을 가졌기 때문입니다. 그 사람이 너무나 간절하게 조르자 그에게 분명한 방향을 주십니다. "집으로 돌아가라. 네 아들이 살아 있다." 그 사람은 말씀을 믿고 집으로 가든지, 아니면 예수님을 모시고 가기 위해서 버티든지 해야 합니다. 그는 말씀을 믿고 집으로 갑니다(46-50). 집으로 가는 길은 길고 긴 갈등의 순간입니다. 믿음과 불신 사이에서 치열한 공방전을 벌이고 있습니다. '말씀만 믿어도 아들이 살 것인가?' '헛수고하는 것이 아닌가?' 답답한 마음, 무거운 발걸음, 절망과 소망 …

그때 생명의 단비가 내립니다. "아들이 살았어요"(50). 그는 소식을 듣자마자 무엇을 묻습니까? 52절을 읽읍시다. "그 낫기 시작한 때를 물은즉

어제 일곱 시에 열기가 떨어졌나이다 하는지라." 아버지는 아이가 살았다는 것보다도 그때를 묻습니다. 언제 아이가 살아났느냐는 겁니다. 그것은 예수님의 말씀이 살렸느냐, 아니면 아들 스스로 살았느냐는 겁니다. 아이가 살아난 것은 아버지가 예수님의 말씀을 믿고 돌아선 때입니다. 말씀을 믿는 믿음이 아이를 살린 겁니다. 그는 처음에는 표적 때문에 믿었지만, 이제는 말씀 때문에 믿습니다. 이것이 두 번째 표적을 통해서 주고자 하신 메시지입니다(53-54).

간증을 통해 믿음을 가졌든지, 표적을 보고 믿음이 생겼든지 좋습니다. 중요한 점은 거기에 머물러서는 안 된다는 겁니다. 간증이나 표적은 갓난아기에게 엄마의 젖과 같은 겁니다. 아기는 처음에는 젖을 먹음으로 자랍니다. 하지만 더 크려면 이유식을 거쳐 밥으로 바꾸잖아요. 그때 아이는 '성장통'을 겪어요. '성장통'이 있다고 안 바꾸면 문제아가 되고 맙니다. 믿음의 길에서도 간증이나 표적만을 찾게 되면 '성인 아이'가 되고 맙니다. 말씀에 뿌리를 내릴 때만이 건강하고 품격 있는 신자로 자랍니다. 성경 공부와 주일 메시지를 강조하는 이유가 여기에 있습니다.

이번 주는 이런저런 일이 많습니다. 세상 분위기에 말려들어 그냥 한 주를 보낼 수 있어요. 하지만 우리는 예수님의 렌즈로 세상을 보고, 소망 중에 한 영혼을 살리는 일에 힘쓰기를 기도합니다!

제9강
돕는 자

◇ 본문 요한복음 5:1-18
◇ 요절 요한복음 5:8
◇ 찬송 95장, 93장

"하늘은 스스로 돕는 자를 돕는다."라는 말을 들을 때 어떤 생각이 듭니까? 이 말은 '자기가 뭔가를 열심히 노력하면 좋은 결과를 얻을 수 있다.'라는 뜻입니다. 그런데 삶의 현장에서는 이 말대로 되지 않을 때가 더 많지 않은지요? 아무리 노력해도, 아무리 몸부림을 쳐도 해결할 수 없는 문제가 있습니다. 그래서 어떤 요행을 바라고 대충 살기도 해요. 하지만 우리는 그렇게 살 수는 없습니다. 어떻게 해야 합니까? 진정 우리를 돕는 자는 누구입니까?

얼마 후, 유대인의 명절이 되어 예수님께서는 예루살렘으로 올라가셨습니다(1). '유대인의 명절'에는 유월절, 오순절, 초막절 등이 있는데, 여기서는 그 이름은 밝히지 않습니다. 그 구체적인 날보다는 그 의미만을 말하고자 함입니다. 명절의 의미는 조상들에게 나타나셨던 하나님의 크신 은총과 능력을 기념하면서 오늘도 다시 그대로 나타나기를 소망하는 데 있습니다. 하지만 이 명절의 의미가 미치지 못한 곳이 있습니다.

예루살렘에 있는 '양의 문' 근처에 기둥 다섯 개가 있는 연못이 있습니다. 거기에는 히브리말로 '베데스다'라고 씌어 있습니다. 그 안에는 병약한 사람, 앞 못 보는 사람, 걷지 못하는 사람, 다리를 저는 사람 등 많은 병자가 누워 있습니다. 천사가 가끔 연못에 내려와 물을 솟아나게 하는데, 그때 먼저 들어가는 자는 어떤 병에 걸렸든지 낫기 때문입니다(2-4).

물이 솟아날 때 제일 먼저 들어가 병을 치료하는 것, 그것이 그들의 유일한 소망입니다. 그들은 그 소망이 이루어지기를 기다리고 있습니다. 그 꿈을 이루기 위해서 누워서 꿈을 꾸고 있습니다. "꿈은 이루어진다!" 이 세계를 지배하는 절대적 표어입니다. 많은 장애인은 이 표어만 믿고 이곳으로 모여들었습니다. 이곳에 오기만 하면, 이곳에서 기다리기만 하면 저 아름다운 목련꽃이 핀 것처럼 자기 인생에도 꽃이 필 것으로 기대했습니다.

그러나 그 꿈이 이루어지는 데에는 어떤 한계가 있습니까? 그들의 꿈이 이루어지는 것이 완전히 불가능한 것은 아니지만, 그렇다고 해서 누구에게나 그 꿈이 이루어지는 것은 아닙니다. 그 꿈이 이루어지려면 기본적으로 두 가지 실존적 한계를 뛰어넘어야 합니다. 왜냐하면 천사가 가끔 내려오기 때문입니다. '가끔'이란 '확정되지 않은 어떤 때'를 말합니다. 천사가 언제 내려올지는 '천사 마음'입니다. 1년에 한 번 내려올 수도 있고, 10년에 한 번 내려올 수도 있고, 평생에 한 번도 안 내려올 수도 있습니다. 그들은 이 알 수 없는 때를 막연히 기다려야 합니다. '막연한 기다림', 사람 숨넘어가게 합니다.

그 기다림이 헛되지 않아 천사가 내려왔다고 해도 그때부터 진짜 치열한 싸움이 시작됩니다. 오직 1등만 낫기 때문입니다. 몸과 마음의 상처를 안고 있는 사람들끼리 서로 싸워야 할 때, 그 몸과 마음이 어떠할까요? 누가 그들을 향하여 "인생은 꽃보다 아름답다"라고 말할 수 있습니까? 누가 "살아 있는 것은 다 소중하다"라고 말할 수 있습니까? 그들에게 '인생은 죽느냐 사느냐의 생존게임(survival game)'일 뿐입니다. 그들에게 '서로 양보'라는 윤리의식은 사치일 뿐입니다. 그들은 악착같이 상대방을 짓밟지 않으면 살아남을 수가 없습니다. 평소에는 "아우 먼저 형님 먼저"라고 말할 수 있지만, 정작 물이 움직일 때는 모두가 물리쳐야 할 '공공의 적'에 불과합니다. 이런 모습은 오늘 우리가 사는 경쟁 사회의 축소판이라고 말할 수 있습니다.

오늘 우리 사회도 어찌 보면 1등만 기억됩니다. 2등은 아무도 기억하지 못한 사회입니다. 여기에 슬픔이 있습니다. 그런데 더 슬프고 안타까운 현실은 그 기억되지 못한 2등들, 패배의 쓰라린 상처를 경험한 그들끼리 또 치열한 싸움을 싸워야 한다는 겁니다. 우리 사회는 치열한 전쟁터요, 우리의 삶은 생존경쟁의 연속입니다. 그리고 그 싸움에서는 승리자보다는 패배자가 훨씬 많습니다.

이 싸움에서 가장 밀리고 밀린 한 사람이 있습니다. 5절을 봅시다. "거기 서른여덟 해 된 병자가 있더라." '서른여덟'은 '서른여덟 살'이라는 말이 아닙니다. 38년 동안이나 투병 생활을 하고 있다는 겁니다. 이 사람은 이곳에서 가장 오래된 병, 가장 심각한 병을 앓고 있습니다. 그 사람은 그 세계에서 가장 많이 뒤처진 자, 그 오랜 세월 동안 단 한 번도 1등을 해보지 못한 '영원한 패배자(loser)'입니다.

예수님은 그 누운 것을 보시고 병이 벌써 오랜 줄 아셨습니다(6a). 어느 세계에서나 오래된 사람은 금방 눈에 띕니다. 예수님은 그 사람에게 관심을 가지십니다. 예수님은 그 사람의 아픔과 상처를 아십니다.

예수님은 그에게 무엇을 물으십니까? 6절을 읽읍시다. "예수께서 그 누운 것을 보시고 병이 벌써 오래된 줄 아시고 이르시되 네가 낫고자 하느냐?" 어떤 아이들은 감기에 걸리면 낫지 않으려고 합니다. 엄마 아빠가 극진한 사랑을 베풀기 때문입니다. 나으면 이런 사랑이 없어진다고 생각해서 계속 감기에 걸려 있기를 원합니다. 하지만 보통의 사람들은 다른 것은 몰라도 병만은 빨리 치료받고자 합니다.

그렇다면 예수님은 왜 이 사람에게 이렇게 물으신 걸까요? 너무 오랫동안 병에 시달려서 자기도 모르는 사이에 누워 있는 체질이 되었을 것입니다. 누워 있기를 원하지 않으면서도 낫고자 하는 의지를 상실한 채 계속 누워만 있는 것을 당연히 여겼는지 모릅니다. 예수님은 그런 그에게 다시 한번 낫고자 하는 소원을 심으신 겁니다. 동시에 예수님께서 이 사람을 낫게 해 주겠다는 강한 표현입니다. 즉 "내가 널 낫게 해 주겠다. 날 믿을 수 있니?"라는 뜻입니다.

그 사람은 어떻게 반응합니까? 7절을 봅시다. "병자가 대답하되 주여 물이 움직일 때에 나를 못에 넣어 주는 사람이 없어 내가 가는 동안에 다른 사람이 먼저 내려가나이다." 이 사람은 자기가 아직 낫지 못한 것은 자기를 도와주는 사람이 없는데 그 원인이 있다고 분석한 겁니다. 자기 문제가 무엇인지조차 모르는 사람이 많은데 이 사람은 나름대로 정확히 분석했습니다. 그는 자기 스스로 운명을 개척하고 우뚝 선 '인간승리자'가 될 수 없음을 잘 알고 있습니다. 왜냐하면 '인간승리'는 아무나 하는 것이 아니기 때문입니다. 능력이 있어야 하고, 도와주는 사람이 있어야 합니다.

그런데 이 사람 스스로는 죽었다가 깨어나도 1등은 할 수 없습니다. 누군가의 도움이 절대적으로 필요합니다. 하지만 그에게는 돕는 사람이 없습니다. 학연도, 지연도, 후원자도, 독지가도 없습니다. 그는 광야에 홀로 던져진 고독한 존재요 외로운 존재요, 무능하고 무기력한 존재일 뿐입니다. 이것이 그의 한계입니다.

하지만 더 안타까운 것은 앞으로도 이런 한계는 계속된다는 점입니다. 다시 말해서 앞으로도 그가 연못에 가장 먼저 들어갈 가능성은 '1'도 없습니다. 그런데도 그는 아직도 이 물에 대한 미련을 버리지 못합니다. 그는 이루어질 수 없는 소망에 소망을 두고 있습니다. 그는 현실적으로 도저히 이루어질 수 없는 꿈을 꾸고 있습니다. 헛된 것에 구원의 소망을 두고 있습니다.

왜 그럴까요? 다른 길이 없기 때문입니다. 아니 다른 길을 모르기 때문입니다. 이 사람은 왜 예수님께 도움을 청하지 않을까요? 그는 예수님을 몰랐기 때문입니다. 보통 사람들은 한계상황에 부딪히면 예수님을 찾을 것으로 생각합니다. 하지만 평소에 예수님을 알지 못하면 결정적인 순간에 예수님을 눈앞에 두고도 전혀 도움을 청하지 않습니다.

그러나 예수님은 그 사람을 어떻게 돕습니까? 8절을 읽읍시다. "예수께서 이르시되 일어나 네 자리를 들고 걸어가라 하시니." 예수님은, "돕는 사람이 없다."라고 말하는 그 친구에게 "일어나 걸어가라!"라고 말씀하십니다. 이 말씀은 어쩌면 놀리는 것으로 들릴지도 모릅니다. 하지만 이 말씀은 이런 뜻입니다. "내가 너를 이미 치료했다. 그러니 너는 일어나 걸어가면 된다." 그 사람은 어떻게 되었습니까? 그 사람이 곧 나아서 자리를 들고 걸어갑니다(9a).

이 사람을 일어나게 걷게 하신 예수님은 누구십니까? 첫째로, 예수님은 당신이 '원하는 자'를 고치시는 분입니다. 이 사람에게는 예수님을 믿는 믿음이 전혀 없었습니다. 예수님께 도움을 청하지도 않았습니다. 그는 치유 받고서도 예수님을 잘 믿었다는 기록이 없습니다. 그런데도 예수님은 이 매력적이지 못한 인물에게 치유의 능력을 발휘하십니다.

예수님의 선물은 겉으로 볼 때 받을 만한 가치가 없는 사람들에게도 주어집니다. 예수님의 일방적인 능력과 은총을 드러내기 위해서입니다. 예수님께서 그 많은 병자 중에서 굳이 믿음 없는 이 사람을 선택하여 치료하신 것도 바로 이 예수님을 계시하려는 겁니다. 예수님은 당신이 '원하는 자'에게 생명을 주시는 분이십니다.

둘째로, 예수님만이 정말 돕는 자이십니다. 만일 이 연못물이 치료제였다면 예수님께서는 물이 솟아날 때 그 사람을 가장 먼저 물속으로 들어가도록 도와주었을 것입니다. 그러나 "일어나 네 자리를 들고 걸어가라."라고 하시는 예수님의 명령은, 병 고침의 원인이 '물'이 아니라 예수님 자신이심을 분명히 드러냅니다. 꿈은 물이 이루어주는 것이 아닙니다. 꿈은 예수님께서 이루어주십니다. 아무리 오래된 병일지라도 예수님께서 치료하십니다.

보통 병이 오래되면 고침을 받을 가능성이 없다고 생각하는 경향이 있습니다. 병으로 고생하는 시간이 길면 길수록 나을 가능성도 줄어드는 것이 사실입니다. 죄 가운데 살았던 기간이 길면 길수록 그 사람이 예수님께 나올 확률은 줄어듭니다. 나이 들어서는 예수님을 믿을 확률이 줄어듭니다. 조금이라도 젊은 사람들을 예수님께로 인도하고자 하는 것도 이 때문입니다. 하지만 예수님께는 아무리 오래된 병도 문제가 되지 않습니다. 예수님은 어려운 일의 전문가이십니다. 인간적으로 불가능한 일들을 예수님께서는 행하십니다. 그래서 예수님만이 우리의 참 소망이십니다. 예수님만이 우리의 돕는 자이십니다.

사람들이 어디서 인생의 오래된 병을 치료받고자 합니까? 자신의 아픈 상처를 어디서 고치고자 합니까? 어떤 이들은 항간의 미신에서 치료받고자 합니다. 혹은 기약 없는 요행을 기다리는 사람들도 있습니다. 하지만 이로 인해서 치열한 생존경쟁에서 지치고 피곤하여 그 상처는 더 깊어만 갑니다. '인생 대박'의 꿈을 꾸는 사람들이 과연 그 '대박'을 실현합니까? 우리는 진정으로 도와주시는 예수님께 나와야 합니다. 대부분 사람은 "하늘은 스스로 돕는 자를 돕는다."라고 말해요.

하지만 예수님은 다르게 말씀하십니다. "나는 스스로 도울 능력이 없는 사람을 돕는다." 사람들은 이 세상에서의 삶뿐 아니라 영원한 생명을 위해 '구명 도구'를 필요로 합니다. 그분이 곧 예수님이십니다. 오직 예수님만이 인생의 병을 치료하십니다. 예수님만이 우리를 돕는 자이십니다. 예수님만 우리의 구원자이십니다.

이 예수님이 오늘 우리에게는 어떻게 다가옵니까? 사람은 죄 때문에 에덴동산에서 세상으로 추락했습니다. 사람은 소외감의 아픔을 경감시켜 주는 '잠정적 대상'들에게 관심을 둡니다. 돈, 사랑, 인기, 명예, 혹은 학문적 업적 등입니다. 이것들과 자신을 동일시하며 나름대로 안정감과 만족감, 그리고 행복감을 누리며 살아갑니다. 하지만 이런 '잠정적 대상'들은 사라지게 되고, 그로 인해 큰 상실의 아픔을 겪습니다. 그런데 그 아픔은 예수님을 찾게 되는 계기가 됩니다.

우리는 종교 혼합주의를 이기고 '열두 제자양성'을 이루어주시도록 기도하고 있습니다. 하지만 전도하는 일이 쉽지 않습니다. 도전해 오는 종교 혼합주의의 물결과 이런저런 개인적인 문제들 속에서 중심만 지키는 것도 벅찹니다. 전도하려고 하지만 생각과 행동 사이의 거리는 자꾸만 벌어집니다. 우리 스스로 이 '간격'을 좁히며 새 역사를 창조한다는 것은 불가능해 보입니다. 획기적으로 돕는 사람이 필요합니다. 그렇습니다. 중요한 것은 '획기적으로 돕는 사람', 그분이 곧 예수님이십니다. 우리가 예수님께 도움을 청한다면, 예수님께서 우리를 도와주신다면 이 한계를 이길 수 있습니다. '열두 제자양성'을 이룰 수 있습니다.

이 기쁘고 놀라운 일이 언제 일어났습니까? 안식일에 일어났습니다(9b). '안식일'은 하나님이 태초에 천지를 창조하시고 그 아름다운 창조물들을 보시고 기뻐하시며 안식하신 날입니다. 동시에 사람도 이날을 통해 이 하나님을 기억하며 기뻐하고 안식하기를 원하십니다. 안식일을 지킨다는 것은 하나님의 백성임을 객관적으로 선포하는 하나의 표시입니다.

그런 안식일 문화 속에서 사는 유대인들의 반응은 어떠합니까? 10절입니다. "유대인들이 병 나은 사람에게 이르되 안식일인데 네가 자리를 들고 가는 것이 옳지 아니하니라." 그들은 38년 동안 장애인으로 지내왔던 그 사람이 걸어간다는 사실에는 조금도 관심이 없습니다. 율법을 어긴 것이 그들의 유일한 관심입니다. 안식일에 이부자리를 들고 걸어가는 것은 일하는 것이고, 이것은 안식일을 어기는 겁니다. 안식일을 어기는 것은 하나님께 큰 죄를 짓는 거고요. 그들은 안식일을 잘 지킴으로써 혼합주의에 물들지 않으려 했습니다. 안식일을 지키는 것에서부터 절대성을 갖지 못하면 신앙 자체가 무너진다고 생각했습니다. 이런 그들의 생각은 분명 일리가 있습니다. 그런데도 그들이 흥분하는 것은 분명 문제가 있습니다.

유대인들의 지적에 그 사람은 어떻게 대답합니까? "나를 고쳐주신 분이 자리를 들고 걸어가라 하더라"(11). 자기도 어쩔 수 없었다는 겁니다. 그런데 그 사람은 자기를 고쳐주신 분이 누구인지 알지 못합니다. 왜냐하면 그곳에는 많은 사람이 있었고, 예수님께서는 이미 군중 속으로 사라진 뒤였기 때문입니다(11-13). 얼마 후 예수님께서는 성전 뜰에서 그 사람을 만났습니다. 그 사람이 성전에 온 것은 제사장에게 건강검진을 받으러 온 겁니다. 제사장에게 인정을 받아야만 정상적인 사회생활을 할 수 있습니다.

그때 예수님은 그에게 무슨 말씀을 하십니까? 14절입니다. "보라 네가 나았으니 더 심한 것이 생기지 않게 다시는 죄를 범하지 말라." '더 심한 것'이란 38년 된 병보다 더 심한 것, 즉 죽음을 말합니다. 이 사람은 비록 병은 나았지만 죄를 지으면 죽을 수 있습니다. 그가 비록 지금까지는 그렇게 살았을지라도 이제부터는 오직 예수님께만 소망을 두어야 합니다. 예수님 안에서는 과거보다는 미래가 중요합니다. 지금까지 어떻게 살았는가보다 지금부터 어떻게 살아야 하는가가 중요합니다.

예수님을 만난 후 그 사람은 어떻게 삽니까? 15절을 보십시오. "그 사람이 유대인들에게 가서 자기를 고친 이는 예수라 하니라." 그 사람은 유대인들에게 예수님이 자기를 고쳤다고 밝힙니다. 아마도 그 사람은 사람들에게 예수님을 떳떳하게 알리고 싶었을 겁니다. 하지만 일은 오히려 꼬이고 맙니다. 유대인들은 예수님이 안식일 법을 범했다며 핍박하기 시작합니다(16).

예수님은 어떻게 대응하십니까? 17절을 읽읍시다. "예수께서 그들에게 이르시되 내 아버지께서 이제까지 일하시니 나도 일한다 하시매." 예수님의 답변은 두 가지를 전제하고 있습니다. 하나님이 예수님의 아버지라는 것과 예수님은 아들로서 아버지가 하시는 일을 따라서 해야 한다는 겁니다. 예수님은 이 땅에 육신의 몸을 입고 오신 하나님이십니다. 하나님은 태초에 천지를 창조하셨습니다. 하나님은 그때부터 지금까지 쉬지 않고 일하십니다. 특히 하나님은 안식일에도 일하십니다. 예수님은 이 땅에 일하러 오셨습니다. 생명을 살리심으로 우리에게 안식을 주기 위해서 오셨습니다.

그러나 유대인들은 일하시는 예수님, 생명을 살리시는 예수님을 알지 못합니다. 그래서 예수님을 더 죽이고자 합니다. 예수님께서 안식일만 범할 뿐 아니라, 하나님을 자기의 친아버지라고 불러 자기를 하나님과 동등하게 여기고 있기 때문입니다(18). 그들은 예수님이 하나님이신 줄 모릅니다. 무지는 생명 사역을 방해하는 죽음 사역자가 되게 합니다.

예수님은 아무리 오래된 병도 낫게 하십니다. 예수님은 세상 그 어떤 것으로도 해결하지 못한 죄와 죽음에서 우리를 구원하십니다. 그러므로 우리가 자신의 무능력과 무기력을 보면서 신세를 한탄할 것이 아닙니다. 헛된 것들에게 소망을 두고 막연한 기다림으로 세월만 죽일 것도 아닙니다. 우리를 진정으로 도우시는 예수님께 소망을 두어야 합니다. 그러면 돕는 자 예수님께서 우리의 고질적인 인생 문제, 건강 문제는 물론이고 양 문제도 해결해 주십니다. 우리를 정말로 도와주시는 예수님을 찬양합니다!

제10강

듣는 자

◇ 본문 요한복음 5:19-47
◇ 요절 요한복음 5:24
◇ 찬송 540장, 285장

우리의 얼굴에는 네 개의 기관이 있는데, 그 기능을 두 개씩 대조할 수 있습니다. 눈과 입은 감고 닫을 수 있지만, 코와 귀는 항상 열려 있어요. 코와 귀는 항상 열려 있어서 항상 냄새를 맡아야 하고 들어야 해요. 그래서 뭔가 생각하는 사람일수록 말하는 것보다 듣는 것이 중요하다고 말해요. 어떤 점에서 그럴까요? 오늘 우리는 무엇을 들어야 합니까?

예수님께서 38년 된 병자를 일으켜 걸어가게 하신 것은 예수님이 하나님이심을 보여주는 겁니다. 그것을 보고도 유대인들은 받아들이지 않습니다. 예수님은 그들에게 더 큰 일을 보이고자 하십니다. 그것은 하나님께서 죽은 자들을 일으켜 살리심 같이 아들이신 예수님도 자기가 원하는 자들을 살리시는 겁니다(19-21).

그뿐만 아니라 예수님은 심판도 하십니다(22). 죽은 자를 살릴 수 있는 분은 오직 하나님 한 분뿐입니다. 심판하시는 분도 오직 한 분 하나님뿐이십니다. 그렇다면 예수님은 하나님이십니다. 예수님은 살리기도 하시고 심판도 하시는 분이십니다. 예수님은 이 땅에 오신 하나님이십니다. 예수님은 사람들이 이 사실을 알고 예수님을 하나님으로 공경하길 원하십니다. 예수님을 하나님으로 공경하지 않으면 하나님도 공경하지 않는 겁니다. 왜냐하면 예수님이 곧 하나님이시기 때문입니다(23).

예수님을 공경하는 것은 구체적으로 어떻게 하는 겁니까? 24절을 읽읍시다. "내가 진실로 진실로 너희에게 이르노니 내 말을 듣고 또 나 보내신 이를 믿는 자는 영생을 얻었고 심판에 이르지 아니하나니 사망에서 생명으로 옮겼느니라." 예수님을 공경하는 것은 예수님의 말씀을 듣는 겁니다. 말씀을 듣는 것은 예수님을 보내신 하나님을 믿는 겁니다. 하나님을 믿는 것은 예수님을 하나님으로 믿는 겁니다. 예수님을 하나님으로 믿는 자는 영생을 얻고 심판을 받지 않습니다. 사망에서 생명으로 옮겨 갔기 때문입니다.

사망은 이 땅에서의 죽음을 말하면서 미래적인 죽음, 즉 지옥을 말해요. 생명은 이 땅에서의 생명을 말하면서 미래적인 영생, 즉 천당을 말해요. 지옥과 천당은 죽은 후에만 가는 곳이 아니라, 살아 있는 동안에도 체험합니다. 38년 동안 누워만 있었던 그 사람은 사망, 즉 지옥을 경험했어요. 그런 그가 일어나 걸어가게 된 것은 생명, 즉 천당을 체험한 겁니다. 죽음과 생명은 외적인 모습만이 아닌 내면에서도 존재합니다. 죽음은 두려움을 심습니다. 살다가 예상치 못한 돈이 들어가는 것도 문제지만 더 큰 문제는 그로 인한 두려움입니다. 몸이 아픈 것도 문제지만 더 큰 문제는 두려움입니다. 두려움은 절망에 이르는 병이고, 절망은 사망에 이르는 병입니다.

왜 이런 사망이 있는 겁니까? 바로 죄 때문입니다. 본래 사람에게는 사망이 없었어요. 그런데 죄 때문에 생명 대신에 사망이 들어왔어요. 사망은 죄의 결과요 그 대가입니다. 따라서 사망에서 벗어나 생명으로 들어가려면 죄를 해결해야 합니다. 그 죄를 어떻게 해결할 수 있습니까? 예수님의 말씀을 들으면 됩니다. 즉 예수님을 믿으면 됩니다.

최근 군대에서 원불교가 뜨고 있다는군요. 군인에게 포교 활동을 하기 위해서 여대생 신자를 보낸대요. 일종의 '걸 그룹 아이돌' 전법인데, 여기에 군인들이 몰립니다. 원불교는 전남 영광군에서 태어난 어떤 사람이 스스로 도를 깨닫고 1916년 창건했다는군요. 그들은 '신앙', '수행', '생활'의 일체화를 강조해요. 불교에서 파생된 것이기에 불교와 흡사해요. 이처럼 대부분 종교는 자기 스스로 뭔가를 깨닫고 행함으로써 영생을 얻는다고 가르쳐요.

하지만 예수님께서 원하시는 것은 전혀 다릅니다. 예수님은 당신의 말씀을 듣고 믿기를 원하십니다. 하나님이신 예수님께서 우리 죄를 위해서 십자가에서 죽으시고 죽은 자 가운데서 사흘 만에 다시 살아나셨다는 사실을 듣고 믿기를 원하십니다. 그런 자만이 사망에서 생명으로 옮겨집니다.

생명으로 옮겨진 자의 특징은 무엇입니까? 두려움이 힘을 쓰지 못합니다. 생명으로 옮겨졌다고 해서 삶의 모든 문제가 사라진 것은 아닙니다. 중요한 점은 그것을 보는 렌즈가 달라진 겁니다. 믿음의 렌즈, 생명의 렌즈로 세상을 보고, 문제를 보기 때문에 두렵지 않습니다. 어떤 절망적인 상황에서도 소망이 보입니다. 세상은 그대로 일지라도 내가 변합니다. 내가 변하면 세상도 변합니다. 사망의 렌즈로 세상을 보면 온통 두려움뿐입니다. 하지만 생명의 렌즈로 세상을 보면 소망이 보입니다.

옛적에 우리는 월드컵 축제를 즐겼습니다. 그런데 그때 군대는 비상 체계였습니다. 우리 군이 군사분계선 일대에 대북 심리전을 위한 확성기를 설치한 것에 대해 북한 인민군 총참모부는 '특대형 도발'이라며 "전면적인 군사적 타격 행동을 할 수 있다."라고 위협했어요. 북한은 이른바 '서울 불바다' 표현까지 써가며 위협 수위를 높였습니다. 이런 분위기 때문에 개성공단과 연관된 기업들은 몹시 어려운 처지에 놓였어요. 일부에서는 월드컵 분위기로 들떠 있지만, 속에서는 보이지 않는 전쟁을 치르고 있어요.

그런데 우리의 현실은 그 어느 때고 만만할 때는 없었어요. 언제나 치열한 전쟁터와 같았어요. 중요한 점은 세상을 보는 렌즈입니다. 우리는 지난 학기 동안 1대1로, '목요 점심'과 '금요 저녁' 모임 등으로 양들을 섬겼어요. 그 섬김이 쉽지만은 않았어요. 그래도 우리는 양들이 말씀을 듣도록 최선을 다했어요. 우리가 이렇게 할 수 있는 것은 죽은 자들이 하나님 아들의 음성을 들을 때가 오는데, 곧 이때이기 때문입니다. 무엇보다도 말씀을 듣는 자는 살아나기 때문입니다(25).

어떻게 이런 일이 가능합니까? 아버지께서 자기 안에 생명이 있는 것처럼 아들에게도 생명을 주셨기 때문입니다. 또 아버지께서는 아들에게 심판하는 권한을 주셨습니다(26-27). 예수님의 심판은 지금 삶의 현장에서 이루어지면서 장차 최후의 때에 이루어집니다. 그때가 되면 무덤 속에 있는 사람들이 다 주님의 음성을 듣게 됩니다. 선한 일을 한 사람은 부활하여 생명을 얻고, 악한 일을 한 사람은 부활하여 심판을 받습니다(28-29). '선한 일을 행한 자'는 '예수님의 음성을 듣는 자'이고, '악한 일을 행한 자'란 '예수님의 말씀을 듣지 않는 자'입니다. 오늘 삶의 현장에서 어떻게 살았느냐에 따라서 죽음 이후의 삶이 결정됩니다.

어떤 이들은 말해요. "죽으면 모든 것이 끝이다. 그러니 이 땅에서 잘 먹고 잘사는 것이 최고다." 절대 그렇지 않습니다. 죽음은 끝이 아니라 영원한 삶을 결정짓는 새로운 시작입니다. 더러 어떤 무식한 친구는 "학교를 졸업하면 끝이다."라는 말을 해요. '초딩' 때는 이런 말이 그럴듯하게 들릴 수 있어요. 하지만 그 사람은 무식을 드러내는 겁니다. 졸업은 끝이 아니라 새로운 시작이듯이 죽음도 끝이 아니라 시작입니다. 그러므로 졸업을 잘해야 하듯이 잘 죽어야 합니다. 대학 졸업을 아무렇게나 하면 사회에 나와서 평생 고생하는 것처럼 잘못 죽으면 죽은 후에 영원토록 고생합니다. '웰빙

(well-being)'이 '웰다잉(well-dying)'을 결정합니다. 무엇이 '웰빙'입니까? 유기농 쌀과 김치를 먹는 것이기도 해요. 하지만 말씀을 듣고 믿음으로 사는 것이 진짜 '웰빙'입니다. 말씀을 듣고 믿음으로 사는 자는 영생을 얻지만, 듣지 않고 믿지 않은 자는 심판을 받습니다.

심판이라는 말 앞에서 어떤 사람은 말해요. "난 예수를 믿지 않기 때문에 심판도 없다." 과속카메라가 있는 줄 몰라도 어기면 벌금을 내야 하는 것처럼 예수님의 심판을 몰랐어도 심판은 피할 수 없습니다. 또 어떤 사람은 "예수님의 심판이 일방적이다."라며 이의를 제기합니다. 하지만 예수님의 심판은 하나님 아버지의 뜻대로 하시기 때문에 의롭습니다. 그뿐만 아니라 예수님에 대해서 증언하는 분들이 있습니다(30-32).

첫 번째 증인은 세례 요한입니다(33). 예수님께서 요한의 증언을 말씀하시는 것은 그들에게 믿음을 심기 위함입니다. 오늘도 성경의 내용을 과학으로 증명하는 예도 있어요. 이것은 과학이 성경보다 우월하기 때문이 아니라 일반 사람들에게 믿음을 심기 위해서 과학을 증언으로 내세우는 겁니다. 이처럼 요한이 워낙 대단한 인물이기 때문에 그를 내세워 사람들에게 믿음을 갖도록 하려는 겁니다. 요한의 증언은 불타며 빛나는 촛불에 불과합니다. 즉 일시적인 증언에 불과합니다(34-35).

요한의 증언보다 더 큰 증언이 있는데, 예수님께서 하신 일들입니다(36). '38년 된 병자'를 일어나 걸어가게 하신 일이야말로 예수님의 심판이 옳다는 것을 증명해 주고도 남습니다. 그뿐만 아니라 하나님께서 예수님을 친히 증언하십니다(37).

그런데 이런 증언에도 불구하고 그 음성을 듣지 못하는 사람이 있습니다. 하나님의 말씀이 그들 속에 없기 때문입니다(38). 하나님의 말씀이 그들 속에 거하지 못하는 것은 하나님께서 보내신 예수님을 믿지 않기 때문입니다. 아들을 믿을 때만이 아버지의 음성을 듣게 되고 그 말씀이 머무르게 됩니다. 그런데 안타까운 것은 그들이 영생을 얻기 위해서 성경을 공부했는데도 불구하고 말씀이 없다는 겁니다.

무엇이 문제입니까? 성경은 예수님에 대하여 증언합니다. 영생은 성경이 주는 것이 아니라 예수님이 주십니다(39-40). 따라서 성경 공부의 목적은 성경 자체가 아니라 예수님을 믿는 데 있어요. 어떤 사람이 33년 동안 감옥생활을 했는데, 읽을 것이라고는 성경 한 권뿐이었습니다. 그는 수백 번에 걸쳐 성경을 읽고 또 읽었어요. 그는 몇 가지 기록을 남겼어요. "시편 8:8은 성경의 가장 한 가운데 있는 구절이다." "에스라 7:21은 'J'만 빼고 모든 알파벳 문자가 나온다." "에스더 8:9는 성경에서 가장 긴 구절이며, 6음절 이상인 단어나 이름은 성경에 등장하지 않는다." 그는 이렇게 성경을 연구했음에도 불구하고 예수님은 믿지 않았다는군요. 성경을 아무리 공부해도 '삶(life)'이 '문서(file)'로 그친다면 영생을 얻지 못합니다.

이런 사람의 문제가 무엇입니까? 그들은 사람에게서 영광을 받았어요. 그들은 하나님을 사랑하지 않았어요. 하나님을 사랑하지 않기 때문에 하나님의 이름으로 오신 예수님을 영접하지 않습니다. 만일 어떤 사람이 자기 이름으로 오면 영접합니다. 왜냐하면 그들은 서로 영광을 주고받으면서 하나님께로부터 오는 영광은 구하지 않기 때문입니다. 그런 그들은 예수님을 믿을 수 없습니다(41-44). 자기 영광을 구하는 사람은 아무리 성경을 공부해도 말씀이 들리지 않아요. 그러니 예수님을 믿지 못합니다. 그들은 성경에 의해서 고소당하고 맙니다. 왜냐하면 성경을 연구하면서도 성경에서 가르치는 예수님을 믿지 않기 때문입니다. 그들이 가장 존경한다는 모세가 기록한 성경도 믿지 않으니 모세도 그들을 고소합니다. 모세가 기록한 성경의 핵심도 예수님을 증언하기 때문입니다(45-47).

결국 그들은 자기만 믿은 겁니다. 남의 말을 너무 잘 듣는 것도 문제가 있어요. 즉 귀가 얇은 사람은 늘 불안해요. 그렇지만 자기 생각에 사로잡힌 사람이 있다면 더 큰 문제가 아닐 수 없어요. 다른 사람의 말은 안 들어도 괜찮지만 예수님의 말씀을 듣지 않으면 사망의 지배를 받기 때문입니다. 성경을 듣는 것이 생명의 세계에서 살 수 있는 토대입니다. 한 사람이 하나님을 사랑하고 성경을 듣는다면 그 사람의 세계는 변합니다. 우리의 캠퍼스와 조국의 미래가 변합니다.

우리가 삶의 현장에서 말하는 것도 중요하지만 듣는 것은 더 중요해요. 듣는 것보다도 더 중요한 것은 무엇을 듣느냐는 겁니다. 무엇을 들어야 합니까? 예수님의 말씀을 들어야 합니다. 그러면 사망에서 생명으로 옮겨집니다. 예수님의 말씀을 들으면 삶의 질이 달라지고 운명이 결정됩니다. 우리는 이미 이 생명을 체험하고 누리며 살고 있습니다. 이번 수양회 가운데 사망에서 생명으로 옮겨지는 사역이 일어나기를 간절하게 바랍니다.

제11강
원대로 주신 분

◇ 본문 요한복음 6:1-15
◇ 요절 요한복음 6:11
◇ 찬송 549장, 310장

'예수님의 사람'이라고 했을 때 떠오르는 이미지는 뭘까요? '성경대로 사는 사람', '기도하는 사람', '믿음의 사람' 이 세 이미지는 같은 건데, 일반적으로 '믿음의 사람'으로 부릅니다. 왜냐하면 보통의 사람은 현실 문제 앞에서 세상 렌즈로만 보고 대안을 찾지만, 예수님의 사람은 믿음의 렌즈로 보고 대안을 찾기 때문입니다. '믿음의 렌즈로 보고 대안을 찾는다.'라는 말은 어떻게 하는 겁니까? 그것이 어떤 점에서 중요합니까?

예수님이 갈릴리 바다 건너편으로 가시자 많은 사람이 따릅니다. 그들은 예수님께서 병자들을 고치신 표적들을 보았기 때문입니다. 그들은 예수님께로부터 배고픔을 해결 받고 싶었어요. 그때는 유대인의 명절인 유월절이 가까웠어요(1-4). '유월절'은 애굽에서 구원받은 것을 기념하는 날입니다. 어떤 이들은 유월절이 되면 경제가 살아날 것을 기대했어요. 반면 어떤 이들은 그것은 거품임을 알고 예수님께 소망을 걸었어요. 예수님은 그들에게서 끼니를 해결하고자 길게 서서 기다리는 노숙자의 모습을 보십니다. 그래서 빌립에게 묻습니다. "우리가 어디서 떡을 사서 이 사람들을 먹이겠느냐"(5)?

왜 빌립에게 물으신 겁니까? 6절을 봅시다. "이렇게 말씀하심은 친히 어떻게 하실 지를 아시고 빌립을 시험하고자 하심이라." 예수님은 빌립으로부터 어떤 아이디어를 얻고자 하심이 아닙니다. 이미 그들을 먹일 계획을 갖고 계시는데, 다만 빌립을 시험하려는 겁니다. 무엇을 시험하려는 걸까요? 예수님의 사람으로서 자격이 있는지를 시험하십니다. 그 자격의 핵심은 믿음의 렌즈로 현실을 보고 대안을 찾는 겁니다. 믿음의 렌즈는 예수님을 하나님으로 믿는 믿음을 말해요. 예수님은, 빌립이 이 믿음의 렌즈로 현실을 진단하여 그 대안을 제시하기를 원하십니다. 예수님이 생각하신 계획과 빌립이 제시한 대안이 딱 들어맞기를 원하신 겁니다.

빌립의 대안은 뭔가요? 7절입니다. "빌립이 대답하되 각 사람으로 조금씩 받게 할지라도 이백 데나리온의 떡이 부족하리이다." '이백 데나리온'은 당시 노동자 200일 어치의 품삯에 해당합니다. 4,000원짜리 도시락 한 개씩만 돌려도 약 2천만 원의 돈이 필요합니다. 그런데 그런 돈은 은행에나 있지 제자들에게는 없습니다. 그러니 먹일 수 없다는 거지요. 현실적으로 볼 때 이 대답은 정답입니다. 그런데 문제는 그가 예수님의 사람이라는데 있어요. 그가 믿음의 렌즈를 가동하지 않았다는 말입니다. 그는 사람의 숫자와 도시락값은 계산했는데, 정작 예수님은 계산에 넣지 않았어요. 예수님을 계산에 넣지 않으면 현실에 말려들고 맙니다. 현실에 말려들면 부정적인 사람, 아무것도 할 수 없는 무능한 사람이 되고 말아요.

반면 예수님을 계산에 넣으면 어떤 일을 할 수 있나요? 안드레처럼 할 수 있어요(8). 9절을 읽읍시다. "여기 한 아이가 있어 보리떡 다섯 개와 물고기 두 마리를 가지고 있나이다 그러나 그것이 이 많은 사람에게 얼마나 되겠사옵나이까." '물고기'는 소금에 절여 말린 큰 멸치 같은 도시락 반찬을 말해요. 어떤 엄마가 예수님을 따라가려는 아들에게 냉장고를 다 털어서 '마지막 도시락'을 챙겨주었어요. 안드레가 그것을 보고는 예수님께 소개한 겁니다.

안드레는 어떻게 아이의 도시락으로 그 많은 사람을 먹여보자고 제안할 수 있을까요? 그에게는 예수님을 하나님으로 믿는 믿음이 있습니다. 자기가 먹이는 것이 아니라 예수님께서 그들을 먹이실 것이라는 믿음이 있습니다. 그 믿음 때문에 그는 현실에 눌리지 않고 현실을 이긴 겁니다. 그렇다고 해서 그가 현실을 완전히 극복한 것은 아닙니다. 그도 갈등하고 있어요. "그것이 이 많은 사람에게 얼마나 되겠삽나이까?" 그도 보리떡 다섯 개는 '코끼리에게 비스킷 다섯 개'에 불과하다는 사실을 알고 있어요. 다만 빌립과 다른 점이 있다면, 믿음의 렌즈로 현실을 보고 대안을 찾는다는 겁니다. 그 결과는 그는 예수님 안에서 소망을 보고 뭔가를 한다는 겁니다.

같은 예수님의 사람인데, 왜 이렇게 렌즈가 다를까요? 평소의 작은 습관이나 삶의 스타일에서 비롯했을 겁니다. 빌립은 예수님의 말씀을 듣지 않은 것은 아니지만 언론 매체나 주위 사람의 말을 더 잘 들었을 겁니다. '경제 지표', '시사만평' 같은 것들은 기억하고 삶의 현장에서 적용하면서도 말씀은 금방 잊어버렸을 겁니다. 그런 그는 결국 현실감 있는 사람이 되고 말았어요. 반면 안드레는 삶의 현장에서 예수님의 말씀과 사역을 기억했을 겁니다. 하인들의 순종을 받으셔서 물을 포도주로 만드셨던 그 일을 자기 삶에 적용했을 겁니다. 작은 일을 만나면 작은 일이기 때문에, 큰일을 만나면 큰일이기 때문에 예수님을 계산에 넣었을 겁니다. 그러니 상황에 말려들어 호들갑을 떨지도 않았고, 현실에 빠져서 절망하지도 않았어요. 사람들의 말 대신에 주님을 생각하니, 소망이 생기고 뭔가를 하게 된 겁니다.

그런 안드레를 주님께서 어떻게 받아주십니까? 예수님은 안드레가 제안한 보리떡 다섯 개로 오천 명을 먹이고자 하십니다(10). 11절을 읽읍시다. "예수께서 떡을 가져 축사하신 후에 앉아 있는 자들에게 나눠 주시고 물고기도 그렇게 그들의 원대로 주시니라." 예수님은 먼저 안드레가 제시한 아이의 도시락을 받으십니다. 혼자 먹어도 부족한 그것을, 하찮은 그것을 받으십니다. 그리고 감사 기도하신 후에 오천 명에게 나눠주십니다. 빌립은 조금씩 먹어도 불가능하다고 했지만, 예수님은 그들의 원대로 먹이십니다. 예수님은 과거에 이스라엘을 풍성하게 먹이셨던 그 하나님이십니다. 예수님은 오늘도 사람들을 풍성하게 먹이시는 하나님이십니다. 그렇다고 해서 예수님께서 빵 문제를 해결하러 오신 분은 아닙니다(12-15). 영생의 빵을 주기 위해서 일시적으로 육신의 빵을 주신 겁니다.

여기서 우리는 두 가지를 배울 수 있어요. 첫째로, 내 삶의 문제에 대한 답을 봅니다. 우리에게는 스스로 해결할 수 없는 직장 문제나 결혼 문제가 있어요. 인간적인 렌즈로만 보면 앞이 답답해요. 마음대로 안 되는 자식 문제, 노후 문제도 세상 렌즈로만 보면 절망할 수 있어요. 그런데 돌이켜 보면 현실은 언제나 답답하고 절망적이었지 시원하고 소망이 넘치는 때는 없었어요. 문제는 믿음의 렌즈, 즉 예수님을 계산에 넣느냐 그렇지 않느냐는 겁니다. 어떤 상황에서도 예수님을 계산에 넣으면, 즉 예수님께서 친히 내 삶을 주관하시고 인도하시고 해결해 주실 것이라는 믿음이 있으면 현실에 말려들지 않아요. 대안이 보이기 때문에 현실을 이기는 힘이 생깁니다. 주님을 믿고 뭔가를 하게 됩니다. 그리고 그것을 주님께 들고 나가면 주님께서 받으시고 해결하십니다.

한편 예수님 안에 있으면서도 빌립처럼 예수님을 계산에 넣지 못할 수도 있어요. 예수님을 처음부터 믿어도 현실은 괴물처럼 다가오고 폭풍처럼 밀려와서 믿음을 순간에 가져가 버립니다. 믿음으로 사는 것이 이렇게 만만하지 않아요. 그런데 예수님을 계산에 넣지 않으면 어떻게 되겠어요? 처음부터 안드레처럼 계산에 넣고, 현실 앞에서도 잃지 않고자 몸부림쳐야 해요. 그러면 그 결과는 하늘과 땅만큼 큰 차이를 보입니다.

둘째로, 세상 문제 대한 답을 찾을 수 있습니다. 세상은 영적으로 배가 고파서 방황하고 있어요. 거품처럼 사라질 것들에게 소망을 두고 이상스럽게 사는 사람들이 많아요. "파괴된 사나이"이라는 영화를 개봉했다는군요. 영화는, 목사가 딸이 유괴되는 사건을 겪고 난 후 믿음을 잃어버리고 철저히 타락하는 장면으로 시작합니다. "너희를 핍박하는 형제를 일곱 번씩 일흔 번 용서하라."라는 설교를 하던 그는 강대상을 뛰쳐나오며 욕설을 내뱉어요. 아이가 살아 있다고 믿는 아내에게 "평생 기도해보세요, 아이가 살아 돌아오나?"라고 불신의 말을 서슴없이 하고요. 이 영화는 '반기독교적'이라고는 말할 수 없으나 기독교를 너무나 가볍게 터치하고 있다는 인상은 지울 수가 없다는군요.

이런 모습과는 반대로 표출되는 것도 있어요. 우리나라 사람처럼 국가적 게임에 집착하는 사람도 드물어요. 평소에는 축구의 '축'자도 모르고, 관심도 없는 사람들조차도 "대~한민국"을 외칩니다. 새로운 응원문화를 만들었다는 긍정적인 평가를 무시하는 것은 아니지만, 응원만 하면 무조건 이긴다는 대단히 자기중심적인 발상은 분명 짚고 넘어가야 할 일입니다. 일부 직장에서는 한국과 아르헨티나 전을 앞두고 경기 결과에 내기를 걸었다는군요. 이성적인 김 과장이 말했어요. "아르헨티나는 FIFA 랭킹 7위, 한국은 47위예요. 박지성이 아무리 잘한다고 해도 제2의 마라도나로 불리는 리오넬 메시하고 비교하긴 어렵죠. 기본 전력으로 보나, 선수들로 보나, 저는 아르헨티나가 2대0으로 이기는 데 만 원을 걸겠어요." 이 말을 들은 장 부장이 버럭 화를 냅니다. "아니, 김 과장은 왜 그리 애국심이 없어? 지금 분위기를 봐. 한국인은 원래 '한방' 터트리는 기질이 있다니깐. 분명히 2골 정도 먼저 넣고 막판에 마무리 골까지 넣으며 3대0으로 이길 거야." 실력은 생각도 하지 않고 무조건 한국이 이기는 쪽에 거는 장 부장은 자기 도취형입니다. 평소에는 별로 공부도 하지 않다가 시험 전날 울릉도 호박엿을 먹기만 하면 좋은 성적을 낼 수 있다고 말하는 철없는 아이의 모습이다.

주님은 이런 세상을 보시고 우리에게 물으십니다. "우리가 어디서 떡을 사서 이 사람들로 먹게 하겠느냐?" 이 질문 앞에서 저런 현실을 보면 어떤 생각이 듭니까? 거대한 세상에 비하면 우리와 교회는 너무 약해요. 가진 것이 너무 적어요. 우리는 너무 바빠요. 먹고 살기 위해서 몸부림쳐야 할 일은 왜 그렇게 많은지요? 세상을 먹이기는커녕 오히려 먹혀버릴 것만 같아요. 하지만 예수님을 계산에 넣으면, 즉 믿음의 렌즈로 보면 이렇게 말할 수 있어요. "보리떡 같은 1대1 말씀 공부와 멸치 절인 것 같은 기도가 있어요. 하지만 이것이 얼마나 될까요?"

믿음의 렌즈로 현실을 보면 현실에 말려들지 않아요. 내가 할 수 있는 일의 많고 적음을 따지지 않아요. 아무리 적은 것일지라도 주님께 드릴 수 있습니다. 그러면 주님께서 그것을 받으시고 쓰십니다. 내가 먹이는 것이 아니라 주님이 먹이십니다. 내가 생각할 때는 적은 것이지만 그것이 예수님께 들어가면 풍성한 역사를 이룹니다.

우리 몸의 심장은 잉태되는 순간부터 죽을 때까지 한 번도 쉬지 않고 계속 움직입니다. 심장이 멈추면 죽습니다. 심장의 운동을 전도에 비유해요. 교회에서 전도가 멈추면 죽음을 의미해요. 그러므로 전도는 주님 오시는 그날까지 계속해야 합니다. 세상과 비교할 때 전도는 작게 보일지라도, 아무 일도 일어나지 않는 것처럼 보일지라도 계속해야 합니다. 한 사람이 예수님을 믿게 된 계기를 조사해 보니 전도가 가장 높은 것으로 나타났어요. 대부분의 사람은 친구나 선배, 혹은 지인이나 가족의 전도를 통해서 예수님을 믿는다는 겁니다. 그래서 우리는 선교지에 한 가정이라도 파송하여 전도에 도전하고 있어요.

느헤미야 엘리사벳 선교사는 방글라데시에서 가정교회를 이루며 나름으로 몸부림을 쳤습니다. 하지만 겉으로 보면 달라지는 것이라고는 자기들이 나이 먹어가는 것과 아이들이 자라는 것뿐입니다. 반면 거대한 모슬렘 세력은 점점 더 커져만 갑니다. 그래도 우리는 믿음의 렌즈로 이 가정을 봅니다. 겉으로는 심장이 뛰고 있음을 느끼지 못할지라도 계속해서 뛰는 것처럼 그들의 전도도 겉으로는 표시가 나지 않을지라도 주님은 받으시고 넘치는 은총을 주실 겁니다.

우리는 단국대와 세계 캠퍼스를 먹으려는 거창한 비전을 갖고 있습니다. 하지만 실제로 하는 일은 작은 일에 불과합니다. 여름 수양회를 섬기는 일도 실은 그 작은 일들 중 하나입니다. 그런데 예수님은 그 작은 일을 받으시고 풍성한 사역을 이루십니다. 예수님께서 우리에게 원하시는 것은 한 사람을 만나고, 그를 위해서 기도하는 겁니다. 시간을 내서 캠퍼스를 오르락내리락하고, 문자와 '멜'을 보내는 겁니다. 주님께서 그것을 받으시고 이 나라는 물론이고 세계 캠퍼스 영혼을 원대로 먹이실 그날을 바라봅니다!

제12강
영생의 양식

◇ 본문 요한복음 6:16-40
◇ 요절 요한복음 6:27
◇ 찬송 452장, 488장

　저는 얼마 전에 교수님들, 목사님들과 성경 공부를 했어요. 그때 간식이 나왔어요. 제가 거의 먹지 않자 말하더군요. "목사님의 배가 안 나온 이유를 알겠네요." "건강관리의 시작은 뱃살 관리로부터"라는 말이 있어요. 뱃살 관리에서 가장 중요한 것은 뭘까요? 간식은 피하고 세끼 밥을 잘 먹는 겁니다. 이점을 우리는 영적인 건강관리에도 그대로 적용할 수 있습니다. 피해야 할 간식과 잘 먹어야 할 밥은 무엇일까요?

　예수님께서 보리떡 다섯 개와 물고기 두 마리로 오천 명을 먹이신 후 혼자 산으로 가셨어요. 떡을 먹고 배부른 사람들이 예수님을 '제빵 왕'으로 삼고자 했기 때문입니다. 날이 저물었는데도 예수님은 오시지 않았어요. 결국 제자들끼리 배를 타고 바다 건너편으로 가는데, 큰바람이 불고 물결이 사나워졌어요. 그때 제자들은 예수님께서 바다 위로 걸어서 배로 가까이 오시는 것을 보았어요. 그들은 무서웠어요(16-19). 그들은 예수님으로부터 하나님의 모습을 보았기 때문입니다. 물을 다스리며 물 위를 걸을 수 있는 분은 오직 하나님 한 분뿐이십니다(욥 9:8).

예수님께서 그들을 안심시킵니다. "내니 두려워하지 말라"(20). '내니'란 말은 '나는 너희의 선생님이다.'라는 말과 함께 '나는 스스로 있는 자다.'라는 말입니다. '스스로 있는 자'란 '여호와 하나님'을 말합니다(출 3:14). 예수님은 천지를 창조하신 하나님이십니다. 이 하나님께서 육신의 몸을 입고 세상에 오셨고, 제자들과 함께하십니다. 이 사실을 안 제자들은 예수님을 기쁨으로 영접합니다(21).

이튿날 사람들은, 아이들이 더운 여름에 아이스크림을 찾아다니듯이 예수님을 찾아다닙니다. 바다 건너편까지 달려와 예수님을 만나자 너무 기뻤어요(22-25). 하지만 예수님은 쌀쌀하십니다. "너희가 나를 찾는 것은 표적을 본 까닭이 아니요 떡을 먹고 배부른 까닭이로다"(26). 그들이 예수님을 찾는 이유는 예수님을 하나님으로 믿으려는 것이 아닙니다. 예수님께서 주신 빵 때문입니다. 그 빵을 또 먹고 싶은 겁니다. 예수님께서 빵을 주신 목적은 그들의 허기를 채워주려는 것도 있지만 예수님을 하나님으로 믿게 하려는데 있어요.

하지만 그들은 예수님께는 관심이 없고 오직 빵에만 집착합니다. 그들은 '참을 수 없는 욕망으로의 도전', 즉 '식탐가'들처럼 보입니다. 왜 이렇게까지 되었을까요? 배가 고팠기 때문입니다. 눈물 젖은 빵을 먹어보지 않고서는 삶을 논하지 말라고 했어요. 배고픔은 사람을 이렇게 본능적으로 만듭니다. '짐승남'이란 말을 이럴 때 써야 맞을 겁니다.

그러나 그들은 어떻게 살아야 합니까? 27절을 읽읍시다. "썩을 양식을 위하여 일하지 말고 영생하도록 있는 양식을 위하여 하라 이 양식은 인자가 너희에게 주리니 인자는 아버지 하나님께서 인치신 자니라." '썩을 양식'은 빵을 말하는데, 왜 이렇게 표현할까요? 아무리 맛있는 빵도 시간이 지나면 썩기 때문입니다. 아무리 세계 최고의 빵을 먹은 사람일지라도 세월이 흐르면 죽기 때문입니다. '일한다.'라는 말은 예수님을 찾는 것을 말해요. 다시 말하면 썩어 없어질 빵을 얻기 위해서 예수님을 찾아서는 안 된다는 겁니다.

오늘도 이런 모습이 있을까요? 빵을 얻기 위해서 예수님을 찾는 행위를 '기복신앙(현실적인 복만 구하는 신앙)'이라고 불러요. 예를 들면 이런 겁니다. 어떤 사람은 돈을 많이 벌기 위해서 예수님을 찾아요. 좋은 대학을 가기 위해서, 혹은 결혼을 잘하기 위해서 찾기도 해요. 암을 치료받기 위해서 기도원으로 몰리는 사람이 참 많아요. 물론 예수님께서 더러 말기 암도 낫게 하시고, 먹고 살기도 힘들었던 사람에게 넉넉한 생활을 보장하기도 해요. 별로 볼일이 없는 사람인데도 교회에 와서 너무 결혼을 잘해서 부러움의 대상이 된 사람도 있어요. 실력은 보통인데도 주위에서 '빡세게' 기도한 덕분에 예상보다 좋은 대학에 합격하기도 해요.

그런데 이런 것 자체가 목적이 되면 어떻게 될까요? 그것을 얻고 나면 더는 예수님을 찾지 않을 수 있어요. 아니면 그것에 만족하지 못하고 계속해서 더 큰 것을 바랄 수도 있고요. 병 고침을 목적으로 예수님을 찾아서 병이 나으면 어떻게 될까요? 예수님을 더 잘 믿을 수도 있지만, 거기서 신앙이 멈출 수도 있어요. 왜냐하면 한 번 병이 나았을지라도 다시 병에 걸릴 수 있고 결국 죽기 때문입니다. 대학 합격이 예수님을 찾는 목적인 사람은 대학 입학과 함께 신앙이 끝날 수 있어요. 합격이 안 되면 그 순간 예수님을 버릴 수도 있고요. 부모 중에는 자식이 잘되기만을 바라고 예수님을 찾는 경우가 많아요. 참 좋은 엄마아빠가 아닐 수 없어요. 하지만 이런 사람은 간식만 먹어서 뱃살이 늘어난 사람처럼 될 수 있어요. 간식이 좋은 점이 없는 것은 아니지만 많이 먹으면 건강을 해칩니다. 신앙생활에서도 현실문제 해결이 나쁜 것은 아니지만 그것이 목적이 되면 건강한 신앙인이 되지 못합니다.

그러므로 우리가 잘 먹어야 할 밥은 뭡니까? 다시 말해서 우리가 예수님을 찾는 목적은 무엇이어야 합니까? 영생하도록 있는 양식을 얻기 위해서 예수님을 찾아야 합니다. 영생은 죽은 후에 얻는 미래적이고 종말론적인 생명만을 말하지 않아요. 오늘 이곳에서 현재적이고 실존적으로 누리는 생명도 포함합니다. 그러니까 오늘의 생명이 미래의 생명으로 이어지고 완성되는 겁니다. 영생은 지금 이곳에서부터 시작합니다. 영생은 지금 이곳에서 희망을 주고 기쁨을 줍니다. 영생을 소유한 사람은 아무리 힘들어도 포기하지 않습니다. 아무리 어려워도 낙심하지 않습니다. 다시 일어서고 다시 도전합니다. 영생이 있는 사람은 '조선의 사발'처럼 언제나 한결 같이 자기가 해야 할 일을 묵묵히 합니다. 반면 영생이 없으면 어려움 앞에서 너무나 쉽게 꺾이고 맙니다. 겉모습과는 다른 행동을 하여 사람들에게 충격을 줍니다.

일본에서 큰 인기를 누렸던 유명 탤런트가 스스로 목숨을 끊었어요. 겉으로는 화려하고 생명력이 있어 보였는데, 그 안에는 영생이 없었기 때문일 겁니다. 영생은 막연한 철학이나 사상이 아닙니다. 삶의 현장에서 만나는 위기를 극복하게 하는 생명력입니다. 그러므로 우리가 예수님을 찾는 목적은 현실문제 해결보다는 영생을 얻는 데 있어야 합니다. 간식의 유혹을 벗어나는 길은 주식을 잘 먹는 데 있어요. 밥을 잘 먹지 않는 사람은 간식의 유혹을 떨쳐버리지 못해요. 그렇다고 하여 간식 자체를 부정하는 것은 아닙니다. 간식도 필요해요. 좋은 점이 있어요. 좋은 대학에 가기 위해서 주님께 기도하고, 결혼과 취직을 위해서 주님을 찾는 일은 중요해요. 문제는 그것만이 유일한 것이 되어서는 안 된다는 겁니다. 즉 우선순위가 분명해야 한다는 겁니다.

예수님은 이 사실을 이렇게 표현하셨어요. "그런즉 너희는 먼저 그의 나라와 그의 의를 구하라 그리하면 이 모든 것을 너희에게 더하시리라"(마 6:33). 먼저 영생을 구하면 예수님께서 현실 문제도 해결해 주십니다. 영생을 구하면 현실문제 해결은 보너스로 따라옵니다.

이 말씀 앞에서 사람들의 반응이 어떠합니까? 그들은 "영생의 양식은 어떤 건가요"라고 묻지 않아요. 오히려 "우리가 무슨 일들을 해야 합니까"라고 물어요(28). 그들은 하나님께서 요구하시는 일들을 해야만 영생을 얻는다고 생각한 겁니다.

예수님의 대답을 볼까요? 29절입니다. "예수께서 대답하여 이르시되 하나님께서 보내신 이를 믿는 것이 하나님의 일이니라 하시니." 하나님의 일이란 하나님께서 보내신 자, 곧 예수님을 믿는 겁니다. 사람들은 많은 일을 해야만 그 공로로 영생을 얻는다고 생각했어요. 하지만 사람이 영생을 얻는데 필요한 일은 오직 한 가지, 예수님을 믿는 것뿐입니다.

그런데 그들은 이 은혜로운 말씀을 듣고도 전혀 감동하지 않아요. 오히려 다시 표적을 요구합니다. 그들은 조상들이 광야에서 먹었던 만나를 원합니다(30-31). 예수님은 영생을 주고자 하는데도, 그들은 빵에서 벗어나질 못해요. 절박한 현실 문제에 매이면 아무것도 들어오지 않습니다.

요즘 직장인 중에는 '아이폰'에 빠진 사람이 많다는군요. 자기 월급은 생각도 않고 덥석 샀다가 힘든 생활을 한다는군요. 주위에서 뭐라고 말해도 들리지 않아요. 연예에 빠진 사람도 '눈꺼풀이 씌워져서' 다른 말은 하나도 들리지 않아요. 오히려 자기중심적으로 해석해요. 어떻게 해야 하나요? 그래도 정신을 차리도록 계속해서 말해야 합니다. 예수님은 그들에게 '만나 빵'의 한계에 대해서 가르치십니다. 조상들이 먹었던 빵은 모세가 준 것이 아니라 하나님께서 주신 겁니다. 그 목적은 허기진 배를 채우는 데 있지 않고, 영생을 주시는 예수님을 믿도록 하는 데 있습니다. 이렇게까지 말을 했는데도, 그들은 여전히 빵에서 벗어나질 못합니다(32-34).

예수님은 그들에게 어떤 새로운 빵을 소개합니까? 35절을 읽읍시다. "예수께서 이르시되 나는 생명의 떡이니 내게 오는 자는 결코 주리지 아니할 터이요 나를 믿는 자는 영원히 목마르지 아니하리라." 예수님께서 소개하시는 빵은 예수님 자신입니다. 생명의 빵 예수님께 오는 자는 절대 주리지 않고, 예수님을 믿는 자는 영원히 목마르지 않습니다. 예수님은 사람들에게 생명의 빵이신 자신을 먹으라고 말씀하십니다. 즉 모세가 주었던 만나나 예수님께서 지난번에 주셨던 보리떡이 아닌 예수님 자신을 먹으라는 겁니다. 예수님은 보리떡과 만나에 집착하고 있는 그들의 관심을 예수님 자신에게로 돌리십니다. 왜냐하면 예수님 자신을 먹을 때만이 영생이 있기 때문입니다.

'예수님을 먹는다'는 말은 구체적으로 어떻게 하는 겁니까? 예수님께서 우리 죄를 대신해서 십자가에서 죽으시고 죽은 자 가운데서 사흘 만에 다시 살아나셨음을 믿는 겁니다. 누구든지 이 예수님을 믿으면 영생을 얻습니다. 예수님을 믿으면 '불로장생(不老長生)', 즉 '늙지 않고 오래 사는 것'이 아니라, '불사영생(不死永生)', 즉 '죽지 않고 영원한 생명을 누리게' 됩니다. 이것이 예수님께서 우리게 주고자 하시는 주식인 밥입니다. 그러므로 우리는 주식이 아닌 간식을 찾아 헤매서는 안 됩니다. 영생의 '메인 코스'를 찾아서 잘 먹어야 하지 않겠습니까?

그런데도 사람들은 예수님을 보고도 믿지 않습니다(36). '메인 코스'를 안 먹고 '간식코너'로만 갑니다. 사람들이 굶주리고 갈증을 느끼는 것은 먹을 것이 없어서가 아닙니다. 예수님을 믿지 않기 때문입니다. 그들이 예수님을 믿지 않는 이유는 아버지 하나님께서 그들을 예수님께로 보내주시지 않았기 때문입니다. 아버지께서 예수님께 보낸 자만 예수님을 믿습니다. 즉 하나님께서 택한 자만 믿습니다. 그러므로 내가 예수님을 믿는 것은 전적으로 하나님의 은혜입니다. 아무리 세상이 불신에 쌓여 있다고 해도 하나님께서 준비하신 사람이 있습니다. 그 사람은 반드시 예수님께로 옵니다. 예수님께서 하늘로서 내려온 것은 하나님의 뜻을 행하려 하심입니다. 그 하나님의 뜻은 하나도 잃어버리지 않는 겁니다. 그러니까 우리가 예수님께로 가기만 하면 영생을 보장받습니다. 마지막 날에 예수님께서 다시 살리십니다(37-40).

'주식'과 '간식', '신토불이(身土不二)'와 '즉석식(fast food)', 그리고 '웰 빙(well-being).' 우리가 삶의 현장에서 실존적으로 만나는 말들입니다. 우리는 삶의 현장에서 '간식'과 '패스트푸드'와 담쌓고 살 수는 없어요. '주 식'과 '신토불이'를 먼저 먹고 '간식'과 '패스트푸드'를 나중에 먹어야 합니 다. 즉 우선순위가 분명해야 합니다. 그래야 건강한 삶을 살 수 있습니다. 영적인 세계에서도 마찬가지입니다. 먼저 영생을 소망해야 합니다. 예수 님을 찾는 목적이 예수님 자신에게 있어야 합니다. 예수님을 좀 더 알고 좀 더 잘 섬기고 좀 더 잘 순종하는 데 있어야 합니다.

그런 후에 현실문제 해결을 구해야 합니다. 그러면 현실문제 해결의 복 을 누릴 수 있습니다. 따라서 신앙의 목적이 잠시 입을 즐겁게 해주고 배 부르게 하는 간식, 그러나 결국 썩을 양식에 불과한 것을 얻는 데 있어서 는 안 됩니다. 항상 우리에게 주어진 주식, 곧 영생의 양식을 잘 먹어야 합니다. 그리하여 오늘 이곳에서 영생의 복을 누리는 것은 물론이고, 장차 하나님 나라에서도 영생을 누릴 수 있기를 기도합니다!

제13강
영생의 말씀

◇ 본문 요한복음 6:41-71
◇ 요절 요한복음 6:68
◇ 찬송 200장, 205장

우리는 이런 사람을 만나면 좀 당혹스러워요. "저도 예전에는 교회에 잘 다녔는데, 지금은 좀 쉬고 있어요. 왜냐고요? 교회가 내 '코드'를 못 맞춰서 요. 내 '코드'에 맞는 교회를 찾으면 다시 나갈 겁니다." 여기서 우리는 또 고민에 빠집니다. '교회에 대한 그 사람의 코드는 무엇인가? 교회가 그 사람에게 맞춰야 하는가, 아니면 그 사람이 교회에 맞춰야 하는가?'

당시 사람들은 예수님께 '보리빵'을 계속 달라고 했지만, 예수님은 하늘로서 내려온 생명의 빵이신 자신을 먹으라고 말씀하십니다. 그러자 사람들은 수군거립니다. 왜냐하면 그들은 예수님이 하늘에서 내려온 것이 아니라 요셉의 아들로 태어난 사실을 알고 있기 때문입니다. 그들은, 예수님이 유치원 때 나무칼을 만들어 로마 병정 노릇을 한 일을 알고 있습니다. 예수님을 이런 눈으로만 보면 그들의 말이 맞아요. 하지만 영적인 렌즈로 보면 예수님은 하늘로부터 오신 하나님이십니다. 그런데 이 렌즈는 아무나 가질 수 없습니다. 하나님께서 이끌어 주신 사람만이 가질 수 있습니다. 하나님의 말씀을 배운 사람만이 예수님을 생명의 빵으로 볼 수 있습니다. 누구든지 이 빵을 먹으면 죽지 않고 영원한 생명을 얻습니다(41–50).

예수님이 주시는 생명의 빵은 무엇을 말합니까? 51절을 읽읍시다. "나는 하늘에서 내려온 살아 있는 떡이니 사람이 이 떡을 먹으면 영생하리라 내가 줄 떡은 곧 세상의 생명을 위한 내 살이니라 하시니라." 예수님이 주시는 빵은 예수님의 살인데, 그 살을 양고기처럼 먹으라는 겁니다.

이 살을 왜 먹어야 합니까? "너희가 내 살을 먹지 않고 또 내 피를 마시지 않으면 너희 속에는 생명이 없다"(53). "내 살은 참된 양식이요, 내 피는 참된 음료다"(55). '참'이란 '그림자'나 '거짓'에 대칭하는 말입니다. 지금까지 먹고 마셨던 빵과 음료는 다 '그림자'나 '거짓'에 불과합니다. 조상들이 광야에서 먹었던 만나도 실은 그림자에 불과합니다. 왜냐하면 그 빵을 먹은 사람은 모두 죽었기 때문입니다. 그 빵은 곧 참 빵이 나타날 것에 대한 예표였기 때문입니다.

사람들이 맛있는 빵을 찾는 것은 생명을 얻기 위해서입니다. 사람들이 좀 더 맛있고 좀 더 영양가 있는 유기농 먹을거리를 찾는 것은 거기에 생명이 있다고 생각하기 때문입니다. 그런데 안타까운 일은 그런 먹을거리가 우리에게 영원한 생명을 주지 못한다는 겁니다. 따라서 유기농 잡곡밥을 먹는 것도 중요하지만 더 중요한 것은 예수님의 살을 먹는 겁니다. 녹차나 매실차를 마시는 것도 좋지만 예수님의 피를 마셔야 합니다.

예수님의 살을 먹고 피를 마신다는 말은 무슨 뜻입니까? 예수님은 십자가에서 살이 찢기시고 피를 흘리셨습니다. 예수님은 아무 죄가 없는데도 불구하고 이런 형벌을 당하셨습니다. 바로 우리가 받아야 할 형벌을 대신 받으신 겁니다. 예수님의 살을 먹고 피를 마신다는 말은 예수님께서 나의 죄를 대신해서 십자가에서 살이 찢기시고 피를 흘리셨음을 믿는 겁니다. 그러므로 '먹고 마신다.'라는 말은 십자가 사건을 나를 위한 것으로 믿는다는 말입니다. 누구든지 이 사실을 믿으면 그 사람은 예수님 안에 있고,

예수님도 그 사람 안에 있게 됩니다(56). 이것을 '연합'이라고 말해요. 즉 예수님과 하나가 되는 겁니다. 예수님과 하나가 되면 예수님께서 십자가에서 죽으실 때 함께 죽습니다. 예수님께서 죽음에서 부활하실 때 다시 살아납니다.

당시 사람들 편에서 보면 예수님의 죽음과 부활은 미래에 일어날 일입니다. 하지만 지금 그들이 예수님을 믿으면 예수님과 연합이 되어 미래가 아닌 지금 삶의 현장에서 일어납니다. 오늘 우리 편에서 보면 예수님의 죽음과 부활은 과거에 일어났던 일입니다. 하지만 오늘 우리가 죽음과 부활을 믿으면 예수님과 연합하여 지금 생명이 임합니다(57-58). 이런 점에서 십자가와 부활은 과거와 미래를 초월하는 초역사적인 사건입니다. 우리는 때에 따라서 예수님의 살과 피를 상징하는 빵과 포도주를 먹고 마십니다. 이 의식을 통하여 십자가와 부활의 은총과 신비를 기념하고, 영생을 생생하게 간직하는 겁니다.

이 말씀을 들은 사람들의 반응이 어떠합니까? "말씀이 이렇게 어려우니 누가 알아들을 수 있겠는가"(60)? 말씀이 어려운가요? 그들은 왜 이렇게 어려워할까요? 말씀 자체가 어렵기 때문이 아니라 받아들이지 않으려고 하기 때문입니다. 말씀이 어렵다는 말은 이해의 문제보다는 믿음의 문제입니다. 말씀을 믿지 않으려고 하면 정말 어려워요. 얼마나 어려운지 그 말씀에 걸려 넘어지기까지 해요(61).

그런데 십자가에 관한 말씀에 걸려 넘어지면 부활과 승천에 대한 말씀도 이해하지 못해요. 십자가에 관한 말씀이 모든 신앙의 뿌리입니다. 따라서 십자가를 영접하면 부활도 영접하고 영생도 영접합니다. 십자가는 예수님의 말씀을 통해서만 영접할 수 있습니다. 왜냐하면 생명을 주는 것은 영이고, 빵과 같은 것은 아무 소용이 없기 때문입니다.

예수님께서 하신 그 말씀이 영이요 생명입니다(62-63). 그런데 예수님의 말씀을 받아들이지 않는 사람이 있어요. 그들은 예수님을 배반하게 됩니다. 그들은 하나님께서 택하지 않은 사람들입니다(64-65). 하나님께서 택하신 사람만 십자가를 믿습니다. 생명을 주시는 예수님의 말씀을 영접합니다. 따라서 영생은 나의 공로가 아닌 하나님 은총의 선물입니다.

이 은총의 선물 앞에서 일부 사람들은 어떻게 행동합니까? 66절을 보십시오. "그때부터 그의 제자 중에서 많은 사람이 떠나가고 다시 그와 함께 다니지 아니하더라." 그동안 예수님을 따랐던 자들이 왜 이 시점에서 떠날까요? 예수님과 '코드'가 맞지 않기 때문입니다. 그들은 예수님을 '제빵 왕'으로 생각했는데, 예수님은 '말씀 선생님'이십니다. 이혼하는 사람들이 공통으로 하는 말은 "서로 성격이 맞지 않는다."라는 겁니다. 서로에 대한 기대가 맞지 않는다는 말입니다. 이처럼 예수님을 따르는 사람도 자기의 기대치가 사라지면 떠날 수밖에 없어요.

예수님은 남은 열두 제자들에게도 묻습니다. "너희도 가려느냐"(67)? 이 말씀은 "너희들은 무슨 기대를 하고 나를 따르고 있니?"라는 뜻입니다. 그들은 무슨 기대를 하며 예수님을 따른 겁니까? 68절을 읽읍시다. "시몬 베드로가 대답하되 주여 영생의 말씀이 주께 있사오니 우리가 누구에게로 가오리이까." 많은 사람은 예수님께 영생의 말씀이 있어서 떠났습니다. 하지만 베드로는 많은 사람을 떠나게 만든 그 말씀 때문에 떠나지 않습니다. 다른 사람을 떠나게 한 그 말씀이 베드로는 남게 합니다. 베드로는 예수님께 빵이 아닌 영생을 기대했기 때문입니다.

우리는 무엇을 기대하면서 예수님을 따르고 있습니까? 교회에 대한 우리의 '코드'는 무엇입니까? 그것은 크게 두 종류로 나눌 수 있는데, 빵과 영생입니다. 대부분 사람이 처음부터 영생을 목적으로 교회에 오는 경우는 많지 않아요. 가난을 해결해 보려고 오기도 하고, 학교나 외모에 대한 열등감을 없애려는 기대감으로 오기도 해요. 인정받고 사랑받을 수 있을 것이라는 코드, 다른 것은 몰라도 믿음직한 배우자를 만날 것이라는 코드를 가지고 오기도 해요. 어떤 사람은 이 모든 것들을 통째로 다 가지려고 교회에 오고, 놀라운 정도로 헌신합니다. 그런 헌신을 하나님께서 받으셔서 큰 상을 주실 것으로 기대하기 때문입니다. 이런 신앙을 '정성 신앙'이라고 말해요. '정성 신앙'은 새벽에 일어나 목욕하고 정화수를 떠 놓고 빌었던 데서 나온 겁니다. 그런 정성을 통하여 그런 기대감이 성취되기도 해요. 일부 언론들도 그런 간증을 성공 신화처럼 쏟아냅니다.

주님께서 정성을 받으셔서 복을 내린 목적이 무엇입니까? 또 그런 정성을 들였는데도 불구하고 기대감이 성취되지 않는 경우도 많아요. "당신은 사랑받기 위해 태어난 사람"이라고 해서 평생 사랑만 받으며 살 줄 알았는데, "당신은 사랑하기 위해 태어난 사람"이라며 사랑을 하기를 원해요. 평생 왕자님과 공주님처럼 섬김받으며 살 줄 알았는데, '종'처럼 섬기는 사람이 되어야 한다고 말해요. 주일 메시지도 처음에는 '사랑'과 '축복'이라는 말들이 많이 들렸는데, 갈수록 '섬김'과 '헌신'이라는 말들이 귓전을 울립니다.

미국에서 한인교회를 섬기는 한 목사님은 이민 온 교포를 교인으로 삼기 위해서 공항으로 마중을 나갔어요. 살집도 미리 얻어주고, 직장도 알아봐 주었어요. 그 사람은 한 동안 교회에 잘 다녔어요. 그런데 자리가 잡히자 교회를 그만두었어요. 왜 그랬을까요? 그는, 교회는 자기를 당연히 섬겨주는 곳으로 생각했어요. 그는 목사님이 자신을 섬겨준 대가로 교회를 다녀 준 겁니다. 그런데 이제는 교회가 자신의 기대를 채워주지 못해요. 그러니 떠날 수밖에요. 그 목사님에게는 문제가 없을까요? 그는 이민자들이 사회생활을 잘하도록 돕는 것이 교회의 본질이라고 생각했어요. 교회는 물론 이런 일도 해야 해요.

하지만 교회의 사명은 영생의 말씀을 주는 겁니다. 교회의 존재 목적은 현실 문제 해결 자체가 아니라 영원한 생명을 얻도록 돕는 겁니다. 다시 강조하는 말이지만 영생을 얻는다고 해서 현실을 피하여 사는 것은 아닙니다. 영생을 얻으면 현실 문제도 해결됩니다. 따라서 중요한 것은 무엇을 본질로 삼느냐, 어디에 최우선의 가치를 두느냐 하는 점입니다. 사람들에게 인정받는 것을 삶의 우선순위에 두면 그 사람은 '성인 아이' 수준을 벗어나지 못합니다. 반대로 내가 먼저 다른 사람을 섬기고 인정하면 나도 인정받고 사랑받습니다. 이런 일은 영생의 말씀을 영접하는 데서부터 시작합니다.

당시 사람은 떠나면서까지 예수님께 빵을 요구했어요. 이것은 예수님께 대한 일종의 시위였어요. 예수님은 위기의식을 느끼고, 떠나가는 그들을 붙잡기 위해서 다시 '제빵 왕'이 되실 수도 있었을 겁니다. 하지만 예수님은 떠나가는 그들을 붙들기 위해서 본질을 변질시키지 않습니다. 오히려 그들을 잃고 본질을 지키십니다.

이 사실은 오늘 우리 교회에도 엄청난 도전으로 다가옵니다. 오늘도 일부 사람들은 교회를 향하여 현실 문제를 해결하라고 요구합니다. 그런 기대에 부응하지 못한 교회를 향하여 비판의 수위를 높입니다. 일부 교회는 그 요구에 부응하고자 교회의 본질을 바꾸기도 해요. 그것은 설교강단의 변화입니다. 말씀을 선포하는 대신에 '긍정의 법칙'이니 '꿈을 성취하는 특강' 등이 등장합니다. 이런 것들을 '종교적 담론'이라고 말해요. 역사적으로 교회 강단에서 영생의 말씀이 선포되지 않고 '종교적 담론'이 주가 되었을 때 교회는 약해졌습니다. 교회가 세상에 대하여 영향력을 잃어버리면 세상은 어둠에 갇히고 맙니다. 따라서 교회는 그 본질을 놓치지 말아야 합니다. 어떤 비판 앞에서도 영생의 말씀을 선포하는 일을 최우선으로 삼아야 합니다. 우리가 양을 섬세한 사랑으로 돕고 섬기는 중에도 말씀 공부와 성경적 설교를 강조하는 이유도 바로 여기에 있습니다.

그 힘은 어디에서 나옵니까? 69절을 읽읍시다. "우리가 주는 하나님의 거룩하신 자이신 줄 믿고 알았사옵나이다." 예수님은 하나님이십니다. 이 하나님께서 우리를 죄와 죽음에서 구원하기 위해서 육신의 몸을 입고 오셨습니다. 그리고 십자가에서 피를 흘리고 살을 찢겼습니다. 예수님은 우리에게 영생을 주기 위해서 이 모든 일을 감당하신 겁니다. 이 사실을 믿으면 알게 됩니다.

보통 사람은 알아야 믿는다고 생각해요. 하지만 일반 학문도 알고 믿는 경우보다도 믿고 아는 경우가 더 많아요. 지구의 자전과 공전에 대해서 알 만한 사람은 다 알아요. 하지만 정확한 원리를 아는 사람은 많지 않아요. 전문가가 그렇다니까 일단 믿는 겁니다. 신비한 믿음의 세계도 모든 원리를 다 알고 믿을 수 없어요. 먼저 믿으면 점차 알게 됩니다. 믿으면 영생을 선물로 받게 되고, 그 가치를 지키는 힘이 생깁니다. 하지만 믿지 않으면 마귀의 종이 되고, 가룟 유다처럼 예수님을 팔고 맙니다(70-71).

우리가 예수님을 따르는 목적은 무엇입니까? 많은 사람이 현실 문제 해결을 기대하고 예수님을 따릅니다. 예수님께서 그 문제를 해결해 주기도 하십니다. 그런데 거기에 머물러서는 안 됩니다. 예수님께서 주고자 하시는 것은 현실 문제 해결보다도 영생이기 때문입니다. 우리는 과연 영생의 말씀에 얼마나 관심을 품고 예수님을 따르고 있습니까?

제14강
하나님의 뜻을 행하는 사람

◇ 본문 요한복음 7:1-36
◇ 요절 요한복음 7:17
◇ 찬송 542장, 546장

　얼마 전 중국에서 10여 년 선교 활동하고 있는 한 목사님을 만났어요. 그는 아주 자랑스럽게 말했어요. "마침내 창세기 공부를 마쳤어요. 공부한 자료를 보세요." 노트북컴퓨터에 정리된 자료를 본 다른 목사님이 칭찬했어요. "대단하십니다." 전 이런 생각이 들더군요. '창세기를 한 번 공부해 놓고 저렇게까지 자랑할 수 있는 거구나. 난 열 번도 더 한 것 같은데 …' 오늘 말씀 앞에서는 이런 질문이 생깁니다. '성경을 공부하는 목적은 무엇일까?'

　예수님은 시골 갈릴리에 계셨는데, 사람들이 자기를 죽이려 했기 때문입니다. 유대인의 명절이 가까워지자 동생들이 예수님께 말해요(1-2). "형님, 이제는 서울로 올라가세요. 알려지기를 바라면서 숨어서 일하는 사람은 없어요. 세상에 적극적으로 이름을 알리세요"(3-4). 동생들은 예수님의 능력이라면 경쟁력이 있다고 확신했어요. 문제는 그 일하시는 방법입니다. 크게 한방을 터트리려면 큰물에서 놀아야 하고 적극적인 마케팅 전략을 펼쳐야 하는데, 촌구석에 묻혀 있기 때문입니다.

그들이 이런 주장을 하는 근거는 무엇입니까? 5절입니다. "이는 그 형제들까지도 예수를 믿지 아니함이러라." 그들은 예수님을 십자가에서 죽으실 그리스도로 믿지 않았습니다. 즉 그들은 예수님을 제대로 모릅니다. 예수님을 제대로 몰라서 예수님께서 하시는 사역도 제대로 모릅니다. 그들은 예수님의 사역도 세상적인 방법으로 하면 된다고 생각했어요.

하지만 예수님은 어떤 방법으로 일하십니까? 6절을 읽읍시다. "예수께서 이르시되 내 때는 아직 이르지 아니하였거니와 너희 때는 늘 준비되어 있느니라." '예수님의 때'는 하나님의 구속 사역의 시간표를 말해요. 예수님은 하나님의 시간표대로 일하십니다. 반면 형제들은 세상 풍조대로 일합니다. 그들은 명절이기 때문에 올라갑니다. 그들은 휴가 시즌이기 때문에 휴가를 갑니다. 세상은 그런 그들을 미워하지 않습니다.

하지만 예수님은 휴가철이라고 해서 휴가를 가시는 것이 아니라, 하나님께서 가라고 하실 때 갑니다. 그런 예수님을 세상은 싫어합니다(6-8). 세상에 대항하는 대항문화를 만드시기 때문입니다. 동생들은 요란을 떨며 유대로 갔지만 예수님은 하나님의 때를 기다립니다. 때가 되자 조용히 올라가십니다(9-10).

여기서 우리는 무엇을 배울 수 있습니까? 교회 사역은 세상의 방법이 아닌 하나님의 방법으로 이루어져야 한다는 겁니다. 우리 사회를 지배하는 시대 흐름 중 하나가 '포퓰리즘(populism)'입니다. 그것은 일반 대중의 인기에 영합하는 정치행태를 말하며 '대중주의', '인기영합주의'와 같은 뜻입니다. 이런 시대 흐름이 교회에도 들어왔어요. 설교자가 본문을 바르게 연구하여 그 메시지를 회중들에게 선포하기보다는 회중들의 관심을 끄는 데만 집중할 수 있어요. 그러면 어떤 극적인 효과를 만들어야 하는데, 결국 메시지는 '존재의 가벼움'으로 변질하고, 예배는 사람들이 즐거워하는 하나의 퍼포먼스로 전락할 수 있어요. 설교 내용에서도 우리의 죄를 지적

하고 하나님께서 원하시는 삶의 모습을 가르치는 기회가 점점 사라져버립니다.

이런 분위기는 미국의 일부 교회에서 시작했는데, "불가능은 없다."를 주장하는 로버트 슐러(Robert Schuller) 목사와 "긍정의 힘"을 강조하는 조엘 오스틴(Joel S. H. Osteen) 목사 등이 대표 주자로 지적되고 있습니다. 심각성은 이런 요소들이 아무런 평가 없이 한국교회에 직수입되고 있다는 점입니다. 한편 비신자 전도를 위해 고안한 '구도자 예배(Seeker Worship)'로 열풍을 일으킨 릭 웨렌(Rick Warren) 목사가 있어요. '목적이 이끄는 삶'이라는 책의 저자입니다.

그런데 최근 그의 신학과 사상에 대한 비판이 가해졌어요. 그는 회중들에게 '들어야 할 것'이 아닌 '듣고 싶은 것'만 전한다는 겁니다. 다시 말해서 '청중들의 영적 상태가 아닌 그들의 세속적 삶의 자세와 욕구 또는 환경에 대한 지식을 말하고 있다.'라는 겁니다. "복음 선포를 통한 치유보다 라이프 스타일의 변화를 추구하게 함으로써 삶의 질을 조금 더 나아지게 하는 것이 그의 설교에서 얻는 대부분의 열매"라는 겁니다. 예를 들면 "이웃과 원만한 인간관계를 맺기 위한 방법, 스트레스를 해소할 수 있는 방법, 성공적으로 살아가는 방법 등이 가장 중요한 설교 레퍼토리"라는 겁니다. 그뿐만 아니라, 그가 말하는 교회는 "성경에 약속된 하나님의 선물이 아닌 눈물 없는 삶, 고통 없는 삶, 고난 없는 영광을 제시하는 속임수 왕국"이라고 비난했어요. 이런 비난이 좀 극단적이긴 해도 '포퓰리즘'적 요소를 지적 한 점은 주목할 필요가 있어요.

이런 요소는 '대형교회 신드롬'으로 나타나기도 해요. 많은 사람이 동네 가게에서 라면을 사는 것보다는 대형 마트에서 사는 것을 더 좋아해요. 값이 싼 것도 있지만, 동네 가게에서 물건을 사면 자신의 사회적 신분도 '동네' 수준이지만 대형 마트에서 사면 자신의 신분이 '대형'처럼 느껴지기 때문입니다. 작은 교회에 소속이 되면 작은 사람처럼 보이지만, 대형교회에 소속하면 '대형'처럼 여겨집니다.

제가 몇 번 말했지만, UBF 일부에서는 '목자'라는 칭호 대신에 '박사'라는 칭호를 선호해요. 어떤 선교사는 '박사 선교사(Dr. Missionary)'라고 불러요. '목자' 위에 '목사'가 있고, '목사' 위에 '박사'가 있는 것처럼 표현해요. 세속화의 한 단면입니다. '포퓰리즘'이 교회에 자리를 잡는 것을 '세속화'라고 불러요. 세속화는 기독교적 모양은 있으나, 예수님을 열심히 말하고 있으나, 실상은 예수님이 없는 신앙입니다. 경건의 모양은 있으나 능력은 없다는 말입니다. 교회에는 신분의 낮고 높음이 없습니다. 모두가 주님 안에서 형제자매일 뿐입니다.

제가 공군부대에서 근무하는 군목과 성경 공부를 하고 있어요. 군대는 계급 사회인데, 군대 교회에서의 모습이 궁금했어요. '계급에 따라서 교회의 서열도 정해지는지, 특히 남편의 계급에 따라서 아내들의 영적 서열도 정해지는지'에 관해서 물었어요. 계급을 완전 무시할 수는 없으나 영적 서열이 우선이라고 하더군요. 건강한 교회의 모습입니다.

세속화의 유혹에 빠지지 않고 극복할 수 있는 대안은 뭘까요? 성경에 근거한 세계관, 즉 성경의 렌즈를 확립하는 겁니다. 성경에는 '성공'이라는 말이 나오지 않아요. 대신에 '충성'이라는 말이 나옵니다. 다섯 달란트로 다섯 달란트를 벌었던 종에게 주인이 뭐라고 칭찬했나요? "그래, 넌 성공했구나." 아니지요? "착하고 충성된 종아 네가 적은 일에 충성하였다"(마 25:21).

교회에서는 성공이 아닌 충성을 말해야 합니다. '성공 신화'를 자랑하는 것이 아니라 '충성 신화'를 자랑해야 합니다. 나에 대해서 말할 때도 같아요. '내가 그동안 주님 앞에서 얼마나 성공했느냐'가 아니라, '내가 그동안 주님께서 맡기신 일에 얼마나 충성했느냐'를 물어야 합니다. 우리의 존재

가치는 결코 성공에 좌우되지 않습니다. 충성으로 좌우됩니다. 이것이 세상의 때가 아닌 하나님의 때를 따라서 일하시는 예수님의 모습이요, 그분을 따르는 자들의 모습입니다. 우리는 세상 방법이 아닌 예수님의 방법을 따라서 사는 자들입니다.

이런 우리는 예수님의 말씀 앞에서 어떤 자세를 가져야 합니까? 예수님께서 예루살렘 성전에서 가르치십니다. 사람들은 그 가르침 앞에서 놀랍니다. 초야 묻혀 사신 분이 성경을 너무 잘 가르치시기 때문입니다. 하지만 문제가 있어요. 아무리 메시지가 좋아도 그 명성이 낮아서 그대로 순종할 수가 없었어요(11-16).

어젯밤에 몽골 동역자가 "몽골에 침례교회가 생겼는데, 이단이냐?"고 물었어요. 겉으로만 보면 성경을 중심으로 가르치는 것처럼 보였어요. 하지만 자세히 살펴보니 '구원파'의 한 부류였어요. 즉 자기 교리를 가르치는 겁니다. 당시 사람들도 예수님의 가르침 앞에서 고민했어요.

어떻게 해야 합니까? 17절입니다. "사람이 하나님의 뜻을 행하려 하면 이 교훈이 하나님께로부터 왔는지 내가 스스로 말함인지 알리라." 이단들의 문제는 말은 그럴듯한데 실제로 살아보면 맞지 않는 겁니다. 이론과 실제가 안 맞아요. 하지만 예수님의 말씀은 실제로 그대로 살아보면 정확하게 맞아요. 즉 누구든지 삶의 현장에서 정말로 하나님의 뜻대로 살고자 한다면 예수님의 말씀대로 살면 됩니다. 다시 말하면 예수님의 말씀대로 살면 하나님의 뜻을 행하는 사람이 됩니다. 말씀대로 살면 그 삶이 바뀌고, 건강한 교회 품격 있는 신자가 됩니다.

남아공월드컵이 끝났는데, 최고의 스타가 누구인지 아나요? '점쟁이 문어'로 알려진 '파울(Paul)', 영어로는 '폴'이예요. '파울'은 독일 축구 대표팀의 월드컵 본선 모든 경기의 승패와 결승전 스페인의 승리까지 정확하게 맞히며 유명세를 치렀어요. 독일의 수족관에서 살면서 어떻게 맞췄을까요? '문어(文魚)'는 한자로는 '글을 읽는 고기'라는 뜻으로 해석할 수 있는데, '먹물'이라는 뜻이 여기서 나왔어요. 지능은 보통 개 수준이라는군요. 하지만 우리는 우연의 연속으로 봅니다.

그런데 최근 데이비드 오워(David E. Owuor)라는 케냐 사람이 어떤 교회의 초청을 받고 우리나라에 왔어요. 그는 교회에 대한 회개와 주님의 다시 오심에 대한 메시지를 주로 전해요. 그가 유명세를 탄 것은 "아이티가 회개하지 않으면 하나님께서 흔드실 것이라."라는 메시지를 전했는데, 성취했기 때문이래요. 또 칠레에 대해서도 그렇게 말했는데, 강진이 일어났고요. 그가 실제로 그런 메시지를 전했느냐에 대한 신빙성 논란이 있어요. 어떤 사람은 문어 '파울'이 경기의 승패를 맞추는 것보다도 쉬운 일이라고 말해요. 왜냐하면 지진이 빈번한 나라를 향하여 지진이 일어날 것이라고 말했기 때문입니다.

그런 그가 한국교회를 향하여 따가운 말을 했어요. "한국교회 안에 부를 좇는 번영 신학이 십자가 복음을 대체하고 있다. 이 땅에서 부유하게 사는 것에만 관심을 기울인다면 하나님 나라에 결코 들어갈 수 없을 것이다. … 죄를 책망하는 설교가 사라졌다. … 한국 교회가 이런 죄를 회개하지 않는다면 하나님의 엄중한 경고가 있을 것이다…."

이런 메시지는 그가 처음 전한 것은 아닙니다. 많은 사람이 전했었고, 무엇보다도 성경에서 줄기차게 가르치고 있는 내용입니다. 문제는 이미 알고 있는 내용대로 사느냐에 있습니다. 삶의 현장에서 하나님의 뜻대로 행하려는 자세가 있느냐는 겁니다. 한국교회가 말씀대로 살기 위해서 몸부림친다면 교회는 건강하게 되고, 신자들은 품격 있게 될 것입니다.

우리만큼 성경을 많이 공부하는 공동체도 드뭅니다. 그만큼 우리는 그 목적이 어디에 있는가에 대해서도 많이 고민해야 합니다. 즉 성경 공부의 목적이 하나님의 뜻을 행하려 하는 데 있어야 한다는 말입니다. 건강한 교회가 되고, 품격 있는 신자가 되는데 그 목적이 있어야 합니다. 예수님의 가르침대로 상대방을 배려하고, 헌신하는 삶을 사는 데 그 목적이 있어야 합니다.

어떤 분이 한국교회의 문제 중 하나를 이렇게 비유적으로 말했어요 "아이를 낳아보지 않은 노처녀가 아이는 이렇게 낳는 것이며, 저렇게 키우면 된다며 설명하고 있다." 애 낳고 키우는 일이 어디 이론만으로 되나요? 체험이 없는 사람들의 그럴듯한 말이 너무 많다는 겁니다. "믿음은 행동이 증명한다."라는 말이 있어요. 우리가 양을 섬겨 볼 때 목자의 마음을 알게 되고, 목자로 자라게 됩니다. 성경을 가르쳐 볼 때 성경 선생으로 자라게 됩니다.

우리는 예수님이 하셨던 일을 하지 않으면서 예수님을 흠모하고 예배하고 있다고 말해서는 안 됩니다. 어두운 세상과 캠퍼스를 향하여 말만 해서는 안 되고 그들과는 다른 삶의 모습을 보여줘야 합니다. 예수님에 대해 말하는 것 외에 세상 사람들과 똑같은 삶을 산다면, 그들이 우리에게 무슨 관심이 있겠어요? 세상에서 하나님의 뜻대로 살기 위해서 몸부림칠 때, 교회를 향한 비난의 목소리를 잠재울 수 있습니다.

아이들은 순간순간 '엄마'를 찾고 불러요. 무슨 일을 하면서 "우리 엄마가 그렇게 하라고 했어요."라고 말해요. 물론 말은 그렇게 하면서도 자기 마음대로 행하는 경우가 없지는 않지만, 그래도 엄마의 말대로 하려고 애를 써요. 저는 그들 속에서 우리의 모습을 그려봅니다. 하나님의 뜻대로 행하는 자들의 모습이 저들과 같을 수는 없을까요?

제15강
생수의 강

◇ 본문   요한복음 7:37-52
◇ 요절   요한복음 7:38
◇ 찬송   191장, 182장

여러분은 '4대강 사업'에 대해서 어떤 생각을 합니까? 오랫동안 그것에 관해 찬반론이 뜨겁습니다. 그런데 찬성파도 "강을 살려야 우리가 살기 때문이다."라고 말하고, 반대파도 "강은 생명의 젖줄이기 때문이다."라고 말해요. 그 누구도 우리의 삶 속에서 강의 소중함을 부인하지 않습니다. 그런데 '4대강'보다 더 중요한 강이 있다는 사실을 아십니까?

오늘 말씀은 유대인의 명절 중 하나인 초막절을 배경으로 합니다. 초막절에는 일주일 동안 집 옥상이나 주위에 초막을 짓고 생활합니다. 조상들이 하나님의 은혜로 애굽에서 해방되어 광야에서 천막을 치고 살았던 생활을 기념하기 위함입니다. 또 그들은 매일 아침 실로암 연못에서 물을 길어다가 성전의 제단에 붓습니다. 실로암 연못은 그 자체로 물을 내는 샘은 아닙니다. 본래 수원지는 예루살렘 성 바깥 남동쪽에 있는 기혼이라는 곳입니다. 히스기야 왕 때 533m나 되는 터널을 파고 수로를 만들어서 기혼 샘물을 성안으로 끌어들여 모아 놓은 '물탱크'였어요. 이 물을 성전에 붓는 것은 광야에서 물을 마시게 하신 하나님을 기억하면서 동시에 올해에도 단비를 내려서서 풍성한 곡식을 거두게 하신 은혜에 감사하는 겁니다. 마지막 날이 되자, 그들은 축제를 마치기 위해서 성전 앞으로 모였습니다.

예수님은 그들을 향하여 무엇이라고 말씀하십니까? 37절을 읽읍시다. "명절 끝날 곧 큰 날에 예수께서 서서 외쳐 이르시되 누구든지 목마르거든 내게로 와서 마시라." 그들은 일주일 동안 물을 길었는데, 목이 마를까요? 목이 마릅니다. 수영장이나 해수욕장에서 목이 더 마릅니다.

오늘 현대인은 목마름을 어떻게 표출합니까? 사랑의 갈망으로 나타납니다. 현대극은 말할 것도 없고 사극에도 '사랑의 로망'이 있어요. '막장 드라마'를 욕하면서 보는 것도 '사랑의 로망'을 그리고 있기 때문입니다. 드라마나 영화를 통해서 어린 시절의 '로망'을 채워보려는 겁니다. 이런 '사랑의 로망'은 다시 '돈의 로망'으로 이어집니다. 그리고 그것은 '명품의 로망'으로 나타납니다.

'배고파 먹는 밥'과 '근사한 레스토랑에서 멋진 자신을 확인하고 싶어서 먹는 밥'은 무엇이 다를까요? '배고파 먹는 밥'을 '필요성'이라고 말한다면, '근사한 곳에서 먹는 밥'을 '존재감'이라고 표현할 수 있어요. 보통 소비 형태는 크게 이 두 범주에 속합니다. 그런데 대부분 현대인은 '필요성'보다는 '존재감' 때문에 소비합니다. 즉 남보다 돋보이고 싶은 욕구가 소비를 일으킨다는 겁니다. 다시 말하면 소비는 구매자 자신의 필요 그 자체보다 타인을 의식한 존재감으로 이뤄진다는 말입니다. 멀쩡하게 쓰던 물건을 버리고 '신상' 구입에 열을 올립니다. 이리하여 명품에 대한 맹목적 추종, 이른바 '명품족'이 탄생한 겁니다. '명품족'은 옷이 없어서, 가방이 낡아서, 신발이 찢어져서 쇼핑하는 것이 아닙니다. 그들은 명품을 남보다 앞서서 하나라도 더 건지기 위해서 쇼핑을 하는 겁니다. 명품에 대해 세계에서 가장 호의적인 나라로 한국을 꼽았어요. '명품족의 나라', 부끄러운 별명일까요? 아니면 좋은 별명일까요? 좋고 나쁨의 문제보다는 타인과의 상대적 비교 우위에 서고자 하는 '존재감'의 표출입니다. 이것이 곧 목마름입니다.

이 목마름을 어떻게 해결할 수 있습니까? 예수님께로 가서 마셔야 합니다. 예수님은 "목마른 사람은 실로암으로 가라."라고 말씀하시지 않고 "내게로 와서 마시라."라고 말씀하십니다. 목이 마르면 샘으로 가야지 왜 예수님께로 가야 합니까? 야곱의 우물물이 그랬던 것처럼 실로암 물도 목마름을 근원적으로 해결해 주지 못하기 때문입니다. 야곱의 우물물이 그랬던 것처럼 실로암 물도 앞으로 나타날 '참물'의 그림자에 불과하기 때문입니다. 사랑과 돈도, 명품도, 세상에 존재하는 그 어떤 '로망'도 다 그림자요 가짜이기 때문입니다. 목마름을 해결해 주는 '실체', 즉 '참물'은 오직 예수님뿐입니다.

예수님은 목마름을 어떻게 해결해 주십니까? 38절을 읽읍시다. "나를 믿는 자는 성경에 이름과 같이 그 배에서 생수의 강이 흘러나오리라 하시니." 예수님을 믿으면 그 배에서 생수의 강이 흘러나옵니다. '강'이란 '강들', 즉 '풍성한 물' '흐르는 많은 물'을 상징합니다. 강의 특징은 많은 물이 계속해서 흐르는 겁니다. 그러니까 목마른 사람이 예수님을 믿으면 그 사람에게서 생수의 강물이 풍성하게 흐릅니다. 즉 자기 자신의 목마름이 해결되는 것은 물론이고, 그 물이 흘러서 다른 사람의 목마름까지도 해결해 준다는 겁니다.

성경은 이것을 이미 약속했습니다. 슥 14:8은 말씀합니다. "그 날에 생수가 예루살렘에서 솟아나서 절반은 동해로, 절반은 서해로 흐를 것이라 여름에도 겨울에도 그러하리라." 여기서 '예루살렘'은 '예루살렘 성전'을 말합니다. 예루살렘 성전에서 생수가 솟아나서 온 천하로 흐르고, 비가 많이 오는 여름뿐만 아니라 비가 내리지 않는 겨울에도 흐릅니다. 그만큼 샘 근원이 풍성하다는 말입니다. 그 예루살렘 성전이 누구입니까? 바로 예수님이십니다. 이제 건물 성전 시대는 사라졌고 인격 성전 시대가 되었습니다. 이제는 예수님한테서 모든 생수가 솟아납니다. 예수님이 '수원', 즉 '샘물의 근원'이십니다. 따라서 누구든지 이 예수님을 믿으면 그 사람도 작은 '수원'이 됩니다. 다시 말하면 그 사람도 예수님처럼 인격 성전이 됩니다. 그리하여 이웃과 가정을 향하여 생수의 강물이 흘러갑니다. 캠퍼스와 세상을 향하여 생수의 강물이 흘러넘칩니다.

이 말씀은 구체적으로 무엇을 뜻합니까? 39절을 읽읍시다. "이는 그를 믿는 자들이 받을 성령을 가리켜 말씀하신 것이라 (예수께서 아직 영광을 받지 않으셨으므로 성령이 아직 그들에게 계시지 아니하시더라)." '생수의 강'은 '성령님'을 말합니다. 성령님을 왜 '생수의 강'이라고 표현할까요? 성령님의 풍성함을 표현한 겁니다. 예수님을 믿는 자는 성령님의 풍성함을 체험합니다. 성령님의 풍성함이 그 사람에게서 흘러넘치기 때문에 더는 목마르지 않습니다. 더 나아가 다른 사람에게도 이런 풍성함을 전해줍니다.

그런데 예수님께서 아직 영광을 받지 않으셨으므로 성령님이 아직 그들에게 계시지 아니하십니다. 무슨 말입니까? 예수님께서 십자가에서 돌아가셔야만 성령님께서 오신다는 뜻입니다. 그러면 지금은 성령님이 계시지 않는 겁니까? 성령님은 창세 때부터 계셨습니다. 아브라함 때도 계셨고, 예수님 때도 계십니다. 성령님은 제자들을 거듭나게 하셔서 예수님을 믿게 하셨습니다. 성령님이 계시지 않은 때는 없습니다.

그런데도 왜 '아직 계시지 않는다.'라고 말씀하는 겁니까? 예수님은 십자가에서 죽으시고 죽은 자 가운데서 사흘 만에 다시 살아나십니다. 그리고 40일 후에 하나님 나라로 올라가십니다. 얼마 후, 즉 오순절 때 성령님께서 제자들에게 강력하게, 눈으로 볼 수 있도록 임하십니다. 그때부터 성령님은 이제까지와는 아주 다른 모습으로 일하십니다. 지금까지는 뒤에서 조용하게 일하셨다면 이제부터는 앞에서 주도적으로 일하십니다. 그런 점에서 예수님께서 이 땅에 계실 때는 성령님은 계시지 않는 것처럼 느낀 겁니다. 하지만 이제부터 성령님은 마치 강물처럼 풍성한 모습으로 일하십니다. 성령님은 예수님께서 시작하신 구원 사역을 '지속'하시고, '심화'하며, '확대'하십니다.

이 말씀이 오늘 우리에게 주는 의미는 무엇입니까? 제자들과 우리는 한 성령님을 믿는다는 점에서는 같지만, 그 믿는 과정은 다릅니다. 제자들은 두 단계로 성령님을 체험했지만, 우리는 한 단계, 즉 '단방(One stop)'으로 성령님을 체험합니다. 이것은 베드로와 바울의 차이점을 통해서도 알 수 있어요. 베드로는 육신으로 오신 예수님, 십자가에서 죽으시고 부활하신 예수님을 먼저 만났어요. 그런 후에 오순절에 오신 성령님을 다시 체험했어요. 그들은 거듭나게 하신 성령님과 강물처럼 흐르는 성령님을 두 번 체험한 겁니다. 하지만 바울은 단 한 번 성령님의 사역을 통하여 예수님을 믿고, 강물 같은 성령님의 함께 하심을 체험합니다. 우리는 '베드로 계열'이 아니라 '바울 계열'입니다.

바울 이후 모든 사람은 다 바울처럼 예수님을 믿고 믿는 순간 성령님을 '단방'에 체험합니다. 실은 우리가 예수님을 믿을 수 있는 것도 성령님의 사역입니다. 우리를 거듭나게 하신 성령님께서 그 순간 우리와 함께하시고, 우리 안에서 풍성한 사역을 이루십니다. 우리의 목마름을 없애주시고, 우리 안에서 흘러넘쳐서 양들에게로 흘러갑니다. 우리의 문제에 코 박고 사는데서 벗어나 양의 문제에 관심을 품게 하시며, 그 문제를 해결할 수 있는 지혜와 능력을 주십니다.

우리가 목자로 살 수 있는 것은 우리 안에 계신 성령님 때문입니다. 성령님께서 우리를 세상 유혹으로부터 지켜 주십니다. 성령님께서 우리에게 건강을 주시고, 믿음을 주시고, 열정적으로 살게 하십니다. 어떤 사람은 "이 성령님을 체험하려면 산에 올라가서 금식 기도를 하고, 방언을 배워야 한다."라고 말해요. 심지어 "도를 닦듯이 금욕적인 생활을 해야 한다"라고도 말해요. 잘못된 가르침입니다. 이미 우리 안에는 성령님이 계십니다. 그 성령님은 온전한 인격으로서 강물처럼 흘러넘치십니다. 문제는 우리가 이 사실을 제대로 인식하느냐 그렇지 못하느냐에 있어요. 우리가 이 사실을 믿고 살면 강물처럼 흘러넘치는 성령님을 체험할 수 있습니다.

언론 매체에는 크게 성공했거나 실패한 사람들의 스토리가 등장해요. 범죄에 발을 담가 인생을 망친 사람들의 스토리도 단골 메뉴입니다. 미국의 존 파이퍼(John Piper) 목사는 "이 시대의 비극을 삶을 허비하는 것"으로 진단했어요. 그의 메시지의 핵심은 "삶을 허비하지 말라(Don't waste your life)."는 겁니다. 누가 삶을 허비하지 않을 수 있나요? 그는 "삶의 궁극적 의미를 품고 있는 사람이다."라고 말해요. 인생의 의미를 알지 못하면 열정을 발견할 수 없어요. 따라서 술에 술탄 듯, 물에 물탄 듯 미지근한 삶을 살게 됩니다. 이런 사람을 '후천성 열정결핍증 환자'라고 부른다는군요. 그뿐만 아니라 잘못된 삶의 의미를 가진 사람도 겉으로는 열정적으로 살지만, 실상은 다른 사람에게 상처 주는 삶을 삽니다.

한 교육방송국 여성 강사가 동영상 강의에서 해서는 안 될 말을 해버렸어요. "군대는 죽이는 거 배워 오는 곳, 여자들이 그렇게 힘들게 낳아 놓으면 남자들은 죽이는 거 배워 온다." 이런 말을 했으니 그 파장이 얼마나 크겠어요. 그녀는 '1타 강사'이기는 하지만, 인격은 '10타 수준'입니다. 잘못된 삶의 의미를 품고 있기 때문입니다. 예수님을 믿는 자만이 인생의 참된 의미를 가질 수 있습니다. 성령님께서 그 안에서 함께하시기 때문입니다.

어떤 사람이 20대는 자기 엄마 아빠를 바꾸기 위해서 몸부림을 쳤어요. 결혼해서는 자기 아내를 바꾸기 위해서 10년을 보냈어요. 40대에는 아이들을 키우면서 그들을 바꾸기 위해서 매를 들었어요. 50대가 되었어요. 이제야 비로소 자기를 바꾸지 않고서는 아내도 자식도 바꿀 수 없음을 알았어요. 자신이 바뀌면 아내도 바뀌고 자식도 바뀌고, 세상도 바뀝니다.

한 형제는 'MT'를 가면서 엄마에게 웹사이트 주소를 주고 프린트를 부탁했어요. 엄마의 컴퓨터 실력을 믿은 겁니다. 엄마는 뭔가를 열심히 하더니 이상하다는 듯이 말해요. 주소로 들어가서 그곳에 있는 악보를 프린트해야 하는데, 주소를 한글로 쳐서 그것을 프린트하려고 한 겁니다. 한바탕 실수를 통하여 제대로 배웠어요. 이처럼 많은 사람이 생수의 강이 있다는 사실을 몰라요. 알아도 어설프게 알아요. 그래서 풍성한 삶을 살지 못하고 인색하고 메마른 삶을 삽니다. 하지만 생수의 강이 있음을 알고 믿는 자는 어떤 삶을 살까요?

제16강
용서

◇ 본문 요한복음 7:53-8:12
◇ 요절 요한복음 8:11
◇ 찬송 258장, 283장

"나는 네가 지난여름에 한 일을 알고 있다(I Know What You Did Last Summer)."라는 영화 제목이 있습니다. 영화의 내용보다는 제목이 사람들에게 더 많이 회자하고 있습니다. 이 제목을 들을 때 어떤 생각이 듭니까? 정죄가 몰려오지는 않는지요? 우리가 지난 시절을 돌이켜 보면 자랑스러움보다는 부끄러운 일들이 '파노라마(Panorama)'처럼 떠오릅니다. 동시에 정죄에 시달리기도 합니다. 그 정죄 의식에서 벗어날 길은 없는 겁니까?

명절의 축제가 끝나자 사람들은 각자 자기 집으로 돌아갔습니다. 예수님은 감람산으로 가셨습니다. 이튿날 이른 아침에 예수님은 다시 성전으로 오셨습니다. 많은 사람이 그분 주변으로 모여들자 그들에게 가르치십니다(7:53-9:2). 예수님은 메시지를 전하시고 사람들은 그 가르침을 듣습니다. 말 그대로 '아침 은혜의 시간'이 아닐 수 없습니다.

그런데 그 은혜로운 시간을 깨는 불청객이 있으니, 누구입니까? 3절을 봅시다. "서기관들과 바리새인들이 음행 중에 잡힌 여자를 끌고 와서 가운데 세우고." 종교 지도자들은 은혜로운 시간에 은혜롭지 못한 일을 합니다. 그들은 음행 중에 잡힌 여자를 끌고 왔습니다. 그 여인은 어찌 된 일인지 아침부터 음행하다가 현장범으로 체포되었습니다. 그 여자는 생각 속에서 죄를 지은 것이 아닙니다. 실제로 죄를 지었습니다. 어제의 축제 분위기에 말려들어 밤늦게까지 놀다가 이런 부끄러운 일을 행했을 겁니다. 아니면 못된 사내의 유혹에 빠져서 험한 꼴을 당했을 겁니다. 그런데 더 안타까운 일은 종교 지도자들이 아침부터 그런 일에 흥분하고 있다는 겁니다.

그들은 왜 이렇게 흥분할까요? 4–5절을 읽읍시다. "예수께 말하되 선생이여 이 여자가 간음하다가 현장에서 잡혔나이다, 모세는 율법에 이러한 여자를 돌로 치라 명하였거니와 선생은 어떻게 말하겠나이까?" 율법은 간음죄를 범한 여인뿐만 아니라, 그 남자도 같이 처벌할 것을 규정하고 있습니다(레 20:10, 신 22:22–24). 이 여인이 현장 범이니 잘못된 행위 자체를 부인할 수는 없습니다. 하지만 지도자들의 행동에는 뭔가 찜찜한 냄새가 납니다. 왜냐하면 그녀와 함께 간음한 남자는 잡아 오지 않았기 때문입니다. 혼자 저지르지 않은 죄에 대해 여성이 더 가혹한 대가를 치러야 하는 형평성의 문제 따위는 예수님에 대한 도전 속에 파묻히고 말았습니다. 저들은 여인을 미끼로 예수님을 제거할 덫을 놓은 겁니다(6a).

이 질문이 왜 예수님을 고발할 덫이 됩니까? 예수님께서 율법에 따라서 돌을 던지라고 말하면 예수님께서 지금까지 가르치셨던 사랑과 충돌하게 됩니다. 특히 로마 형법과 충돌하게 됩니다. 로마 형법에 따르면 유대인들은 사형 집행권이 없기 때문입니다. 자칫 로마 정부에 대항하는 정치적인 문제로 비화할 수 있습니다. 반대로 돌을 던지지 말아야 한다고 주장하면 모세의 율법을 정면으로 어기는 것이 됩니다. 예수님은 완전 '코너'에 몰리신 것처럼 보입니다.

그래서인지 예수님은 대답하지 않고 몸을 굽혀 손가락으로 땅에 글을 쓰십니다(6b). 그들은 의기양양하여 그 자리에 서서 계속해서 예수님께 재촉합니다(7a). 그들은 승리의 미소를 지을 시간이 되었다고 생각한 겁니다.

그러나 예수님은 어떤 답변을 내놓으십니까? 7절을 읽읍시다. "그들이 묻기를 마지 아니하는지라 이에 일어나 이르시되 너희 중에 죄 없는 자가 먼저 돌로 치라 하시고." 예수님은 여인을 죄인으로 보십니다. 이 점은 종교 지도자들과 다르지 않습니다. 그녀는 벌을 받아야 할 죄인입니다. 문제는 누가 그 여인에게 벌을 내릴 수 있느냐는 겁니다. 종교 지도자들은 자기들이 심판할 수 있다고 믿어 의심하지 않았습니다. 그들은 여인은 물론이고 예수님까지 심판할 수 있다고 생각했습니다.

그러나 예수님은 그렇게 생각하지 않습니다. 보통 사람은 '난 저 사람보다 뭐가 달라도 달라.'라는 상대적 우월감에 사로잡혀 삽니다. 그러나 예수님의 렌즈로 보면 다 똑같습니다. 여인이 '드러난 죄인'이라면 종교 지도자들은 '드러나지 않은 죄인'일 뿐입니다. 본질상 사람은 모두가 다 죄인입니다. 예수님은, 자신은 숨긴 채 남의 죄만 정죄하기에 급급한 사람들의 이중성을 보이십니다. 예수님은 다시 몸을 굽혀 땅에 글을 쓰십니다(8). 사람이 자기를 돌아보도록 하신 겁니다. 상대방에게만 향한 손가락만 보지 말고 자기 자신에게로 향한 손가락도 한 번 보라는 겁니다.

그때 사람들은 무엇을 깨닫습니까? 9절을 봅시다. "그들이 이 말씀을 듣고 양심에 가책을 느껴 어른으로 시작하여 젊은이까지 하나씩 하나씩 나가고 오직 예수와 그 가운데 섰는 여자만 남았더라." 상대적 우월감에 사로잡혀 기세등등하게 왔던 그들이 양심의 가책을 느낍니다. 예수님의 말씀이 죽어 있던 그들의 양심을 깨운 겁니다. 그들이 여인만을 보았을 때 양심이 살아나지 않았습니다. 양심은 다른 사람과 비교하면 살아나지 못합니다. 사람들의 말만 들어서는 제대로 활동하지 못합니다. 양심은 오직 예수님의 말씀으로만 살아납니다.

우리가 성경을 배우는 것, 주일 메시지를 듣는 것은 우리의 죽은 양심을 깨우는 일입니다. 양심이 깨어나면 자기를 보게 됩니다. 말씀은 우리의 본 모습을 보게 하는 거울입니다. 자기 모습을 본 그들은 들었던 돌을 내려놓고 슬그머니 자리를 뜹니다. 정죄로 가득했던 성전 뜰은 적막만이 흐릅니다. 그곳에는 예수님과 거기 홀로 서 있는 여인만 남아 있습니다. 예수님께서 여인에게 묻습니다. "너를 고소하던 사람들이 어디 있느냐? 아무도 너를 정죄하지 않았느냐"(10)? 아무도 없습니다(11a). 이 여인은 정죄 받아야 할 죄인이지만 그녀를 정죄할 사람은 아무도 없습니다. 이 사실은 무엇을 말합니까? 그 여인을 정죄할 수 있는 분은 오직 예수님뿐이라는 겁니다. 오직 예수님만이 정죄할 수 있습니다. 왜냐하면 예수님만이 죄가 없으시기 때문입니다. 예수님은 하나님이십니다.

그 예수님께서 어떻게 하십니까? 11절을 읽읍시다. "대답하되 주여 없나이다 예수께서 이르시되 나도 너를 정죄하지 아니하노니 가서 다시는 죄를 범하지 말라 하시니라." '정죄한다'라는 말은 '죄가 있다고 선언한다.'라는 뜻입니다. '정죄하지 않는다.'라는 말은 '죄가 있다고 선언하지 않는다.'라는 뜻이고요. 좀 더 적극적인 의미로는 '용서한다'라는 말입니다.

예수님은 왜 정죄할 수 있는데도 정죄하지 않고 용서하시는 겁니까? 용서만이 사람을 살리는 것이기 때문입니다. 용서만이 새 생명을 주기 때문입니다. 예수님은 세상을 심판하러 오신 것이 아닙니다. 세상을 구원하러 오셨습니다. 구원은 용서를 통해서만 이루어집니다.

어떤 남편이 바람을 피우며 아내에게 못 할 짓을 한 후 결국 교도소에 갑니다. 그는 형을 마치고 집으로 향하지만, 얼굴을 들지 못합니다. 아내가 자기를 용서해 줄 것 같지 않았기 때문입니다. 그는 출옥하기 전에 아내에게 편지를 썼습니다. "당신이 나를 용서한다면 마을 입구 버드나무에 노란 손수건을 걸어 놓으시오. 그러면 내가 집으로 갈 것이지만 그렇지 않으면 나는 당신을 찾지 않겠소." 그는 마을에 도착했지만, 그 나무를 쳐다볼 수가 없었습니다. 그때 곁에 있던 누군가가 소리쳤습니다. "보라, 노란 손수건을!" 그 나무는 온통 노란 손수건으로 장식되었습니다. 남편은 감격하여 눈물을 흘립니다. 아내의 용서는 남편에게 새 희망과 새 삶을 시작하게 했습니다. 용서의 위력은 그 어떤 것보다도 위대합니다.

예수님은 어떻게 용서하십니까? 대통령에게는 특별사면권이 있습니다. 정치인들이나 경제인들에게 특별사면을 베풉니다. 하지만 일반 사람들은 형평성 없는 처사라고 비난합니다. 비록 대통령의 사면권이 고유 권한일지라도 그것을 자기중심적으로 사용하면 문제가 있습니다. 예수님이 죄를 용서할 수 있는 권한이 있다고 할지라도 죄인을 무조건 용서한다면 문제가 있습니다. 하나님의 공의가 서지 않기 때문입니다.

그런데 예수님은 이 여인을 용서하기 위해서 이 여인의 죄에 대한 형벌을 대신 받으십니다. 예수님께서 그 형벌을 친히 감당하심으로써 용서하십니다. 그녀는 용서받기 위해서 아무것도 하지 않았습니다. 할 수도 없습니다. 그러나 정죄하지 않으신 예수님 편에서는 그 형벌에 대한 대가를 지급하십니다. 그것은 십자가에서 죽으시는 겁니다. 그러니까 용서는 값싼 것이면서 동시에 값을 매길 수도 없을 만큼 '비싼 것(priceless)'입니다. 용서는 그냥 이루어지는 것이 아닙니다. 아무나 할 수 있는 것도 아닙니다. 왜냐하면 거기에는 큰 대가가 지급되기 때문입니다. 오직 예수님만이 용서할 수 있는 것도 그 죄에 대한 형벌을 감당하셨기 때문입니다.

이 말씀이 오늘 우리에게 주는 의미는 무엇입니까? 나는 얼마나 연약한 존재입니까? 반면 세상으로부터 오는 유혹은 얼마나 큽니까? 삶의 현장에서 우리는 자주 넘어집니다. 부끄러운 일을 저지릅니다. 그리고 후회합니다. 정죄 의식에 시달립니다. 잠을 제대로 자지 못합니다. 학교 수업에 제대로 참석하지 못합니다. 일손이 잡히지도 않습니다. 정말 용서가 필요합니다. 이런 우리에게 구원의 손길이 있습니다. 예수님이십니다. 예수님은 우리를 정죄하지 않습니다. 우리를 용서하십니다. 예수님의 용서 은혜를 영접하면 정죄 의식이 사라집니다. 새로운 소망이 생깁니다. 그리스도 예수 안에 있는 사람은 정죄를 받지 않습니다. 그것은 그리스도 예수 안에서 생명을 주시는 성령의 법이 죄와 사망의 법에서 우리를 해방했기 때문입니다(롬 8:1-2).

용서받은 사람은 어떻게 살아야 합니까? "가서 다시는 죄를 범하지 말라"(11b). 용서는 죄로부터의 명확한 단절을 요구합니다. 즉 삶의 변화가 필요합니다. 이 말씀은 이렇게 표현할 수 있습니다. "내가 너를 용서했다. 이제부터는 죄와 놀지 말고 나와 놀자!" 주님으로부터 용서를 받는다는 것은 이제부터 주님의 영광을 위해 산다는 것을 말합니다. 용서받은 자는 그에 합당한 책임감 있는 삶을 살아야 합니다.

이런 삶을 살기 위해서 어떻게 해야 합니까? 12절을 읽읍시다. "예수께서 또 말씀하여 이르시되 나는 세상의 빛이니 나를 따르는 자는 어둠에 다니지 아니하고 생명의 빛을 얻으리라." 초막절 축제 중에 제단에 물을 붓는 의식과 함께 여인들의 촛불 행진이 있었습니다. 예수님은 횃불의 빛이 환히 밝혀진 자리에서 자신을 빛으로 계시하십니다. 빛에 대한 갈망이 최고조에 이른 자리에서 예수님은 자신을 빛으로 선포하십니다.

"나는 세상의 빛이니." '세상의 빛'은 '세상을 비추는 빛'을 말합니다. 이 말씀은, 사람들이 갈망하는 빛이 단순히 황금 주발에 기름을 채워 밤을 밝히는 축제일의 빛이 아니라 예수님이 진짜 빛이심을 선포하는 겁니다. 과거 광야 생활에서 인도하셨던 그 영광의 빛을 사모하고 있다면, 더는 하나님의 빛은 그런 방식으로 임하지 않는다는 겁니다. 이제는 예수님 자신이 그 빛이기 때문에 예수님을 통해서 임한다는 겁니다. 그것도 단지 유대인들의 기대만을 만족시키는 제한된 의미의 빛이 아닙니다. 예수님은 온 세상을 밝히시는 세상의 빛이십니다.

이 빛이 누구에게 임합니까? 예수님을 따르는 자에게 임합니다. '따른다.'라는 말은 '착한 아이가 엄마를 졸졸 따르는 것'과 같습니다. 우리가 예수님을 따른다는 것도 바로 이런 삶을 말합니다. 예수님의 말씀에 절대적으로 순종하고 의지하고 배우는 겁니다.

이렇게 예수님을 따르는 자에게 어떤 은총이 임합니까? 더는 어둠에 다니지 않습니다. 자기감정이나 세상 풍조를 따라 살지 않습니다. 아침부터 음행한 여인을 잡아끌고 온 바리새인은 영락없이 어둠에 다니는 자의 전형입니다. 그런 그의 사전에는 이해, 사랑, 행복, 기쁨이란 단어는 없습니다. 대신 사나움과 정죄, 핏대와 불면증만 있습니다. 또 아침부터 음행한 여인도 어둠에 다니는 자의 전형입니다. 그녀가 어떤 사연이 있었든지, 어떻게 합리화하든지, 음행했다는 사실은 문제가 있습니다. 아무리 성의 자유를 외쳐도 부적절한 관계를 맺었다는 사실로부터 자유 할 수는 없습니다. 무엇보다도 자기 자신이 거룩한 삶, 아름다운 삶의 의미를 모릅니다.

많은 사람은 누군가를 따르고 뭔가를 따릅니다. 포스트모더니즘(Postmodernism) 세상에서 많은 사람은 자기감정을 따르고 세상 풍조를 따릅니다. 하지만 거기에는 어둠뿐입니다. 어둠에 다니는 자는 순간의 재미에 빠질 수는 있으나 거룩하고 아름다운 세계는 모릅니다. 결국 허무와 쾌락에 시달리다가 죽고 맙니다. 세상의 빛 예수님을 따르지 않으면 이런 세계에 갇힐 수밖에 없습니다. 예수님을 따르면 그 삶이 변합니다. 생명을 얻게 됩니다.

예수님께서 여인에게 빛이 되어서 새 생명을 주신 것처럼 누구든지 예수님을 따르면 새 생명을 얻게 됩니다. 내가 생명의 빛을 얻으면 나도 누구에겐가 작은 빛이 됩니다. 예수님을 따르는 한 사람 때문에 가정이 밝아지고 직장이 밝아집니다. 그 사람이 속한 캠퍼스는 또 얼마나 밝아집니까?

우리는 더는 죄 때문에 정죄 받지 않습니다. 더는 어둠 속에서 방황하지 않습니다. 예수님께서 용서하셨기 때문입니다. 이제는 오직 세상의 빛 예수님만 따르면 됩니다. 그리하여 우리처럼 과거 때문에 정죄 받은 친구들과 이웃들에게 생명의 빛이 임하는 사역에 쓰임 받기를 기도합니다

제17강
진리가 자유롭게 하리라

◇ 본문 요한복음 8:13-59
◇ 요절 요한복음 8:32
◇ 찬송 268장, 516장

'INFINIA'란 'Infinite(무한한)'와 'ia(세상)'의 합성어인데, 이렇게 광고를 해요. "기술이 인간을 자유롭게 하리라." 사람들이 꿈꾸는 자유로운 세상을 현실로 보여주어 더욱 자유로운 미래를 만들겠다는 거예요. 이런 가전제품뿐만 아니라 '트위터' '스마트폰'과 같은 첨단 기술이 우리를 더 자유롭게 만들고 있어요. 하지만 어떤 점에서는 이것들이 우리를 속박하지 않나요? TV를 잠깐이라도 안 보거나, 휴대전화를 놓고 다니면 찜찜해요. 무엇이, 누가 우리를 정말로 자유롭게 합니까?

13절을 봅시다. "바리새인들이 이르되 네가 너를 위하여 증언하니 네 증언은 참되지 아니하도다." 바리새인은 예수님이 스스로 자신에 대하여 증언하니 그 증언을 믿지 않으려 합니다. 그들은 예수님께서 '세상의 빛'이라고 하신 데에 대해서 반발한다. 그러나 예수님의 증언이 참인 이유는 예수님은 어디에서 와서 어디로 가는지를 아시기 때문입니다(14). 예수님은 하나님한테서 오셔서 하나님께로 가십니다. 예수님은 하나님이십니다. 따라서 예수님이 스스로 증언하실지라도 참입니다.

그들이 예수님의 증언을 받아들이지 못하는 이유는 무엇입니까? 그들은 예수님이 어디에서 왔는지도 모르고 어디로 가는지도 모르기 때문입니다. 그들은 예수님의 정체를 모릅니다. 그들은 예수님이 하나님이심을 모릅니다. 그래서 그들은 예수님의 증언을 받지 못합니다.

예수님은 왜 당신의 증언이 참임을 주장하십니까? 예수님의 증언을 인정하지 않으면 예수님의 가르침을 인정하지 않기 때문입니다. 예수님의 가르침을 인정하지 않으면 믿음을 가질 수 없기 때문입니다. 믿음의 기초는 예수님의 증언을 참으로 인정하는 데서부터 시작합니다.

오늘도 종교 다원주의 세계에서 예수님의 증언 자체를 부정하려는 경향이 있습니다. 예수님의 존재 자체를 부정하여 기독교의 뿌리를 부정하려고 합니다. 쇼펜하우어(Schopenhauer, Arthur, 1788-1860)가 공원 의자에 앉아서 종일 고민했습니다. 공원 관리인이 문을 닫으려고 말했습니다. "왜 돌아가지 않고 여기 있느냐?" 그가 대답합니다. "내가 어디로 온 것을 알았으면 갔지, 온 곳을 모르는데 어디로 간단 말이오." 사람은 그 누구도 어디서 와서 어디로 가는지 모릅니다. 오직 예수님만 아십니다.

그들이 예수님의 정체를 모르는 이유는 무엇입니까? 15절입니다. "너희는 육체를 따라 판단하나 나는 아무도 판단하지 아니하노라." 그들은 인간적인 기준으로 예수님을 판단하기 때문에 예수님의 정체를 알지 못합니다. 그러나 예수님이 판단하면 그 판단은 참되다. 왜냐하면 그것은 예수님 혼자 있는 것이 아니라 예수님을 보내신 아버지께서 함께 계시기 때문이다(16). 예수님 한 사람의 증언이 아니라 두 사람의 증언입니다. 따라서 그 판단은 참입니다. 율법에도 두 사람이 증언하면 참되다고 하였습니다(17). 예수님과 하나님이 예수님을 위하여 증언하십니다(18).

사람이 예수님의 증언을 떠나서 아버지로부터 독립적인 증언을 받을 수 있습니까? 그것은 예수님을 통해서만 가능합니다(5:37). 아들에 대한 아버지의 증언은 내가 예수님을 믿음으로만 알 수 있습니다. 따라서 보통 사람의 눈에는 예수님의 자기 증언이 둘로 보이지 않습니다. 하나로 보일 수밖에 없습니다.

　그들은 어떻게 반응합니까? "네 아버지가 어디 있느냐?" "당신 아버지가 도대체 어디에 있습니까?"라는 뜻입니다. 그들은 예수님도 모르고 아버지도 모릅니다. 왜냐하면 그들이 예수님을 알았더라면 아버지도 알았을 것이기 때문입니다(19). 하나님의 아들 예수님을 떠나서는 아버지를 알 수 없습니다. 예수님을 아는 것이 아버지를 아는 유일하고 배타적인 길입니다. 예수님을 알지 못하면 아버지도 모릅니다. 예수님을 아는 자만이 아버지를 압니다. 따라서 예수님을 모르는 그들은 아버지도 모릅니다. 예수님께서 이 메시지를 성전에서 전하지만, 아무도 예수님을 체포하지 못했습니다. 왜냐하면 예수님의 때가 아직 이르지 않았기 때문입니다(20).

　예수님은 그들에게 다시 어떤 메시지를 전하십니까? 21절을 봅시다. "다시 이르시되 내가 가리니 너희가 나를 찾다가 너희 죄 가운데서 죽겠고 내가 가는 곳에는 너희가 오지 못하리라." 예수님은 십자가의 죽음을 통해서 하나님으로서 당신의 정체를 밝히십니다. 그들은 예수님을 찾다가 자기 죄로 죽을 겁니다. 왜냐하면 그들은 십자가에 돌아가신 예수님을 믿지 않기 때문입니다. 예수님을 믿지 않고 찾기만 하면 죄를 용서받지 못합니다. 따라서 죄 가운데서 죽습니다.

　그러나 그들은 예수님이 자살하려는 것으로 오해했습니다(22). 예수님을 믿지 않으면 자기 생각에서 벗어나지 못합니다. 왜냐하면 그들은 아래에서 났고 예수님은 위에서 나셨기 때문입니다. 그들은 이 세상에 속하였고 예수님은 이 세상에 속하지 않으셨기 때문입니다(23). 예수님과 유대인은 뿌리와 소속, 즉 신분이 질적으로 다릅니다. 예수님은 하나님한테서 오셨고, 하나님의 나라 소속입니다.

아래에 속한 사람은 어떻게 됩니까? 24절을 읽읍시다. "그러므로 내가 너희에게 말하기를 너희가 너희 죄 가운데서 죽으리라 하였노라 너희가 만일 내가 그인 줄 믿지 아니하면 너희 죄 가운데서 죽으리라." 사람이 왜 죽는다고 했나요? 죄 때문입니다. 하지만 죄 때문에 죽기보다는 예수님을 믿지 않아서 죽습니다. 비록 죄가 있을지라도 예수님을 믿으면 죄를 용서받기 때문에 죽지 않아요. 죄가 있어서 심판받는 것이 아니라, 예수님을 믿지 않기 때문에 심판받습니다. 따라서 예수님을 믿느냐, 믿지 않느냐가 그 사람의 생사를 결정합니다. 이 메시지를 듣고 많은 사람이 예수님을 믿었습니다(30).

그러므로 예수님께서 그들에게 무슨 말씀을 하십니까? 31절입니다. "그러므로 예수께서 자기를 믿은 유대인들에게 이르시되 너희가 내 말에 거하면 참으로 내 제자가 되고." 예수님을 믿는다고 해서 그 믿음이 다 인정받는 것은 아닙니다. 예수님의 말씀에 거해야 합니다. 즉 예수님의 말씀에 순종하며 살아야 합니다. '말씀 따로 삶 따로'가 아닌 말씀과 삶이 하나가 되는 겁니다. 작은 일 큰일 가리지 않고, 내 삶에서 일어나는 모든 일을 주님의 말씀으로 해석하고 적용하고 순종하는 겁니다.

어떤 사람이 사소한 일은 사소하기 때문에 자기 마음대로 하고 중요한 일은 중요하기 때문에 세상 풍조대로 한다면, 그 사람은 말씀에 거하지 않는 겁니다. 그 사람은 무늬만 제자이지 참 제자는 아닙니다. 오직 말씀대로 사는 사람만이 참 제자입니다.

참 제자는 어떤 은총을 누립니까? 32절을 읽읍시다. "진리를 알지니 진리가 너희를 자유롭게 하리라." 사전에서 말하는 '진리'의 뜻은 '참된 이치', 또는 '언제 어디서나 누구든지 승인할 수 있는 보편적인 법칙이나 사실'입니다. 단국대학을 비롯하여 많은 대학의 교훈에 가장 많이 들어가 있는 단어가 '진리'입니다. 대학교육의 목적이 참 이치를 깨닫고 보편적인 법칙을 펼치는 데 있기 때문입니다.

여기서 질문이 생겨요. '대학에서 말하는 진리와 예수님이 말씀하시는 진리는 같은 건가, 다른 건가? 다르다면 뭐가 다를까?' 같으면서 다릅니다. 왜냐하면 예수님께서 말씀하시는 진리는 보편적인 법칙이면서 동시에 예수님 당신을 말씀하시기 때문입니다(14:6). 예수님의 말씀대로 살면 세상의 보편적인 법칙은 물론이고 진리 자체이신 예수님도 알게 됩니다.

그런데 예수님을 왜 '진리'라고 표현할까요? 진리는 '참'이나 '실체'를 말하는데, '가짜'나 '그림자'와 대칭하는 표현입니다. 세상에는 가짜들이 널려 있습니다. 더 심각한 문제는 가짜가 진짜 노릇을 하는 데 있어요. 중국산 '짝퉁'은 세계의 명품 자리를 넘보고 있어요. 믿음의 세계에서도 '짜가'들이 명품을 위협하고 있고요. 다른 종교는 물론이고 이단 종파, 그리고 세속주의와 같은 '짜가'에 속아서 '짜가 인생'을 사는 사람이 많아요. 하지만 예수님의 말씀에 거하면 실체를 알고 명품 인생을 살 수 있습니다.

명품 인생이란 어떤 겁니까? 자유를 누리며 사는 삶입니다. 자유의 사전적 의미는 이래요. "외부적인 구속이나 무엇에 얽매이지 아니하고 자기 마음대로 할 수 있는 상태." 자유의 핵심은 '자기 마음대로 할 수 있는 상태'입니다. 그런데 '자기 마음대로'란 말에는 두 가지 모순이 있어요. 하나는, '자기 마음대로' 하는 일을 자유라고 말할 수 없다는 겁니다. 얼마 전 어떤 엄마가 아이에게 밥을 주기 귀찮아서 자기 마음대로 굶겨 죽였어요. 또 어떤 아저씨는 여중 학생을 자기 마음대로 성적으로 학대했어요. 이것을 자유라고 말할 수 있나요?

또 다른 문제는, 사람은 '자기 마음대로' 할 수 있는 일보다는 할 수 없는 일이 더 많다는 겁니다. 보건복지부는 건전한 음주문화 환경조성과 대학 청년층의 음주감소를 위해 '1/2잔 건전 음주 캠페인'을 실시했습니다. 소주잔의 절반이 유리로 채워져 있는 1/2잔을 제작해 음주량을 반으로 줄

일 수 있도록 유도했어요. 하지만 일부에서는 회의적인 반응을 나타냈습니다. "지금은 소주잔이 크기 때문에 술을 많이 마신 건가? '반 컵'으로 마신다고 적게 마실까? 오히려 더 많이 마실 수도 있고, 처음부터 맥주잔으로 마시는 사람은 어떻게 할 것인가?"

보건복지의 의도는 좋은데 한 가지 놓친 점이 있어요. 바로 이겁니다. "처음에는 사람이 술을 마시지만, 나중에는 술이 사람을 마셔버린다." 즉 사람 속에 숨어서 결정적인 순간에 사람을 지배하는 죄가 있다는 사실을 모르는 겁니다. 죄라는 놈이 우리의 생각과 행동을 지배합니다. 성경은 '우리가 죄의 종이라.'고 말해요. 그러므로 자유는 죄로부터 해방하는 데 있어요.

어떻게 죄로부터 해방할 수 있나요? 어떤 죄수가 탈옥을 준비했어요. 그는 식재료 배달차가 일정한 시간에 교도소로 오는 것을 보고는 식품 저장차로 숨어들었어요. 차 안은 산소가 부족해 숨이 막혔어요. 그는 얼마 후면 펼쳐질 자유로운 삶을 상상하며 고통을 참았어요. 마침내 차가 멈췄습니다. 그는 자유스러운 삶을 기대하면서 차에서 내렸어요. 하지만 그 차가 도착한 곳은 인근 교도소 구내였습니다. 그는 곧바로 붙잡혀 다시 감옥행이 되고 말았습니다. 그가 자유를 소망하여 탈출한 곳이 또 다른 감옥입니다. 죄에서 벗어나지 못하는 사람의 모습입니다.

죄에서 해방하지 못하면 이 감옥에서 저 감옥으로 탈출하는 어리석은 죄수일 수밖에 없습니다. 참 자유는 죄로부터의 해방에 있습니다. 죄로부터의 해방은 예수님의 십자가를 통해서만 이루어집니다. 누구든지 예수님께서 내 죄를 위해서 죽으셨음을 믿으면 그 효력이 이 순간 즉시 일어납니다. 즉 죄로부터 해방하여 자유를 누립니다. 죄에서 해방하지 못하면 삶의 현장에서 만나는 굴레들을 벗어날 수 없습니다. 하지만 죄로부터 자유를 누리면 삶의 현장에서 얽어매는 것들로부터도 자유 할 수 있습니다.

요즘 현대인을 얽어매는 다섯 가지 '주제'가 있어요. 즉 지나가는 사람 붙들고 다섯 가지 문제를 던지면 최소한 한 가지에는 걸린다는 말입니다. 첫째가 부부관계입니다. 환상의 커플처럼 행동하던 연예인 부부가 어느 날 이혼 가정으로 나타나는 일은 그들만의 특수한 경우가 아닌 현대인의 자화상이라는 말입니다. 이런 현상 때문에 '솔로 천국 커플 지옥'이라는 말이 힘을 얻고 있어요.

둘째는 자녀 교육입니다. 자식만 잘된다면 엄마 아빠들은 어떤 치맛바람도 일으킵니다. 대학생 아들의 학점에 문제가 생기자 엄마가 담당 교수를 직접 찾아가 따지기도 했어요. 셋째가 취업입니다. 취업은 대학인은 물론이고 아버지 세대의 현실 문제이기도 해요. 예전에 나이 육십은 황혼이었는데, 지금은 '청년'으로 불려요. 하지만 직장에서는 '손뼉 칠 때 떠나라.'라며 손뼉을 칩니다.

넷째는 건강입니다. 어떤 분의 아버님은 연세가 일흔여섯 살인데, 위암 수술을 받았어요. 그는 아버지의 건강을 좀 더 챙겨드리지 못하고 복음을 전하지 못한 것 때문에 눈물을 흘렸어요. 그런데 이런 수술은 이제는 특별한 사람에게나 해당하는 일이 아니고 우리 모두의 일이 되었어요. 마지막으로 관계성 문제입니다. 현대인은 자기중심으로 컸기 때문에 사람들과 관계를 잘 맺지 못해요. 대학에는 '동아리'가 있고, 회사에는 '팀'이 있지만, 개인주의는 더 늘어만 갑니다. 한 동역자가 최근에 대기업에서 작은 직장으로 옮겼는데, 대기업에서는 동료보다는 자기 일에만 신경을 썼어요. 하지만 현재 직장에서는 동료들이 '헤어스타일'이나 '옷맵시' 등과 같은 작은 변화에도 관심을 보여주어 무뚝뚝한 자기도 변해가고 있대요. 교회에서도 이런 관심을 좀 더 활발하게 했으면 좋겠다는군요.

우리가 삶의 현장에서 행복을 누리려면 이런 얽매임으로부터 자유 해야 합니다. 어떤 사람은 예수님을 믿는 목적이 죽은 후에 지옥에 가지 않고 천국에 가는 것이라고만 말해요. 틀린 말은 아니지만 맞는 말도 아닙니다. 천국은 관 뚜껑을 닫은 후에만 가는 곳이 아닙니다. 오늘 이 순간 삶의 현장에서부터 천국은 시작합니다. 천국은 자유를 누리는 겁니다. 우리를 얽매이는 것들이 현실인 것처럼 자유를 누리는 것 또한 현실입니다. 우리를 괴롭히는 다섯 가지 주제에서 벗어나는 것이 자유입니다. 예수님의 말씀대로 살면 '커플 지옥'이 아닌 '커플 천국'을 맛봅니다. 서로를 배려하고, 존중히 여기고, 사랑할 수 있기 때문입니다. 믿음으로 사는 부부라고 해서 언제나 '천국'은 아닙니다. 갈등도 있고 다툼도 있어요.

하지만 성령님께서 우리와 함께하셔서 말씀을 붙들고 자기를 먼저 살피게 하십니다. 예수님 안에서는 공부 잘하는 것도 중요하지만 자기가 하고 싶은 일을 잘하게 하는 것도 중요함을 알게 됩니다. 그래서 공부에 집착하지 않고 다른 삶도 잘 살도록 열어 놓습니다. 취업도 예수님의 말씀에 근거하면 직업관이 넓어지고, 직장이 먹고 사는 곳이 아닌 복음 사역의 일터로 보입니다. 사람들과의 관계도 경쟁 관계가 아닌 복음을 전해야 하는 양으로 보입니다. 주님의 사랑을 알기 때문에 상대방에게 먼저 관심을 가질 수 있고, 따뜻한 말을 먼저 건넬 수 있는 겁니다. 말씀 안에 있으면 내가 달라지기 때문에 상대방이 달라지고, 환경이 달라집니다. 따라서 말씀 안에서 살면 진리를 알고 자유를 누릴 수 있습니다.

우리는 요즘 어떤 것들에 매여있나요? 우리도 이 땅에서 살아서 앞에서 말한 것들에 발목을 잡힐 때가 있어요. 그뿐만 아니라, 하나님의 사역을 섬기는 중에도 얽매일 때가 있어요. 양을 좀 더 잘 섬겨야 하고, 믿음의 친구에게 좀 더 관심을 품고 잘 섬겨야 한다는 것 등등. 이런 것들로부터 자유롭지 못한 것이 죄 때문만은 아닙니다. 하지만 이런 것들로부터의 자유도 결국은 예수님만이 주십니다. 그러므로 우리는 언제나 말씀 안에서 살아야 합니다. 그러면 성령님께서 말씀을 통하여 참 자유를 주십니다.

사람들은 이 사실을 어떻게 받아들입니까? 33절을 봅시다. "그들이 대답하되 우리가 아브라함의 자손이라 남의 종이 된 적이 없거늘 어찌하여 우리가 자유롭게 되리라 하느냐." '아브라함의 자손'이란 '하나님께로부터 선택받은 자녀'라는 말입니다. 그들은 하나님께 선택받아서 종이 아니라는 겁니다. 그들이 비록 정치적으로는 강대국의 종으로 살았지만, 죄에 대해서는 자유롭다는 겁니다. 그들은 자유라는 개념에서는 예수님과 같지만, 자유를 얻는 방법에서는 다릅니다. 예수님은 당신만이 자유를 주신다고 말씀하시는데, 그들은 혈통으로 자유를 얻었다고 주장합니다.

그들이 정말 죄로부터 자유 합니까? 아무리 말로 자유 한다고 말해도 죄를 지으면 죄의 종입니다. 그들은 죄를 짓고 있어요. 그들의 말처럼 그들이 아브라함의 자손이라면 아브라함처럼 행동해야 합니다. 왜냐하면 아들딸은 엄마 아빠를 닮기 때문입니다. 어떤 엄마 아빠는 자기 아들딸을 보면서 말해요. "쟤는 누굴 닮아서 저 모양인지 모르겠어." 그렇게 말하는 엄마 아빠를 쏙 빼닮은 겁니다. 예수님께 적대적인 그들은 자기 아비 마귀를 닮은 겁니다. 마귀는 욕심대로 행하고, 처음부터 살인자이고, 진리 편에 서 있지 않습니다. 따라서 그들은 예수님께서 진리를 말씀하셔도 믿지 않습니다(40-45). 그들은 거짓말의 전문가를 아버지로 모시며 살기 때문에 진리를 받아들이지 못합니다.

누가 마귀의 자식으로 살 수밖에 없습니까? 예수님을 믿지 않는 사람입니다(46). 예수님의 말씀을 듣지 않는 사람입니다. 예수님의 말씀을 듣지 않으면 마귀의 자식으로 살 수밖에 없습니다. 제3의 길은 없기 때문입니다. 예수님을 믿지 않으면, 예수님의 말씀에 거하지 않으면, 예수님의 제자가 안 되면 마귀의 자식이 되고 맙니다. 그러므로 말씀 안에서 사는 사람이 예수님의 참 제자입니다.

누가 예수님의 말씀을 듣습니까? 47절입니다. "하나님께 속한 자는 하나님의 말씀을 듣나니 너희가 듣지 아니함은 하나님께 속하지 아니하였음이로다." 하나님의 사람이 하나님의 말씀을 듣습니다. 하나님의 사람은 성령 하나님의 거듭남의 역사를 통해서 태어납니다. 우리는 누구에게 속했느냐에 따라서 그 주인의 말을 듣습니다. 하나님께 속한 사람은 하나님의 말씀을 듣습니다. 마귀에게 속한 사람은 마귀의 말을 듣습니다. 예수님의 말씀을 안 듣는 사람은 당연히 마귀에게 속했다고 할 수밖에 없습니다.

유대인은 어떻게 반발합니까? 그들은 예수님을 '사마리아 사람'이나 '귀신이 들린 사람'으로 여깁니다(48). 그들이 예수님을 이렇게 말하는 것은 마귀의 자식이기 때문입니다. 그러나 예수님은 아버지를 공경하십니다. 반면 그들은 예수님을 공경하지 않습니다(49). 예수님은 하나님을 어떻게 공경하십니까? 예수님은 당신의 영광을 구하지 않습니다. 모든 일을 하나님께 맡기십니다(50).

따라서 누가 죽음을 보지 않습니까? 51절입니다. "진실로 진실로 너희에게 이르노니 사람이 내 말을 지키면 영원히 죽음을 보지 아니하리라." 예수님의 말씀을 지키는 사람은 결코 죽음을 보지 않습니다. 죽음 문제는 인류의 영원한 관심사입니다. 유대 신학의 중대 관심사였습니다. 그런데 오직 예수님의 말씀을 지키면 죽음을 영원히 맛보지 않습니다. 이것은 육체의 부활을 염두에 두고 하신 말씀이기 때문에 육체적인 죽음을 부인하는 것은 아닙니다. 영원한 죽음인 심판의 부활에 대한 말씀입니다. 그러나 그들은 예수님의 말씀을 오해합니다. 예수님께서 육체적인 죽음을 부인한 것처럼 생각했습니다. 그들은 예수님의 정체를 다시 묻습니다(52-53). 그들은 자기들이 원하는 대답을 듣고자 하기 때문입니다.

예수님은 무엇이라고 대답하십니까? 예수님은 "너는 너를 누구라 하느냐?"는 질문에 "나는 나 자신에게 영광을 돌리지 않는다."라고 대답하십니다(54). 예수님은 당신을 스스로 영화롭게 하지 않습니다. 그들이 아버지라고 주장하는 하나님께서 예수님을 영화롭게 하십니다. 예수님은 당신이 하나님이심을 선언하십니다. 유대인은 하나님을 알지 못하지만, 예수님은 아버지를 아십니다(55). 따라서 예수님은 하나님의 말씀을 지킵니다.

그들 조상 아브라함은 이 예수님을 보고 무엇을 했습니까? 56절을 읽읍시다. "너희 조상 아브라함은 나의 때 볼 것을 즐거워하다가 보고 기뻐하였느니라." '나의 때'는 '예수님의 날(my day)'을 말합니다. 예수님의 성육신과 구원 사역을 말합니다. 그들은 하나님께서 아브라함에게 메시아가 오실 그날을 계시하셨다고 믿었습니다. 그런데 아브라함은 그날을 보고 기뻐했습니다.

언제 아브라함이 예수님의 날을 보고 기뻐했습니까? 이삭이 태어날 때입니다. 아브라함이 25년 만에 얻은 아들의 이름은 '웃음'이라는 뜻인 '이삭'입니다. 아브라함은 그 아들을 얻은 날 매우 기뻤습니다(창 17:12; 21:6). 아들을 낳아서 기쁘기도 했지만, 하나님의 약속이 이루어졌기 때문입니다. 더 나아가 그 약속을 통해 메시아의 오심을 기대했기 때문입니다. 이삭의 태어남은 메시아 탄생을 보여주는 것이기 때문입니다. 그래서 아브라함은 기뻤습니다.

그러나 유대인은 그런 예수님의 말씀을 깨닫지 못합니다. "네가 아직 오십 세도 못 되었는데 아브라함을 보았느냐"(57). 예수님은 아브라함이 태어나기도 전부터 계셨습니다. "내가 있느니라"(58). 이 말씀은 "내가 …이다(I AM)."라는 뜻입니다. 즉 여호와 하나님의 이름입니다(출 3:14). 예수님은 아브라함 이전부터 존재하고 계셨던 하나님이십니다. 그러나 그들은 돌을 들어 치려고 합니다(59). 말씀을 듣지도 않고 믿지 않으면 위의 세계를 보지 못하고 아래 세계에 갇힙니다.

자유롭게 산다고 말은 하면서도 실상은 자유롭게 살지 못하는 사람이 얼마나 많습니까? 자유롭지 못한 현대인은 현재는 물론이고 미래에 대한 불안에 끌려다닙니다. 그뿐만 아니라, 예수님 안에서 사는 우리조차도 자유를 누리지 못할 때가 있어요. 그러나 예수님은 현대인은 물론이고 우리도 자유를 마음껏 누리기를 원하십니다. 이미 그 자유를 주셨습니다.

제18강
세상의 빛

◇ 본문 요한복음 9:1-12
◇ 요절 요한복음 9:5
◇ 찬송 384장, 330장

"운명은 바꿀 수 있습니까, 없습니까?" 많은 사람이 "선천적으로 타고난 사주팔자가 한 사람의 인생에 지대한 영향을 미친다."고 믿어요. 반면 어떤 사람은 "사주팔자가 센 사람도 노력 여하에 따라 얼마든지 좋은 운명으로 바꿀 수도 있다."라고 말해요. 사람들은 할 수만 있으면 불행한 자신의 운명을 바꾸고 싶어 합니다. 우리는 어떻게 해야 합니까?

예수님께서 걸어가실 때, 나면서부터 앞 못 보는 사람을 보셨습니다(1). 제자들은 예수님께 무엇이라고 묻습니까? 2절을 봅시다. "제자들이 물어 이르되 랍비여 이 사람이 맹인으로 난 것이 누구의 죄로 인함이니이까 자기니이까 그의 부모니이까?" 그들의 질문에는 이 불행의 원인으로 죄가 전제되어 있습니다. 다만 누구의 죄냐가 알려지지 않았을 뿐입니다.

유대인은 태아가 엄마의 자궁 속에서 심각한 죄를 범할 수 있다고 생각했습니다. 또 부모의 죄가 자식에게 전가된다고 생각했습니다. 랍비는 반항적인 아들을 데리고 온 부모에게 이렇게 고백하게 했습니다. "우리가 여호와의 말씀을 어겼으므로 제멋대로이며 반항적인 아들이 태어났습니다."

그들은 한 사람의 불행이나 고난의 원인을 죄로 보았습니다. 그들의 세계관은 '죄가 고난을 일으킨다.'라는 신학적 원칙에서 나온 겁니다. 실제로 아담이 죄를 범함으로써 장애를 갖게 되었고, 불행이 오게 되었고, 심지어 죽게 되었습니다. 그렇다고 해서 모든 죄와 불행이 언제나 1대1로 상응하지는 않습니다. 전혀 다른 의미로 나타나기도 합니다.

예수님은 그 시각장애인을 어떤 렌즈로 보십니까? 3절을 읽읍시다. "예수께서 대답하시되 이 사람이나 그 부모의 죄로 인한 것이 아니라 그에게서 하나님이 하시는 일을 나타내고자 하심이라." 그 사람이 장애를 갖게 된 것은 죄 때문이 아닙니다. 자기 죄 때문도, 그 부모 죄 때문도 아닙니다. 오히려 하나님의 하시는 일을 나타내고자 하신 겁니다. 물론 이 말은 하나님의 하시는 일을 나타내려고 일부러 불행하게 했다는 말은 아닙니다. 하나님은 이 사람의 장애까지도 사랑과 능력을 나타내는 도구로 사용하신다는 겁니다. 예수님은 제자들의 렌즈를 바꿔주십니다. 예수님의 렌즈로 보면 한 인간의 불행 속에도 하나님의 선하신 뜻이 담겨 있습니다. 이런 점에서 불행은 '위장된 축복'으로 표현하기도 합니다.

삶의 현장에서 이 사실을 적용할 수 있습니까? 얼마 전 우리나라에 와서 많은 간증을 하여 장애인뿐만 아니라 비장애인에게까지 큰 용기와 감동을 준 조엘(Joel Sonnenberg)이 있습니다. 그는 태어난 지 20개월 만에 교통사고로 전신 3도 화상을 입었습니다. 기저귀 찬 부분을 제외하고는 온몸에 화상을 입었습니다. 생존율 10%에서 50번의 수술을 받으며 기적적으로 살아났습니다. 사고의 후유증으로 눈썹은 물론 손가락, 눈, 귀, 코 등은 형체를 알아볼 수 없을 정도입니다. 병원에 있을 때 많은 분이 "눈이 있게 해 달라." "입을 알아볼 수 있게 해 달라."는 기도를 많이 했다고 합니다.

그러나 하나님은 그 기도에 응답하지 않았습니다. 그는 이를 통해서 하나님의 생각과 사람의 생각이 다르다는 것을 깨달았습니다. 그는 하나님께서 자기 같은 자를 통해서도 영광을 드러내고자 하심을 믿었습니다. 그 순간 그 인생도 변했습니다. 자신의 생애에서 일하시는 하나님을 증언하기 시작했습니다. 자신에게 닥친 불행을 희망으로 바꾸어 나갔습니다. 사람들은 그런 그를 '아름다운 청년'으로 부르고 있습니다.

우리는 삶의 현장에서 원치 않게 불행을 당할 때가 있습니다. 돈이 없어서 아픔을 겪기도 하고, 좋지 않은 가정환경 때문에 고통을 겪기도 합니다. 마음대로 풀리지 않는 인생 문제로 방황하기도 합니다. 점쟁이들은 말합니다. "가계에 흐르는 저주가 있으니 이것을 풀어야 한다." 그러나 주님은 말씀하십니다. "하나님의 하시는 일을 나타내고자 하심이라!" 우리가 겪는 아픔 속에 하나님의 깊은 뜻이 있습니다. 주님께서는 내가 겪는 어려움 속에서 당신의 영광을 드러내십니다. 우리의 아픔이 주님의 손에 들려질 때 주님의 영광을 드러내는 도구가 됩니다. 오늘 나의 시련도 하나님의 살아 계심을 나타내는 일에 쓰임 받습니다.

이 일은 언제 누구를 통해서 이루어집니까? 4절을 봅시다. "때가 아직 낮이매 나를 보내신 이의 일을 우리가 하여야 하리라 밤이 오리니 그때는 아무도 일할 수 없느니라." 예수님은 '우리'가 해야 한다고 말씀하십니다. '우리'는 '예수님과 제자들'을 말합니다. 예수님은 제자들과 함께 일하고자 하십니다. 그리고 그 일을 하는 데는 시간이 제한되어 있습니다. 왜냐하면 밤이 오기 때문입니다. 밤이 오면 아무도 일할 수 없습니다. '낮'과 '밤'은 일반적인 낮과 밤을 말하면서, 동시에 '낮'은 '예수님이 살아 계신 때'를, '밤'은 '예수님께서 십자가에서 돌아가실 때'를 말합니다. 제자들은 예수님께서 살아 계실 때 열심히 일해야 합니다. 예수님은 이 세상에 영원토록 계시지 않습니다. 제자들 또한 이 세상에 영원히 있지 않습니다.

우리의 젊음도 영원하지 않습니다. 철이 좀 들었나 싶으면 어느새 졸업하고 직장에 다닙니다. 직장에 다니나 싶으면 어느덧 중년 신사가 됩니다.

조금이라도 젊을 때, 일할 수 있을 때 부지런히 일해야 합니다. 시각장애인을 보면서 원인분석이나 하고 있을 시간이 없습니다. 하나님께서 이 사람을 통해 영광을 나타내실 것을 믿고 지금 일하지 않으면 안 됩니다.

왜 지금 일해야만 합니까? 5절을 읽읍시다. "내가 세상에 있는 동안에는 세상의 빛이로라." 지금은 예수님께서 세상에 계십니다. 예수님께서 세상에 계시는 동안은 낮이기 때문입니다. 예수님은 세상을 비추는 빛이십니다. 예수님은 어둠을 몰아내고 생명을 주시는 빛이십니다. 예수님은 어떤 운명도 없애버리는 빛이십니다. 예수님은 시각장애인에게 빛을 주시는 빛이십니다. 그러므로 지금 일해야 합니다.

예수님은 어떻게 일하십니까? 6절을 봅시다. "이 말씀을 하시고 땅에 침을 뱉어 진흙을 이겨 그의 눈에 바르시고." 예수님은 산뜻한 모습으로 일하지 않습니다. 예수님은 일 같지 않은 일을 하십니다. 예수님은 왜 진흙을 이겨 그 눈에 발랐을까요? 침과 진흙의 도움이 필요했을까요? 38년 된 병자를 일어나 걸어가게 하실 때는 그냥 말씀만 하셨습니다(5:8). 이렇게 하시는 데는 뭔가 특별한 뜻이 있을 것입니다. 제자들에게 일하는 본을 보이신 겁니다. 하나님의 일은 엄청난 데서부터 시작하지 않는다는 겁니다. 가장 가까운 데서부터, 자기가 할 수 있는 데서부터 할 수 있음을 보여주신 겁니다. 침과 진흙은 누구에게나, 언제 어디에나 있습니다. 그러므로 하나님의 일을 할 때, 없는 것을 타령해서는 안 됩니다. 할 수 없음을 주장해서는 안 됩니다. 그냥 오직 믿음으로 하면 됩니다.

예수님께서 이렇게 일하시는 또 하나의 의도는 무엇일까요? 7절도 읽읍시다. "이르시되 실로암 못에 가서 씻으라 하시니 (실로암은 번역하면 보냄을 받았다는 뜻이라) 이에 가서 씻고 밝은 눈으로 왔더라." 예수님은 현장에서 눈을 뜨게 하지 않고 실로암 못에 가서 씻으라고 말씀하십니다. 이 또한 예상 밖의 일이 아닐 수 없습니다. '실로암'은 '보냄을 받았다'라는 뜻입니다. 예수님은 '보냄을 받은 연못'으로 그 사람을 보내십니다. 예수님은 하나님께로부터 세상으로 보냄을 받으셨습니다. 그 예수님께서 그 사람을 '보냄을 받은 연못'으로 보내십니다. 예수님께서 그 사람의 눈에 진흙을 바른 것도 결국 그 사람에게 가서 씻도록 하기 위함입니다. 예수님께서 그 사람에게 원하시는 것이 무엇입니까? 예수님의 말씀에 순종하기를 원하십니다. 예수님의 말씀을 믿고 순종하기를 원하십니다.

그 사람은 어떻게 합니까? 그는 보이지 않기 때문에 그 말씀에 순종하는 일이 쉽지 않습니다. 그는 고민할 수 있습니다. '내가 아무리 눈에 뵈는 것이 없다고 할지라도 이렇게 눈에다 진흙을 붙이고 사람들 앞에 나가야만 하는가?' '이런 식으로까지 꼭 해야만 하는가?' '가서 씻는다고 정말 눈이 떠질까?' 그런데도 그는 믿음으로 순종합니다. 실로암 연못으로 가서 씻었습니다.

어떻게 되었습니까? 눈이 떠졌습니다. 밝은 눈이 되었습니다. 그가 예수님의 말씀에 순종하여 가서 씻었을 때 평생 한 번도 볼 수 없었던 그 눈으로 세상을 보게 되었습니다. 실로암 연못이 각막이식 수술을 하는 안과병원은 아닙니다. 세상의 빛 예수님께서 이 사람의 순종을 통해서 그에게 빛을 주신 겁니다. 그의 순종을 통해서 그의 불행이 행복으로 바뀐 겁니다. 만일 그가 순종하지 않았다면 하나님의 하시는 일이 나타나지 않았을 겁니다. 그가 도중에 돌아섰다면 그의 시력도 돌아섰을 겁니다. 좀 불합리해도 순종하고, 영접하기 힘들어도 순종하면 하나님의 하시는 일이 나타납니다. 생애 최고의 기쁨을 맛보게 됩니다. 세상의 빛 예수님은 순종을 통해서 한 개인에게 인격적으로 비추십니다.

예수님은 왜 순종을 원하실까요? 하나님의 역사에다 인간의 공로를 더할 수는 없습니다. 그런데도 순종을 원하시는 것은 그 역사를 믿게 하기 위함입니다. 그리고 그것을 소중하게 간직하도록 하기 위함입니다. 하나님께서 결정적인 순간마다 우리에게 순종을 요구하는 것은 그의 능력을 나타내려는 전주곡입니다. 순종을 싫어하는 사람치고 믿음이 자라는 것을 보지 못합니다. 순종이 없는 사람치고 삶의 현장에서 체험하는 신앙을 갖는 것을 본 적이 없습니다. 모든 신앙 인물의 걸음에는 처음부터 마지막까지 하나님의 말씀에 순종하는 일이 나타납니다.

옛적에 나아만 장군이라는 사람이 있었습니다. 그는 아람 왕의 실세 중 실세요, 크고 존귀한 자요, 큰 용사로 불렸습니다. 그런 그가 문둥병에 걸렸습니다. 그는 이스라엘 선지자 엘리사가 '신의(神醫)'라는 소개를 받고 찾아갑니다. 그런데 엘리사는 대문도 안 열어보고 종을 시켜 말만 합니다. "요단강에 몸을 일곱 번 씻으라 네 살이 회복되어 깨끗하리라"(왕하 5:10). 순간 나아만은 화를 냅니다. 자기를 환대하는 것은 물론이고 여호와 하나님의 이름을 부르며 거창하게 고쳐줄 것으로 기대했기 때문입니다. 요단강물보다는 자기 동네 강물이 훨씬 깨끗하고 좋았기 때문일 겁니다. 그는 차라리 문둥이로 살다가 죽겠다며 돌아갑니다. 그는 자기 생각과 너무 다른 방향 때문에 자존심이 상했습니다.

하지만 종들이 말립니다. "만약 저 선지자가 그보다 더 큰 일을 하라고 했더라도 그대로 하지 않았겠습니까? 그런데 기껏해야 몸을 씻으라는 것뿐인데 그 정도도 하지 못하시겠습니까"(왕하 5:13)? 나아만은 자기를 부인하고 엘리사의 방향대로 요단강에 일곱 번 몸을 담갔습니다. 살결이 마치 어린아이의 살결처럼 깨끗해졌습니다. 그는 하나님의 사람에게 도로 와서 고백합니다. "내가 이제 이스라엘 외에는 온 천하에 신이 없는 줄을 아나이다"(왕하 5:15).

그는 여호와의 종에게 순종함으로써 두 가지를 체험했습니다. 순종을 통해서 자기 병이 나은 것과 여호와 하나님을 만난 겁니다. 하나님의 은총은 그의 순종을 통해서 나타났습니다. 하나님의 말씀에 순종하면 위대한 역사가 일어납니다.

오늘 우리는 어떠합니까? 하나님의 은혜는 바라면서 순종에는 더딥니다. 뭔가 획기적인 일들은 기대하면서도 순종에는 미온적입니다. 자기 생각, 자기 고집, 자존심과 체면이 없을 수는 없습니다. 하지만 이것들이 말씀보다도 앞서면 주님의 은총을 체험하지 못합니다. 주님의 은총은 자기 부인을 통해서 나타납니다. 자기 부인은 곧 순종의 출발점입니다. 그러므로 삶의 현장에서 작은 일에서부터 자기를 부인하고 순종을 배우는 것은 대단히 중요합니다. 순종은 예수님의 은총과 사랑과 능력을 체험하는 도구입니다. 순종은 믿음에서 시작합니다. 믿음은 운명을 이기는 첫걸음입니다.

한 형제는 집안이 정말로 가난했습니다. 그 운명을 이겨보려고 대학에 왔습니다. 하지만 제대로 대학을 다닐 수가 없었습니다. 그는 학교생활보다도 '알바'하는데 시간을 더 투자해야 했습니다. 그는 '대학을 다니기 위해서 알바를 하는 건지', '알바를 하기 위해서 대학을 다니는 건지' 구별이 되지 않을 정도였습니다. 마침내 대학을 졸업했습니다. 하지만 그는 대학생 때 '알바'만 했기에 주님의 사람으로 제대로 살아보지 못한 아쉬움이 컸습니다. 그는 오직 믿음으로 선교사로 나가고자 결단하며 준비했습니다. 그런 그는 우리나라와 몽골이 국교를 맺자마자 평신도 선교사로 나갔습니다. 그는 오직 믿음으로 순종하여 나갔습니다. 하나님께서 그에게 물질을 넘치게 하셨습니다. 복음 사역도 넘치게 하셨습니다. 특히 가난한 몽골 대학인에게 이 주님을 생생하게 증언하는 일에 쓰임 받았습니다. 그의 가난은 하나님의 하시는 일을 드러내는 '위장된 축복'이었습니다.

이 사람이 밝은 눈으로 돌아오자 사람들의 반응이 어떠합니까? 8절입니다. "이웃 사람들과 전에 그가 걸인인 것을 보았던 사람들이 이르되 이는 앉아서 구걸하던 자가 아니냐." 사람의 눈은 그 외모를 바꿔버립니다. 얼굴의 특징은 눈이 결정합니다. 사람들은 그 사람이 눈을 떴을 것이라고는 상상도 하지 못했기 때문에 의견이 분분합니다.

그 사람은 자기를 어떻게 밝힙니까? "내가 그라"(9). 그는 자기 정체를 밝히는 일에 주저함이 없습니다. 그러나 이번에는 어떻게 눈을 떴는지를 묻습니다(10). 그는 그 과정에 대해서도 숨기지 않습니다. "예수라고 하는 분이 진흙을 만들어 그것을 내 눈에 바르고 실로암 못에 가서 씻으라고 말씀하셨지요. 내가 가서 씻었더니 보게 되었습니다"(11). 그는 자기가 체험한 그대로 증언합니다. 그는 자신의 과거가 아름답지 않다고 하여 숨기지 않습니다. 지금 받은 은혜가 너무 크기 때문입니다. 그는 자기 속에 일어난 변화를 놓치지 않습니다. 동시에 그 변화의 주체이신 예수님도 놓치지 않습니다. 예수님을 만나기 전과 만난 후, 즉 '주전(BC)'와 '주후(AD)'가 아주 분명합니다.

우리는 이 은혜의 체험을 어떻게 증언합니까? 우리는 믿음의 사람들끼리 소감을 발표합니다. 혹은 전도할 때 자기 삶의 변화에 대해서 간증합니다. 이런 간증을 통하여 우리는 우리 자신에게 임한 주님의 은혜를 더욱 굳게 합니다. 동시에 순종을 통해서 만난 예수님을 기억합니다. 이 은혜 안에서 우리는 날마다 성숙한 사람으로 자랍니다.

우리에게는 어떤 운명이 있습니까? 일류대학이 아니라는 운명이 있습니다. 가난한 가정에서 태어났다는 운명도 있습니다. 결손가정이라는 운명도 있습니다. 혹은 말할 수도 없는 운명도 있습니다. 그 운명을 이길 수 없는 겁니까? 믿음으로 이길 수 있습니다. 믿음은 운명과 충돌합니다. 하지만 믿음으로 예수님의 말씀에 순종하면 운명을 딛고 일어설 수 있습니다. 나아가 운명에 시달리는 이웃에게 이 기쁜 소식을 전할 수 있습니다.

제19강
한 가지 아는 것

◇ 본문 요한복음 9:13-41
◇ 요절 요한복음 9:25
◇ 찬송 542장, 543장

"원한은 물에 새기고 은혜는 돌에 새겨라."라는 말이 있어요. 그런데 이 말이 현실에서는 이렇게 바뀝니다. "원한은 돌에 새기고 은혜는 물에 새긴다." 사람은 원수를 잊지 않고 기억하지만, 은혜를 쉽게 잊어버리기 때문입니다. 하지만 사람 냄새를 풍기는 영향력 있는 사람일수록 은혜를 끝까지 간직합니다. 아니 은혜를 끝까지 간직하다 보니 그런 사람이 된 겁니다. 이런 모습을 예수님과의 관계성에도 그대로 적용할 수 있습니다. 우리는 예수님으로부터 어떤 은혜를 받았으며, 그 은혜를 어떻게 간직할 수 있습니까?

시각장애인이 눈을 뜬 날은 안식일입니다. 종교 지도자들은 눈을 떴다는 사실보다는 진흙을 이김으로써 일을 했다는 사실에 초점을 맞춥니다. 즉 눈을 뜨는 과정에서 안식일 법을 어겼다는 겁니다. 안식일 법을 어겼으니 예수님은 죄인이라는 논리입니다. 청문회를 열어서 법을 어긴 예수님을 처벌하자는 겁니다. 선천성 시각장애인이 눈을 떴다는 이 엄청난 사실은 사라지고, 안식일 법을 어겼다는 지엽적인 일만 확대합니다(13-14).

청문회에 증인으로 참석한 우리의 주인공, 눈 뜬 사람은 예수님에 대해서 어떻게 증언합니까? 그는 예수님을 최소한 선지자로 인정합니다 (15-17). 아무리 안식일 법을 어겼다고 할지라도 죄인은 아니라는 말입니다. 하지만 청문회를 이끄는 주최 측은 예수님이 죄인이라는 각본을 만들어 놓고 끼어 맞추고 있어요. 그 동안 눈을 감고 살아온 이 사람은 세상 물정을 몰라서 정답만 말한다고 생각하여 그 부모를 증인으로 채택합니다 (18-19). 그 부모는 세상 돌아가는 것을 알고 있어서 자기들이 원하는 답을 말할 것으로 기대합니다.

그 부모는 그 기대에 부응합니까? 부모는 이 아이가 자신들의 아들이라는 것과 나면서부터 보지 못했다는 사실은 인정합니다. 하지만 이 아들이 어떻게 보게 되었는지, 또 누가 눈을 뜨게 하였는지는 모릅니다. 그가 이제는 성인이 되었으니 직접 물어보라는 겁니다(20-21).

그 부모는 왜 이렇게 모호하게 말하는 겁니까? 종교 지도자들이 무서웠기 때문입니다. 예수님을 그리스도라고 고백하는 사람은 누구든지 출교하기로 결의했기 때문입니다(22). 예수님을 그리스도로 고백하면 유대교에서 쫓겨납니다. 그러면 정상적으로 생활하지 못합니다. 그 부모는 '목구멍이 포도청이다.'라는 말을 실감하기 때문에 진실을 말하지 못합니다. 그 마음이 얼마나 괴로웠을까요? 바리새인들은 그 부모가 흔들리고 있음을 알고는 당사자를 협박합니다. "너는 하나님께 영광을 돌리라 우리는 이 사람이 죄인인 줄 아노라"(24).

예수님을 통해서 눈을 뜬 그 사람은 협박 앞에서 어떻게 대답합니까? 25절을 읽읍시다. "대답하되 그가 죄인인지 내가 알지 못하나 한 가지 아는 것은 내가 맹인으로 있다가 지금 보는 그것이니이다." 그는 예수님이 안식일 법을 어겼는지 어기지 않았는지는 모릅니다. 하지만 한 가지는 알고 있습니다. 즉 자기가 과거에는 보지 못했지만, 지금은 본다는 사실입니다. 다시 말하면 예수님께서 자기 눈을 뜨게 해 주셨다는 겁니다. 그는 이 살벌한 상황에서 이렇게 말할 수 있지 않을까요? "아, 저도 처음에는 예수님 때문에 눈을 뜬 것이라고 생각했는데, 지금 생각해 보니 우연의 일치인 것 같아요. 제가 그동안 눈에 좋은 '블루베리'를 먹었거든요." 이렇게 말하기가 너무 거시기하면 이 정도로 피해갈 수도 있어요. "기억이 나지 않아요. 그때 워낙 경황이 없어서요. 국민 여러분께 죄송하네요." 하지만 그는 자기의 삶 속에서 일어난 이 한 가지 사실을 분명하게 밝힙니다. 손해가 나고 더 어려워질 것을 뻔히 알면서도 굽히지 않습니다.

이런 그의 모습은 1세기 요한 공동체의 모습을 보여주고 있습니다. 로마는 교회를 '채찍과 당근'으로 핍박하고 유혹했어요. 자기들이 원하는 답을 말하지 않는 사람은 정상적인 사회생활을 하지 못하게 했어요. 그때 일부는 채찍이 힘들고 당근이 먹고 싶어서 타협하기도 해요. 하지만 타협한 그들의 말로는 오히려 비참했어요. 차라리 처음부터 한 가지 아는 것을 붙들고 중심을 지킨 교회는 굳게 섰습니다. 로마 사회를 이끄는 소금이요 빛이 되었습니다.

이런 모습은 한국교회에서도 찾아볼 수 있어요. 한국교회는 일제강점기와 한국전쟁을 거치면서 모진 핍박과 유혹을 받았어요. 그때마다 일부는 세상과 타협했지만, 대부분 정도를 걸었어요. '울 밑에선 봉선화'처럼 처량하고 소망 없는 자들이 장미꽃처럼 활기차고 희망의 사람들로 변화되었다는 한 가지 사실을 붙들고 험한 세월을 견뎠습니다.

우리 공동체도 한 가지 아는 것을 붙들고 오늘에 이르렀습니다. 암울했던 1960년대, 그리고 민주화의 열기가 뜨거웠던 70-80년대를 거치면서 대학인들은 자유와 정의에 대한 목마름이 깊었습니다. 그때 그들은 성경공부를 통해서 그 목마름을 채웠습니다. 예수님은 우리의 눈을 세계로 돌리게 하셨습니다. 한국대학은 물론이고 세계 대학인들을 말씀으로 돕고 섬기는 성경 선생으로서의 비전을 주셨습니다. 우리는 다른 것은 몰라도 예수님께서 우리 같은 사람들을 성경 선생이요 목자로 변화시켰다는 한 가지 사실만은 알았습니다. 하지만 그것 때문에 이곳저곳으로부터 '채찍과 당근'이 참 많았어요. 이것을 견디지 못하여 중간에 포기하기도 하고, 타협하기도 한 사람도 있어요. 그런데도 대부분은 그것을 붙들고 이 길을 걷고 있습니다.

왜 과거를 말하는 겁니까? 미래를 말하기 위함입니다. 과거를 알아야 미래를 말할 수 있습니다. 미래를 말하려면 과거뿐만 아니라 현재도 알아야 합니다. 우리는 현재 어떤 시대에 살고 있습니까? 미국의 마이클 샌델 (Michael J. Sandel)이라는 하버드대 교수가 『정의란 무엇인가(Justice: What's the Right Thing to Do)?』라는 책을 썼는데, 우리나라에서도 30만 부가 넘게 팔렸대요. 우리 사회가 정의롭지 않기 때문에 정의에 대한 갈망을 표출한 것이라고 말해요. 정의를 갈망하면서도 막상 자기 자신은 정의롭게 행동하지 못한 모순에 대한 대리 표현이라고도 말하고요.

그도 그럴 것이, '인사청문회'만 열리면 이름깨나 날리던 사람들의 흠결이 모두 노출되어 사람들의 마음을 무겁게 만듭니다. 정의의 가치보다는 실용의 가치가 앞섰기 때문입니다. 그만큼 정의롭게 행동하기가 만만하지 않다는 겁니다. '정의(正義)'에 대한 정의(定義)가 조금씩 다를 수 있어요. 하지만 가장 기본적 개념은 어떤 상황에서도 타협하지 않고 손해가 있을지라도 끝까지 같은 행동을 하는 겁니다. 즉 자기가 받은 은혜 한 가지를 잊지 않고 붙들고 사는 겁니다. "제빵 왕 김탁구"라는 TV 드라마가 최고의 시청률을 올렸습니다. 그 이유는 서글서글하고 인심 좋은 주인공 때문인데, 그는 학벌도, 배경도, 돈도 없지만 마음으로 사람을 얻는 힘이 있었어요. 그 힘은 한번 옳다고 입력되면 영원히 변하지 않는 마음, 자기가 받은 은혜는 어떤 상황에서도 배신하지 않는 마음에서 나온 겁니다. 하지만 배다른 동생은 아버지를 빼닮은 탁구에게서 열등감과 피해 의식을 느끼며 그를 이겨보려고 수단 방법을 가리지 않고 괴롭힙니다. 그런데도 탁구는 이런 험한 세월을 견디며 제빵 왕으로 등극하겠지요? 그에게는 한 가지 아는 것이 있기 때문입니다. 그것은 배고픈 사람들을 먹이는 '빵쟁이'로서 다시 태어났다는 사실입니다.

사람들이 이 드라마에 감동하는 이유도 여기에 있어요. 한 가지 아는 사실을 알면서도 눈앞의 이익 때문에 모른 척하고 뒤돌아서고, 특히 '먹튀(먹고 튀다)'들이 많아요. 이런 세상에서 그것을 붙들고, 그것을 붙들기 때문에 큰 손해를 보면서도 끝까지 견디는 그 모습에서 대리 만족을 얻는 것이 아닐까요? 은혜, 정의 같은 가치들이 점점 사라지는 이 시대에 촌스럽지만 사람 냄새 간직한 탁구 같은 사람이 그리워서가 아닐까요?

이런 세상에서 정의를 실현하고 사람 냄새나는 그런 모습을 보여줘야 할 곳이 바로 교회입니다. 세상은 자기들은 그렇게 살지 못할지라도 이런 사람이 있기를 바랍니다. 이런 사람을 그리워합니다. 특히 교회가 이런 삶을 살아주기를 갈망합니다. 물론 겉으로는 이런 삶을 살면 미워하고 시기하고 질투해요. 하지만 그 깊은 속마음에서는 오히려 갈망합니다. 그러므로 우리는 예수님한테서 받은 한 가지 은혜를 잊지 말아야 합니다. 아니 잊지 않는 정도가 아니라 어떤 상황에서도 그것을 지키며 증언할 수 있어야 합니다.

많은 사람이 처음 얼마 동안은 잘 지켜요. 하지만 세월이 지나고, 현실이 계속해서 나아지지 않으면 세상과의 상대적 비교의식에 빠져서 슬그머니 잊어버리기 쉬워요. 현실에서 보면 예수님을 믿지 않아도 잘 나가는 사람이 많거든요. 내가 지금 이렇게 변화한 것을 꼭 예수님 때문이라고 말하지 않을 이유를 대라면 댈 수 있거든요. 그러면 우리는 한 가지 아는 것을 끝까지 붙들지 못합니다. 주님께서는 분명 내게도 한 가지 은총을 베푸셨습니다. 아니 많은 은총을 베푸셨는데, 그중에 한 가지를 붙드는 것이 중요합니다.

한 평신도 선교사는 선교사로 나간 지 약 20년 만에 본국 근무를 위해서 돌아왔어요. 이곳이 더 낯설고, 선교사로 온 것처럼 문화충격이 있을 겁니다. 그는 1984년 대학 1학년 때 성경 공부를 시작했고, 예수님을 통해서 삶의 변화를 체험했어요. 그 한 가지를 붙들고 결혼과 동시에 평신도로서 선교사로 나갔어요. 그는 그곳에서 헌신적인 삶을 살았고, 주님은 그를 통하여 현지 대학인들 속에 생명 사역을 이루셨습니다.

어떻게 이런 일이 가능했을까요? 여러 이유가 있지만, 그 핵심에는 한 가지 아는 것이 있습니다. 그를 변화시키신 그 한 가지 은혜가 오늘의 그를 있게 한 겁니다. 동시에 그 한 가지는 미래의 더 큰 세계를 향해서 나가게 하는 추진력이 될 겁니다. 그의 삶이 오늘의 수준에서 멈출 수 없습니다. 더 큰 세상을 향해 더 큰 믿음의 세계를 향해 나가야 합니다. 그 비전은 그에게만 해당하는 것은 아니고 우리 모두의 것이기도 합니다. 예수님 안에서 우리의 삶을 돌아보면 많은 은혜를 받았습니다. 우울하게 보낼 캠퍼스 시절을 '쿨'하게 보내게 하신 것은 말할 것도 없고, 영원한 생명을 맛보게 하셨습니다. 의미 있는 직장, 뜻이 있는 결혼, 비전 있는 삶을 주셨습니다. 예수님은 내 삶을 분명하게 바꾸셨습니다. 오늘의 나를 있게 한 그 한 가지가 내일의 나 또한 있게 할 겁니다.

한 가지 아는 것을 붙들고 증언할 때 사람들은 어떻게 반응합니까? 당시 종교 지도자들은 눈뜬 사람의 증언에 귀를 기울이지 않았습니다. 오히려 자기들의 논리를 강요했습니다(26-28). 우리는 진심을 가지고 말하지만 세상은 자기 목소리만 높입니다. 어떻게 해야 합니까? 답답하지만 그래도 계속해서 증언해야 합니다. 왜냐하면 역사 이래로 눈을 뜨게 할 수 있는 분은 오직 하나님뿐이기 때문입니다. 따라서 예수님은 하나님께로부터

163

오신 분입니다. 하나님께로부터 오시지 않았다면 눈을 뜨게 할 수 없습니다. 하지만 그들은 이 사실을 받아들이지 않습니다. 오히려 그 사람을 죄인으로 몰아서 출교시켜버립니다(29-34). 그 사람은 한 가지 아는 것을 지키고 증언하다가 삶이 더 꼬여버렸어요.

이렇게 되면 한 가지 아는 것을 포기해야 하지 않을까요? 35절을 읽읍시다. "예수께서 그들이 그 사람을 쫓아냈다 하는 말을 들으셨더니 그를 만나사 이르시되 네가 인자를 믿느냐?" 예수님께서 그를 찾아오셔서 만나시고 믿음을 심습니다. 예수님께서 십자가에서 죽으시고 다시 살아나실 것을 믿는 믿음을 심습니다. 그 믿음으로 영생을 얻기 때문입니다. 예수님은 그 사람에게 영생을 은총으로 주고자 하십니다. 예수님은 그에게 육신의 눈을 뜨게 하신 선물보다 더 큰 선물인 영혼의 눈을 뜨게 하십니다.

그는 무엇이라고 고백합니까? 36절입니다. "대답하여 이르되 주여 그가 누구시오니이까 내가 믿고자 하나이다." 그는 예수님을 알고자 합니다. 처음에 그는 '예수라는 사람'(11), 다음은 '선지자'(17), 다음은 '하나님께서 들으시는 분'(31), 다음은 '하나님께로부터 오신 분'(33)으로 말했습니다. 그랬던 그가 예수님을 '인자'로 믿는 단계에까지 왔습니다. 예수님은 그에게 당신의 정체를 밝히십니다. "너는 이미 그를 보았다. 너와 말하고 있는 사람이 바로 그이다"(37).

이 예수님은 어떤 분입니까? 예수님은 좋은 목자이십니다. 예수님은 쫓겨난 그를 그냥 버려두지 않으십니다. 예수님은 그에게 오셔서 위로하고 보호하고 돕습니다. 그리고 가장 핵심적인 '인자'로서의 예수님께 대한 믿음을 심으십니다. 이 믿음만이 영생을 주기 때문입니다. 예수님은 선한 목자이십니다(10:11).

그는 무엇이라고 고백합니까? 38절입니다. "이르되 주여 내가 믿나이다 하고 절하는지라." 그는 예수님을 메시아로 믿습니다. 그의 믿음이 여기까지 올 수 있었던 비결은 무엇일까요? 첫째로, 그는 예수님의 말씀만 듣고 다른 사람의 말을 듣지 않았습니다. 처음에는 일반 유대인들이, 나중에는 종교 지도자들까지 가세하여 그를 설득했습니다. 예수님께 대한 부정적인 생각을 가지도록 유도했습니다. 하지만 그는 그들의 말을 듣지 않았습니다.

둘째로, 그는 한 가지 아는 것을 붙들었습니다. 예수님의 말씀만을 붙들었기에 한 가지 아는 것을 붙들 수 있었습니다. 한 가지 아는 것을 붙들었기에 끝까지 예수님의 말씀만을 들을 수 있었습니다. 그는 육신의 눈만이 아니라 영혼의 눈까지 떴습니다. 우리는 삶의 현장에서 예수님을 그리스도로 믿고 삽니다. 하지만 우리도 주위에서 협박을 받습니다. 협박이 두렵습니다.

이런 모습은 당시 요한 공동체의 어두운 모습이기도 했습니다. 그들은 믿음으로 살면서도 유대인이 무서워서 이중생활을 했습니다. 그러나 그런 어려움 속에서도 예수님의 말씀을 들으면서 한 가지 아는 것을 붙들어야 합니다. 그러면 그 어려움을 이길 수 있습니다. 예수님의 증인으로 살 수 있습니다.

예수님께서 세상에 오신 목적은 무엇입니까? 39절입니다. "예수께서 이르시되 내가 심판하러 이 세상에 왔으니 보지 못하는 자들은 보게 하고 보는 자들은 맹인이 되게 하려 함이라 하시니." 예수님은 이 세상을 심판하러 오셨습니다. 심판의 내용은 긍정적인 면과 부정적인 면이 있습니다. 심판의 긍정적인 면은 보지 못하는 자들이 본다는 겁니다. 부정적인 면은 보는 자들이 보지 못한다는 겁니다. 긍정적으로는 시각장애인의 육적인 눈과 영적인 눈이 다 열렸습니다. 부정적으로는 영적인 무지 때문에 멀쩡한 눈을 가지고 있는 지도자들이 영적으로 시각장애인이 되었습니다.

바리새인은 자기들이 시각장애인이 된 것을 모릅니다. 차라리 그들이 시각장애인임을 알았다면 죄가 없습니다. 하지만 본다고 하니 그 죄가 그대로 있습니다(40-41). 그들이 왜 죄인입니까? 그들은 스스로 영적으로 바른 시각을 가지고 있다고 생각했기 때문입니다. 따라서 예수님으로부터 새로운 영적인 시각을 얻을 필요성을 느끼지 않았습니다. 이처럼 영적 시각이 없는 자들은 세상의 빛으로 오신 예수님으로부터 어떤 도움도 받지 않습니다. 그들의 눈은 절대로 열리지 않습니다. 왜냐하면 그들은 본다고 생각하기 때문입니다. 그 결과 그들은 죄를 벗지 못합니다. 그래서 그들은 죄인입니다.

우리는 예수님으로부터 어떤 은혜를 받았습니까? 은혜를 어떻게 간직할 수 있습니까? 우리가 한 가지 아는 것을 끝까지 지키면 사람 냄새 풍기는 건강하고 품격 있는 예수님의 제자로 자랄 줄 믿습니다. 세상에 희망을 주는 성경 선생이요 목자로 자라도록 기도합니다.

제20강
참 목자

◇ 본문 요한복음 10:1-18
◇ 요절 요한복음 10:11
◇ 찬송 569장, 570장

대관령 푸른 풀밭에서 한가로이 풀을 뜯고 있는 양 떼를 본 적이 있는지요? TV나 사진을 통해서 본 적이 있습니다. 참 평화롭고 여유롭고 아름다운 모습입니다. 그러면 이런 모습을 오늘 우리의 삶 속에서도 적용할 수 있을까요?

1절을 보십시오. "내가 진실로 진실로 너희에게 이르노니 문을 통하여 양의 우리에 들어가지 아니하고 다른 데로 넘어가는 자는 절도며 강도요." '너희'는 종교 지도자입니다. 그들은 시각장애인을 치유하신 세상의 빛 예수님을 거부했습니다. 그뿐만 아니라 그 예수님을 믿는 시각장애인을 협박하여 믿지 못하게 했습니다. 그런 그들의 정체는 무엇입니까? 그들은 절도며 강도와 같은 사람들입니다. '절도'는 '간교하게 혹은 몰래 남의 것을 훔치는 자'를, '강도'는 '폭력을 써서 남의 것을 가져가는 자'를 말합니다. 그들은 양의 우리에 문으로 들어가지 아니하고 다른 데로 넘어갑니다. 그들은 양의 우리에 들어갈 때 개처럼 개구멍으로 들어가거나 도둑고양이처럼 담을 뛰어넘습니다. 그 동기가 불순하므로 들어가는 모습 또한 불순합니다. 그들이 양의 우리에 들어가는 동기는 양을 몰래 훔치고 폭력을 써서 가지는 데 있습니다.

그러나 세상에는 이런 강도만 있는 것은 아닙니다. 문으로 들어가는 사람이 있습니다. 그 사람이 양의 목자입니다(2). 목자는 정정당당하고 투명 그 자체입니다. 저 푸른 초원 위에 그림 같은 목장이 있고, 이른 아침 찬란한 햇빛이 비칠 때 목자는 양들을 돌보기 위해 우리 안으로 들어갑니다. 그러면 문지기는 목자를 위하여 문을 열어줍니다. 목자는 양의 이름을 하나씩 하나씩 불러 밤사이 안녕을 확인합니다(3). 목자는 각각의 양의 특성에 따라서 그 이름을 지었습니다. 언제나 밝게 자라는 양에게는 '해피 (happy)', 이곳저곳을 용감하게 도전하는 양에게는 '용사', 자기 것만 먹고 자기 길만 묵묵히 가는 양에게는 '순둥이'. 목자는 양 전체를 향해 "양들아" 라고 소리치지 않습니다. 한 양을 개별적으로 대합니다. 마치 목장 전체에 오직 양 한 마리만 있는 것처럼 그렇게 대하고, 그렇게 사랑합니다.

목자는 양을 어떻게 인도합니까? 4절을 봅시다. "자기 양을 다 내놓은 후에 앞서가면 양들이 그의 음성을 아는 고로 따라오되." 서양 목동은 '셰퍼드 개(shepherd dog)'를 이용하여 양을 몹니다. 소는 뿔이 있어서 앞에서 끌다가는 자칫 받힐 수 있어서 뒤에서 몹니다. 말은 뒷발로 차기 때문에 앞에서 끕니다. 하지만 목자는 양들 뒤에서 몰아가지 않습니다. 목자는 양 앞에서 인도합니다. 그러면 양은 목자를 졸졸 따릅니다.

왜 이렇게 따를까요? 양들이 그 목자의 음성을 알기 때문입니다. '음성을 안다'라는 말은 '서로 의사소통이 된다.'라는 뜻입니다. 즉 '서로 신뢰하고 사랑한다.'라는 뜻입니다. 목자는 양을 사랑하고 양은 목자를 신뢰합니다. 양이 목자를 따르는 것은 목자를 신뢰하고 사랑하기 때문입니다. 목자만 따라가면 아무 염려가 없음을 알기 때문입니다. 목자만 따라가면 잘 먹고 잘 쉬고 잘살게 될 줄을 믿기 때문입니다. 그렇다고 해서 목자가 언제나 좋은 길로만 인도하는 것은 아닙니다. 궁극적으로는 좋은 곳으로 인도하지만, 그 과정은 험난할 수 있습니다. 즉 골짜기도 넘고 비탈길도 지나야 넓은 초원으로 갑니다. 양은 이런 과정에서도 목자를 믿으면 골짜기를 지날지라도 불평하거나 낙담하거나 절망하지 않습니다. 반드시 좋은 곳으로 인도할 것을 믿고 따라갑니다. 목자를 알므로 어떤 처지나 형편에서도 믿고 따릅니다.

그러나 낯선 사람에 대해서는 어떻게 합니까? 5절을 봅시다. "타인의 음성은 알지 못하는 고로 타인을 따르지 아니하고 도리어 도망하느니라." 양들은 낯선 사람을 절대로 따라가지 않습니다. 그 사람에게서 멀리 도망갑니다. 왜냐하면 양들은 낯선 사람의 음성을 알지 못하기 때문입니다. 이런 모습은 마치 우리 아이들의 모습이기도 합니다. 아이들은 생활능력은 부족해도 엄마 아빠의 목소리만큼은 정말 잘 압니다. 낯가림이 심한 아이는 엄마 아빠의 말은 참 잘 듣지만 다른 사람의 말은 무척 싫어합니다. 다른 사람이 접근하면 경계태세를 갖추고 소리를 지르고 웁니다.

이런 모습은 시각장애인에게서도 나타났습니다. 종교 지도자들은 온갖 방법을 동원하여 그 사람이 예수님을 따르지 못하게 했습니다. 하지만 그 사람은 누가 목자이고 누가 강도인지를 알았습니다. 누구의 음성을 듣는 것이 생명 길이고 사망 길임을 알았습니다. 그는 오직 예수님의 음성만 듣습니다. 종교 지도자들이 아무리 목자라고 무게를 잡아도 양들이 그의 음성을 듣지 않습니다. 그들은 강도이기 때문입니다. 그들은 또한 예수님의 양도 아닙니다. 왜냐하면 예수님께서 비유로 하신 말씀을 알아듣지 못하기 때문입니다(6). 예수님의 양만 예수님의 말씀을 듣습니다. 예수님의 양만 예수님을 따릅니다.

우리가 따르는 예수님은 어떤 분이십니까? 7절을 읽읍시다. "그러므로 예수께서 다시 이르시되 내가 진실로 진실로 너희에게 말하노니 나는 양의 문이라." 당시에는 두 종류의 양 우리가 있었어요. 마을 중심으로 있는 양 우리와 산간 벽촌에 있는 양 우리입니다. 마을 중심으로 있는 양 우리는 나무로 잘 지어 문 앞에는 문지기가 있었습니다. 반면 산간 벽촌의 양 우리는 돌을 쌓아 담을 만들고 한 쪽을 터놓아 입구를 대신했습니다. 밤에는 목자가 그 입구에 누워서 문이 되었습니다. 목자는 양의 유일한 '나들목'이 됩니다. 예수님께서 이런 문이십니다. 이 말에는 '예수님 외에는 그 어떤 것도 문이 아니다.'라는 배타성이 들어 있습니다.

누군가가 "내가 문이다."라고 말해도 그것들은 다 절도요 강도일 뿐입니다. 오직 예수님의 문으로 들어가야만 구원을 얻고, 들어가며 나오며 꼴을 얻습니다. 도적이 오는 것은 도적질하고 죽이고 멸망시키려는 것뿐입니다. 하지만 예수님이 온 것은 양으로 생명을 얻게 하고 더 풍성히 얻게 하려는 것입니다(8-10).

이 문은 무엇을 상징합니까? 이 문은 오늘 우리가 하나님 나라에 들어가는 것을 연상케 하는 '그림 언어'입니다. 헬라인은 하늘에 문이 있는 것으로 생각했습니다. 유대인들도 마찬가지였습니다. 예수님은 모든 사람이 하나님 나라로 들어가는 유일한 문입니다. 예수님은 이렇게도 말씀하십니다. "예수께서 이르시되 내가 곧 길이요 진리요 생명이니 나로 말미암지 않고는 아버지께로 올 자가 없느니라"(14:6). 하나님 나라로 가는 문은 오직 예수님뿐입니다. 예수님의 문으로 들어가야만 쉼을 얻고 생명을 얻습니다.

왜 예수님만이 생명을 줍니까? 11절을 읽읍시다. "나는 선한 목자라 선한 목자는 양들을 위하여 목숨을 버리거니와." '목자'란 구약성경에서는 '하나님 백성의 지도자'를 말했어요. 그 지도자는 제사장, 선지자, 그리고 왕을 말합니다. 그중에서도 왕이 가장 대표적입니다. 구약과 고대 근동 사회에서 가장 이상적인 왕을 말할 때 '목자 같은 왕'이라고 합니다.

대표적인 왕이 다윗입니다. 다윗 왕은 목자의 모습을 가장 잘 보여 주었습니다(삼하 5:2, 시 78:70-72). 목자로서 왕의 기능은 크게 두 가지로 생각할 수 있습니다. 공의와 사랑으로 백성을 다스리는 것과 전쟁에 나가서 백성의 원수를 쳐부수는 것입니다. 가장 이상적인 목자요 왕이었던 다윗 이후에는 어떤 왕도 이러한 이상형에 도달하지 못했습니다. 백성을 공의와 사랑으로 다스리지도 못했고, 백성의 원수를 진멸하기는커녕 고통과 억압만 가져다주었습니다. 그 결과는 북이스라엘의 멸망과 남 유다의 바벨론 포로 생활이었습니다. 하나님의 백성을 목자처럼 보살피는 일에 정치 종교 지도자들이 실패했기 때문입니다. 결국 하나님의 백성은 흩어졌고 열방의 들짐승에게 밥이 되었습니다. 이러한 절망적인 상황에서 하나님께서는 선지자 에스겔을 통해 선한 목자를 보내실 것을 약속하셨습니다(겔 34:12-15, 23-24).

하나님께서 약속한 목자는 다윗의 후손에서 탄생하시지만 새로운 스타일의 목자입니다. 그는 흩어진 양을 찾아 사방으로부터 모을 것입니다. 새 목자는 그 백성의 왕이 됩니다. 그 약속은 예수님이 다윗의 자손으로 태어남으로 성취되었습니다. 예수님은 바로 자신이 그 선한 목자라고 선포하십니다.

왜 '선한'이란 말을 사용할까요? '선한'이 무슨 뜻입니까? 문자적으로는 '좋은'이라는 뜻이지만 내용으로는 '참' '진짜'라는 뜻입니다. '참'이란 말은 '가짜'에 대항해서 사용됩니다. 세상에는 많은 목자가 있습니다. 참 목자는 오직 한 분뿐입니다. 그분이 곧 예수님이십니다. 예수님만 참 목자이십니다. 이렇게 말씀하시는 근거가 무엇입니까? 참 목자의 핵심은 무엇입니까? 양을 위하여 목숨을 버립니다. 예수님이 자신을 참 목자라고 선포하시는 것은 양을 위해서 자기 목숨을 버리시기 때문입니다.

참 목자란 지금까지 역사 속에서 한 번도 없었던 새로운 이미지를 드러내신 겁니다. 구약에서 왕이 백성의 생명을 위해서 전쟁터에서 싸우다가 죽은 예는 한 번도 없었습니다. 하지만 예수님은 양 된 자기 백성의 구원과 생명을 위해 죽으시겠다는 겁니다. 예수님께서 백성을 위해서 싸우게 될 전쟁은 정치 군사적인 물리적인 전쟁이 아닙니다. 영적인 전쟁입니다. 예수님께서 참 목자로서 물리쳐야 할 나라는 로마와 같은 세상 나라가 아닙니다. 영적인 나라, 곧 사탄의 나라입니다. 구원을 받아야 할 그의 양이 아직도 세상, 곧 사탄의 지배 아래 있기 때문입니다. 그들을 그 손아귀에서 건져내기 위해서는 예수님의 목숨을 대속물로 버리셔야만 합니다. 이 결정적인 시점은 예수님께서 십자가에서 돌아가시고 영광을 받으시는 때입니다. 예수님은 우리를 살리기 위해서 대신 자기 목숨을 버리십니다. 즉 참 목자로서 양을 위해 자기 목숨을 버리신 겁니다. 자기 목숨을 버리심으로만 양이 생명을 얻습니다. 이것만이 생명을 살리는 절대적인 길이요 유일한 길입니다. 다른 길은 없습니다.

　세상은 다른 종교와의 대화를 부르짖고 있습니다. 예수님만을 통한 구원의 절대성에 융단폭격을 가합니다. 그럴지라도 기독교 신앙을 제외한 어떤 종교나 어떤 사상도 그 근원은 인간의 한계를 벗어나지 못함을 바로 인식해야 합니다. 어떤 조사에 의하면, 우리나라 사람 60%가 "특정 종교인이 되지 않고 착한 일을 하면 천국에 간다."라고 답했습니다. 그러면서 기독교인이 천국에 가기 위해서 예수님만 믿는 것을 매우 자기중심적이고 이기적인 것처럼 보도했습니다. 하지만 영원한 생명은 예수님께서 십자가에서 자기 목숨을 버리심으로만 얻을 수 있습니다. 예수님은 오늘 우리의 참 목자이십니다.

　오늘 내가 죄가 해결되고 죽음을 딛고 일어나 영원한 생명을 얻는 것은 과학 문명 때문이 아닙니다. 착한 일을 했기 때문이 아닙니다. 오직 예수님께서 나를 대신해서 십자가에서 그 목숨을 버리셨기 때문입니다. 누구든지 이 예수님을 믿으면 생명을 얻습니다. 그뿐만 아니라 예수님의 좋은 양이 됩니다. '좋은 양이 된다.'라는 말은 이 시대에서 '작은 목자가 된다.'라는 뜻입니다. 물론 우리가 아무리 목자가 된다고 해도 예수님처럼 우리의 목숨을 버릴 수는 없습니다. 양을 위해서 내 목숨을 줄 수는 없습니다. 하지만 다른 사람을 위해 우리 몸을 내어줄 다른 방법은 있습니다. 즉 시간을 내어줄 수 있습니다. 진심을 내어줄 수 있습니다. 작은 희생을 줄 수 있습니다. 우리가 이렇게 할 수 있는 것은 참 목자 예수님으로부터 받은 은혜에 보답하는 것이기 때문입니다.

이로 인해 목자 없이 방황하는 양이 참 목자 예수님을 만나 생명을 얻습니다. 양에게는 목자가 절대적으로 필요합니다. 양에게 목자가 없다는 것은 한 살짜리 아이에게 엄마가 없다는 것과 같습니다. 사람인 우리에게는 참 목자 예수님이 절대적으로 필요합니다.

만일 우리가 예수님의 양이 되지 않으면 어떻게 됩니까? 12절을 봅시다. "삯꾼은 목자가 아니요 양도 제 양이 아니라 이리가 오는 것을 보면 양을 버리고 달아나나니 이리가 양을 물어 가고 또 헤치느니라." 세상에는 참 목자와 함께 삯꾼도 있습니다. 삯꾼은 목자도 아니요 양도 제 양이 아닙니다. 삯꾼은 이리가 오는 것을 보면 양을 버리고 달아납니다. 이리는 양을 먹잇감으로 노리고 헤칩니다. 삯꾼이 달아나는 것은 저가 삯꾼인 까닭입니다(13). 삯꾼은 평소에는 그 본심이 드러나지 않습니다. 목자처럼 보입니다. 하지만 결정적인 순간에는 그 본심이 드러납니다. 삯꾼이 양을 돌보는 목적은 양이 아니라 월급입니다. 그래서 위기의 때에 양을 위해서 자기 목숨을 버리지 않습니다. 자기 목숨에 문제가 없는 범위에서만 양을 돌봅니다. 그런 그에게는 사랑이 없습니다. 사랑은 말로만 하는 것이 아니라 희생이 뒤따릅니다. 그에게는 구호는 있지만 삶의 실천은 없습니다. 참 목자 예수님을 따르지 않으면 이런 삯꾼 밑에 들어갑니다. 그러므로 우리는 참 목자의 양이 되어야 합니다.

참 목자는 양에게 얼마나 소중한 분입니까? 14-15절을 읽읍시다. "나는 선한 목자라 나는 내 양을 알고 양도 나를 아는 것이, 아버지께서 나를 아시고 내가 아버지를 아는 것 같으니 나는 양을 위하여 목숨을 버리노라." 예수님은 자기 양을 알고 그의 양 또한 예수님을 압니다. 예수님은 나의 아픔을 아십니다. 내 고민을 아십니다. 누군가가 나를 알아만 줘도 응어리가 풀리고 상처가 치유됩니다. 문제는 안다고 하면서도 헛다리 짚을 때가 많은 데 있어요. 엄마가 아들을 안다고는 하는데 실은 잘 모릅니다. 그래서 아이들은 "어른들은 몰라요."라고 외칩니다. 남편은 아내에게 소리칩니다. "당신은 날 너무 몰라!" 아내도 슬퍼하며 고백합니다. "당신은 뭘 안다고 그래요."

하지만 예수님께서는 우리를 아십니다. 어느 정도 아십니까? 하나님 아버지께서 예수님을 아시고 예수님께서 아버지를 아시는 것처럼 아십니다. 예수님과 하나님은 한 분이십니다. 예수님과 우리도 연합되어 한 몸이 되었습니다. 예수님이 우리를 가장 잘 아시는 것은 너무 당연합니다. 이 예수님께서 우리를 위하여 목숨을 버리셨습니다. 그러므로 이제는 주님께 모든 것을 아뢰고 주님의 인도하심에 귀를 기울이기만 하면 됩니다. 나를 아신 주님이 계시니 나는 부족함이 없습니다!

그런데 이 예수님의 우리 안에 아직 들지 않는 양들은 어떻게 됩니까? 16절입니다. "또 이 우리에 들지 아니한 다른 양들이 내게 있어 내가 인도하여야 할 터이니 그들도 내 음성을 듣고 한 무리가 되어 한 목자에게 있으리라." 예수님은 우리에 들지 아니한 다른 양도 인도하고자 하십니다. 예수님은 그들도 예수님의 음성을 듣고 한 무리가 되어 한 목자에게 있기를 원하십니다. 예수님 안에서 모든 인류는 하나입니다. 즉 모두가 다 예수님의 양입니다. 예수님은 이 양을 위해서 목숨을 버리십니다. 이 예수님을 하나님께서는 사랑하십니다. 하나님 아버지께서 예수님에게 그 생명을 내어놓을 권세와 그것을 다시 취할 권세를 주셨습니다(17-18).

예수님만이 오늘 우리에게도 참 목자이십니다. 우리가 예수님의 좋은 양이요, '작은 목자'들이 되기를 원합니다. 그리하여 아직 우리 안에 들지 아니한 양도 예수님의 양이 되는 그 사역에 쓰임 받을 수 있기를 기도합니다.

제21강
그 일은 믿으라

◇ 본문 요한복음 10:19-42
◇ 요절 요한복음 10:38
◇ 찬송 342장, 380장

'기독교'라는 말은 '예수님을 인류의 구세주인 그리스도, 즉 예수님을 하나님으로 믿는 종교라.'는 뜻입니다. 그래서 '기독교'를 '예수교'라고도 불러요. 기독교인이란 예수님을 구세주로 믿는 사람을 말해요. 그런데 우리 주위에는 예수님을 믿는 사람보다는 믿지 않는 사람이 더 많아요. 그들이 어떻게 하면 예수님을 믿을 수 있을까요?

예수님께서 메시지를 전하자 많은 사람이 "귀신이 들려서 미쳤다."라고 말해요. 하지만 일부는 "귀신이 어떻게 시각장애인의 눈을 뜨게 할 수 있느냐?"라며 다른 반응을 보입니다(19-21). 똑같은 메시지를 듣고도 다른 반응을 보인 이유는 뭘까요? 그 사람 자체가 다르기 때문입니다.

오래전 프랑스 매체의 보도에 따르면, 물리학자 스티븐 호킹(Stephen William Hawking)은 "우주 창조설을 더는 믿지 않는다."라고 밝혔어요. 그는 『위대한 설계(Grand Design)』라는 책에서 "우주 기원의 '빅뱅(Big Bang, 대폭발 이론)'은 우연한 일이 아니며, 신이 창조한 것도 아니다. 단지 물리법칙의 필연적인 결과일 뿐이다."라고 말했어요. 그가 창조설을 믿지 않는 것은 당연해요. 그는 예수님의 양이 아니기 때문입니다. 예수님의 양만 예수님을 알고 그 말씀을 듣습니다.

예수님께서 메시지를 전하실 때는 수전절이었어요. 주전 168년 수리아의 안티오커스 에피파네스(Andiochus Ephiphanes) 4세가 예루살렘으로 쳐들어와 성전을 더럽혔어요. 율법책을 태우고, 할례를 받지 못하게 하고, 제우스 신상을 성전에 갖다 놓고 돼지를 제물로 드렸어요. 이런 굴욕을 견디다 못한 유다 마카비(Judah Maccabees)가 독립군을 일으켜서 그들을 물리쳤어요. 주전 164년 12월 더럽혀진 성전을 깨끗하게 하여 하나님께 다시 드렸어요. 그날을 '성전을 깨끗하게 하는 날', 즉 '수전절(修殿節)'이라고 불러요.

예수님은 그날에도 예수님은 당신의 정체를 밝혔지만, 사람들은 알아듣지 못합니다. 예수님의 양이 아니기 때문입니다(22-27). 우리는 '예수님의 말씀을 들어야 예수님의 양이 된다.'라고 생각해요. 하지만 예수님의 양이 예수님의 말씀을 듣습니다.

지난 월요일, 한 선배 목자님이 저를 보더니 "얼굴이 밝아서 참 좋네요."라고 인사를 하더군요. 제가 '이성계와 무학'을 예로 들면서 "선배님의 마음이 밝기 때문에 제 얼굴이 그렇게 보인 것이다."고 말했어요. 제가 외부에 가서 성경을 가르치는데 참 잘 받아들여요. 그들은 제가 잘 가르쳐서 그런다고 말해요. 하지만 전 그들에게 말했어요. "여러분이 좋은 양이기 때문입니다." 왜냐하면 아무리 빼어난 성경 선생일지라도 양이 받아들이지 않으면 죽을 쓰기 때문입니다. 보통 사람은, '내가 믿음이 생기지 않는 것은 환경이 좋지 않거나 가르치는 사람이 별 볼 일 없기 때문이다.'라고 생각해요. 그런 점을 전혀 배제할 수는 없으나, 그런데도 가장 직접적인 문제는 자기 자신일 수 있어요. 즉 자기가 예수님의 양이 아니기 때문에, 혹은 자기가 마음을 닫고 있기 때문이라는 겁니다.

반면 예수님의 양은 어떤 복을 누립니까? 28절을 읽읍시다. "내가 그들에게 영생을 주노니 영원히 멸망하지 아니할 것이요 또 그들을 내 손에서 빼앗을 자가 없느니라." 예수님의 양은 영생을 얻습니다. 영생의 반대말은 영원한 멸망입니다. 그러니까 예수님의 양은 멸망하지 않습니다. 그 누구도 영생을 빼어가지 못하기 때문입니다. 한 번 예수님의 양은 영원한 양이라는 말입니다.

"그 누구도 관 뚜껑을 닫을 때까지는 어떻게 될지 아무도 모른다."라는 말이 있어요. '뭔가 되었다고 교만 떨지 말고 마지막 순간까지 겸손하게 살라.'는 말입니다. 그런데 이 말을 영생과 연결하여 "지금 영생을 받았다고 해도 어떻게 될지 모르니 조심하라."라고 말해서는 안 됩니다. 영생은 나의 행위로 얻은 것이 아닙니다. 내 상황에 따라서 영생이 취소되는 것이 아닙니다. 어떤 사람이 비행기로 뉴욕을 가는데, 비행기 안에서 술에 취해 추태를 부려요. 그렇다고 해서 기장이 하늘에서 문을 열고 "내려라"라고 말하지 않아요. 주의는 받겠지만 결국 뉴욕에 도착합니다. 우리가 삶의 현장에서 예수님의 양답지 못하게 생활할 수 있어요. 그렇다고 해서 영생 자체를 빼앗기는 것은 아닙니다. 그 누구도 빼어가지 못해요.

왜 그 누구도 빼어가지 못합니까? 30절입니다. "나와 아버지는 하나이니라 하신대." 예수님과 하나님은 한 분이십니다. 예수님은 우리가 볼 수 있고, 만질 수 있는 하나님이십니다. 그 하나님께서 우리를 보호하고 돌보고 인도하십니다. 그러니 감히 누가 뺏을 수 있겠습니까? 그런데 이 사실을 깨닫지 못한 사람들은 예수님을 돌로 치려고 합니다. 예수님은 사람인데 하나님이라고 말함으로써 하나님을 모독했다는 겁니다. 구약 성경은 하나님을 모독하면 돌로 치라고 명했어요(레 24:16). 하지만 그들은 하나만 알고 둘은 모릅니다. 성경에 의하면, 하나님의 말씀을 받은 사람을 '신', 즉 '신성한 사람'이라고 말하기 때문입니다(시 82:6). 예수님은 하나님께서 거룩하게 하셔서 세상에 보내신 분이고, 하나님의 말씀을 하신 분입니다. 그러므로 예수님을 하나님이라고 부르는 것은 당연한 겁니다 (31-36).

그들은 이제 어떻게 해야 합니까? 37-38절을 읽읍시다. "만일 내가 내 아버지의 일을 행하지 아니하거든 나를 믿지 말려니와, 내가 행하거든 나를 믿지 아니할지라도 그 일은 믿으라 그러면 너희가 아버지께서 내 안에 계시고 내가 아버지 안에 있음을 깨달아 알리라 하시니." 만일 예수님께서 하나님의 일을 하지 않으면 예수님을 믿지 않아도 됩니다. 그러나 예수님께서 하나님의 일을 하면 예수님을 믿어야 합니다. 그런데도 그들은 믿지 않았어요. 예수님은 안타까운 마음으로 말씀하십니다. "나를 믿지 않아도 좋다. 하지만 내가 한 그 일은 믿으라." 예수님을 믿기 싫다고 해서 예수님께서 하신 그 일까지 부정해서는 안 됩니다. 그 일을 믿으면 하나님께서 예수님 안에 계시고, 또 예수님이 하나님 안에 계신다는 사실을 믿게 됩니다. 즉 예수님이 하나님이시고, 우리의 삶의 현장에서 함께 하심을 믿을 수 있습니다.

지난 목요일 새벽에 불었던 태풍 '곤파스'의 위력을 보면서 무슨 생각을 했나요? 어떤 사람은 새벽잠에 빠져서 태풍이 분지도 몰랐다는군요. 그렇게 잠을 잘 수 있는 것도 주님께서 함께하시기 때문입니다. 시간이 흐르자 태풍 피해가 심각했음이 드러납니다. 우리는 피해를 보지 않았어요. 이것이야말로 주님께서 하신 일이라고 믿습니다. 한 사람이 예수님을 믿는 과정을 보면 두 경로가 있어요. 하나는, 예수님이 그리스도시오 하나님이시라는 사실을 먼저 믿는 겁니다. 즉 예수님의 인격을 먼저 믿고 그 하신 일을 믿는 겁니다. 이런 사람은 대부분 성경 공부를 통해서 이런 믿음을 가집니다.

다른 하나는, 예수님께서 하신 일, 즉 사역을 먼저 믿고 나중에 인격을 믿는 겁니다. 어떤 사람은 자기가 원하는 대학에 가고 싶었는데, 성적에 자신이 없었어요. 그런데 자기가 기대했던 것보다 더 좋은 결과가 나타났어요. 그는 그 일이 예수님께서 자기에게 행하신 일로 믿었어요. 그랬을 때 예수님을 그리스도로 믿는 믿음도 생깁니다. 요즘 우리 부모님 중에 연세가 있다 보니 각종 질병에 시달리는 분들이 늘고 있어요. 어떤 분들은 아들 며느리가 예수님을 믿으라고 말해도 듣지 않았어요. 하지만 투병 중에 예수님께서 하신 일에 관심을 두고 믿을 수 있어요. 병을 고치는 것도 중요하지만 그 병을 통해서 예수님을 믿는 것은 더욱 중요합니다. 그러므로 우리는 이 사실을 증언하는 일에 힘써야 합니다. 사람에 따라서 예수님의 인격을 먼저 믿고 사역을 나중에 믿기도 하고, 사역을 먼저 믿고 인격을 나중에 믿기도 해요. 중요한 것은 그 순서가 아니라 그 내용입니다. 예수님께서 "그 일은 믿으라."라고 말씀하시는 것도 결국은 '예수님을 하나님으로 믿으라.'라는 말입니다.

왜 이렇게 믿음을 강조하실까요? 믿으면 그 삶이 달라지기 때문입니다. 개인적으로 영생을 얻을 뿐만 아니라, 절망하는 세상을 향하여 희망을 전파하는 목자로 살 수 있기 때문입니다. 세상은 '정의'와 '희망'을 말하지만 손에 잡히질 않는 경우가 많아요. TV 프로그램 중에 '동행'이 있어요. 대한민국 최하위 1%의 사람들이 환경을 이기고 꿋꿋하게 살아가려는 모습에서 삶의 희망을 보여주는 '인간승리 이야기'입니다. 그들은 대부분 가난하고, 감당하지 못할 병이 있거나, 수발하기 어려운 가족이 있습니다. 그 처지가 얼마나 딱한지 몰라요. 그들을 보고 있노라면 우리의 마음이 일그러지고 찌듭니다. 때로는 슬프고, 때로는 분노로, 때로는 희망과 용기로 희비를 느낍니다. 그들에게 희망이 있을까요? '동행'이라는 말은 '함께 길을 가는 것'이라는 말입니다. '동행'이란 말은 '더불어 사는 것'을 의미해요. 그 프로그램은 상대적으로 그들보다 나은 사람들이 그들과 동행하자는 메시지를 전합니다.

그런데 우리의 현실은 어떠합니까? 청문회를 통해서 보니 '공정한 삶 (fair play)'으로 지난 세월을 살아온 사람이 별로 많지 않음이 드러났어요. 우리 사회는 'fair play'만으로는 성공하기 어려웠다는 것을 증명한 겁니다. 이런 현실을 극복하고자 대통령은 '공정한 사회'를 강조했어요. 그런데 대통령이 갑자기 'fair play'를 내걸다 보니 그 구호가 '부메랑'이 되어 되돌아옵니다. 어떤 장관의 딸이 '특채'에 단독으로 합격했는데, 딸도 아버지도 다 그만두는 일이 생겼어요. 많은 사람이 정치에 희망을 품지만 정치로 세상을 바꿀 수 없어요. 교회가 희망일 수밖에 없는 이유가 여기에 있어요. 교회는 절망의 늪에 핀 희망의 꽃이 될 수 있어요. 어두운 세상에 희망의 빛을 비추는 등불이 될 수 있습니다. 하나님이신 예수님을 믿는 믿음의 사람들이 있고, 그들과 함께 하시는 예수님이 계시기 때문입니다.

이런 기사가 있군요. "남한에서는 쌀이 썩고 북한에서는 사람이 썩는다." 우리는 쌀이 남아돌고, 그것을 보관할 창고가 없어요. 먹지 못하고 쌓아두는 쌀이 무려 250만 톤이나 되는데, 거기엔 5년 전에 생산된 쌀도 있어요. 그것을 보관하는 데만 막대한 비용이 듭니다. 일부에서는 "쌀을 북한에 보내면 고위층과 군인들이 가져가서 '전투식량'이 되기 때문에 안 된다."라고 목소리를 높입니다. 그럴 수도 있을 겁니다. 하지만 그들이 먹고 배가 부르면 서민들에게도 주지 않을까요? 그들이 배가 고프면 서민들은 죽어갑니다. 그래서 그런 문제점이 있을지라도 보내야 하지 않을까요? 물론 저쪽에서도 자존심을 내걸고 잘 받지 않으려는 것도 문제입니다. 어쨌든 현재 북한의 식량 상황은 더 어렵다고 해요.

이번 여름에 북한 중요 지역이 홍수로 큰 피해를 받았어요. 우리 공동체에서는 다음 주일 헌금을 북한 돕기에 보내려고 해요. 여러분이 한마음으로 동행할 줄 믿고요. 우리 정부도 북한 당국도 교회 차원에서 보내는 것은 막지 않고 잘 받아요. 이런 점에서 교회가 희망입니다. 그 희망을 실천할 수 있는 사람이 바로 예수님을 믿는 사람입니다.

그러면 예수님께서 하신 일이 없으면 믿을 수 없는 겁니까? 41-42절을 읽읍시다. "많은 사람이 왔다가 말하되 요한은 아무 표적도 행하지 아니하였으나 요한이 이 사람을 가리켜 말한 것은 다 참이라 하더라." 많은 사람이 예수님을 믿었는데, 표적을 보고 믿은 것이 아닙니다. 요한의 메시지를 통해서 믿었습니다. 예수님께서 하신 일을 보고 믿는 것도 좋습니다. 하지만 말씀을 통해서 예수님을 믿는 것은 더 좋습니다. 예수님께서 하신 일만 보고 믿게 되면 계속해서 일만 찾게 됩니다. 일은 '약발'이 오래가질 못해요. 그러다 보면 자칫 믿음이 멈춰버리거나 후퇴할 수 있어요. 예수님의 양은 말씀 공부만으로도 예수님을 믿고도 남습니다.

그런데도 예수님이 잘 믿어지지 않으면 어떻게 해야 하나요? 포기하지 말고 예수님께서 하신 그 일은 믿어야 합니다. 그러면 예수님을 믿을 수 있고, 영생을 얻습니다. 희망의 메시지를 전하는 목자로 살 수 있습니다.

제22강
부활과 생명

◇ 본문 요한복음 11:1-27
◇ 요절 요한복음 11:25
◇ 찬송 171장, 267장

어떤 사람이 천국에 대해서 빈정거리며 말합니다. "천국은 너무 공허하고 재미없고 쓸모없는 곳이다. 그래서 해변에서의 하루를 묘사하려는 사람은 많지만, 천국에서의 일생을 묘사하려는 사람은 아무도 없을 것이다." 이런 말은 죽음은 물론이고 부활과 생명에 대한 오해에서 비롯된 겁니다. 예수님께서 가르치시는 부활과 생명의 신비가 어떠합니까?

베다니라는 마을에 오빠 나사로, 여동생들인 마리아와 마르다가 살았어요. 마리아는 주님께 향유를 붓고 머리카락으로 주님의 발을 씻어 주었던 바로 그 여인입니다(1-2). 그들 삼 남매는 일찍 부모를 잃고 오빠가 '청년 가장'이 되어 험한 세상을 살았을 겁니다. 그들은 예수님 때문에 삐뚤어지지 않고 아름답게 컸습니다.

그러던 어느 날 '청년 가장' 나사로가 병들었습니다. 처음에는 몸살인 줄 알았는데, 점점 심해졌습니다. 어린 자매들은 오빠를 잃어버릴 것 같아 겁이 덜컥 났습니다. 하지만 그 순간 소망의 빛이 비쳤습니다. 예수님이십니다. 그들은 예수님께 사람을 보내 이 소식을 급히 알립니다(3). 그들은 예수님을 사랑했습니다. 예수님도 그들을 사랑했습니다. 그들은 이 예수님께서 한숨에 달려와 오빠를 치료해 주실 것을 믿어 의심하지 않았습니다.

이 소식을 들으신 예수님은 무엇이라고 말씀하십니까? 4절을 봅시다. "예수께서 들으시고 이르시되 이 병은 죽을병이 아니라 하나님의 영광을 위함이요 하나님의 아들이 이로 말미암아 영광을 받게 하려 함이라 하시더라." '예수님이 영광을 얻는다.'라는 말은 무슨 뜻입니까? 예수님께서 사람들 속에 하나님으로서 계시하신 것을 말합니다. 예수님은 돌 항아리의 물을 포도주로 바꾸심으로써 이미 하나님이심을 계시하셨습니다. 시각장애인의 눈을 뜨게 하셔서 하나님이심을 나타내셨습니다. 이제는 병든 나사로를 통해서도 하나님이심을 드러내고자 하십니다.

물론 나사로는 실제로 죽습니다. 하지만 그는 죽음으로 끝나지 않습니다. 예수님께서 그렇게 만드실 것이기 때문입니다. 그러므로 예수님은 죽어간다는 소식을 듣고도 죽을병이 아니라고 말씀하신 겁니다. 예수님은 죽은 나사로를 다시 살리심으로써 하나님이심을 계시하시기 때문입니다. 그러므로 우리는 어떤 절망적인 일 앞에서도 호들갑을 떨고 숨넘어가는 소리를 하기보다는 믿음을 가져야 합니다. 예수님 안에서는 어떤 심각한 문제도 그 영광을 드러낼 수 있는 도구이기 때문입니다.

예수님은 그 영광을 어떻게 드러내십니까? 5절을 보십시오. "예수께서 본래 마르다와 그 동생과 나사로를 사랑하시더니." 자매들이 예수님의 사랑에 호소한 것은 잘한 일입니다. 왜냐하면 예수님도 그들을 사랑하시기 때문입니다. 그들을 사랑하신 예수님은 모든 일정을 취소하고 즉시 달려가십니까? 놀랍게도 예수님은 지금 계신 곳에서 이틀을 더 지내십니다 (6). 예수님께서 즉시 달려가지 않으신 것은 사랑이 식은 것으로 오해할 수 있어요. 우리의 상식에 의하면, 사랑은 만사 제쳐놓고 가장 먼저 베풀어지는 행위이기 때문입니다. 예수님의 사랑 표현은 이런 상식을 파괴합니다. 예수님께서 빨리 가시기는커녕 일부러 늦게 가시는 것을 사랑이라고 강조합니다.

이처럼 삶의 현장에서 우리의 사랑과 예수님의 사랑이 자주 긴장 관계를 이룰 때가 있습니다. 보통 사람들은 자기의 사랑을 주장하고 예수님의 사랑을 부정합니다. 그러면 예수님의 사랑을 체험하지 못합니다. 감정적이고 자기중심적인, 동시에 좁고 편협한 사람의 사랑에 갇히고 맙니다. 우리의 사랑을 부인하고 예수님의 사랑의 세계로 빠져봅시다.

예수님께서 그 사랑을 어떻게 행동으로 옮기십니까? 7절입니다. "그 후에 제자들에게 이르시되 유대로 다시 가자 하시니." 하지만 제자들은 볼멘소리합니다. "조금 전에 유대인들이 주님을 돌로 쳐 죽이려고 하였는데, 다시 그곳으로 가려고 하십니까"(8)? 제자들은 머리나 얼굴에 돌 맞는 것을 두려워합니다. 돌에 맞아 죽을 것을 두려워합니다. 죽음은 두려움을 심습니다. 절망을 심습니다. 죽음이 두려운 것은 그 마음에 빛이 없기 때문입니다.

그 마음에 빛이 없다는 말은 빛이 존재하지 않는다는 말이 아니라, 빛을 영접하지 않았다는 뜻입니다. 빛은 예수님이십니다. 그들은 예수님 곁에 있으면서도 빛이신 예수님을 영접하지 않았습니다. 그래서 어둡습니다. 죽음의 지배를 받고 있습니다. 하지만 빛이신 예수님을 영접하면 돌멩이를 두려워하지 않습니다(9-10). 죽음이 두렵지 않습니다. 빛이신 예수님 안에서의 죽음은 전혀 다른 개념이기 때문입니다.

예수님은 죽음을 어떻게 보십니까? 11절을 읽읍시다. "이 말씀을 하신 후에 또 이르시되 우리 친구 나사로가 잠들었도다 그러나 내가 깨우러 가노라." 예수님은 나사로가 잠들었기 때문에 깨우러 가신다는 겁니다. 제자들은 잠들었으면 나을 것이니 가지 말자는 겁니다. 그들은 잠을 말 그대로 잠으로 생각했어요. 하지만 예수님은 나사로가 죽은 것에 대해서 말씀하신 겁니다. 나사로는 이미 죽었습니다(12-14).

그런데 예수님은 죽음을 왜 잠이라고 말씀하신 겁니까? 잠은 끝이 아닙니다. 다시 깨어나기 때문입니다. 보통의 사람들은 밤에 잠자리에 들 때 평온합니다. 잠을 잘 때 두려워하지 않아요. 왜냐하면 내일 아침에 반드시 깨어날 것을 믿기 때문입니다. 이처럼 예수님 안에서의 죽음도 끝이 아닙니다. 다시 깨어나기 때문입니다.

그러나 제자들은 아직 이 믿음이 없습니다. 디두모라는 별명을 가진 도마의 비장함이 이를 대변합니다. "우리도 주님과 함께 죽으러 가자"(16). 도마는 '도마 위에 오른 생선'처럼 비장합니다. 죽음이 잠이라는 믿음이 없으면 죽음 앞에서 비장할 수밖에 없습니다. 죽음과 죽음이 주는 권세에 시달릴 수밖에 없습니다.

나사로 집의 분위기는 어떠합니까? 나사로는 이미 죽어 무덤 속에 있은 지 나흘이나 되었습니다. 많은 유대인이 오빠를 잃은 두 자매를 위로하러 왔습니다(17-19). "오빠는 좋은 곳으로 갔을 거야. 힘내, 우리가 있잖아, 그리고 예수님이 계시잖아." 그때 예수님도 오셨습니다(20).

마르다는 예수님을 보자마자 안타깝게 말합니다. "주님께서 여기 계셨더라면 오빠가 죽지 않았을 것입니다"(21). 그녀는 예수님이 너무 늦게 오신 것이 너무 야속했습니다. 예수님께서 자신들을 좀 더 사랑했다면 오빠를 이렇게 보내서는 안 된다는 겁니다. 오빠의 죽음은 예수님께서 자신들을 사랑하지 않는다는 증거라고 오해한 겁니다. 그러나 그녀는 그런 중에도 한줄기 소망의 빛을 붙잡습니다. "지금이라도 주님께서 하나님께 구하시는 것은 무엇이든지 하나님께서 주실 것을 알고 있습니다"(22). 그녀는 지금이라도 예수님께서 나사로를 살리실 것을 믿은 것일까요? 아니면 그냥 막연하게 한 말일까요?

예수님은 그녀에게 무엇이라고 말씀하십니까? "네 오빠가 다시 살아날 것이다"(23). 이 말씀에 대한 마르다의 대답은 무엇입니까? 24절입니다. "마르다가 이르되 마지막 날 부활 때에는 다시 살아날 줄을 내가 아나이다." 당시 사두개인들은 부활을 부인했지만, 바리새인은 부활을 믿었습니다. 마르다도 부활을 믿었습니다. 그녀는 예수님께서 왕의 신하의 아들을 살리셨던 사건을 기억했을 것입니다(4:53). 하지만 그녀는 주님께서 지금 이 자리에서 오빠를 살릴 것을 기대하지 않았습니다. 다만 먼 미래에, 그 언젠가는 살아나게 하실 것을 안 겁니다. 그녀는 부활을 현재적인 의미보다는 미래적인 의미로만 받아들였습니다.

현재적 부활 신앙과 미래적 부활 신앙의 차이는 무엇입니까? 미래적 부활 신앙은 현재의 삶에 절대적 영향을 끼치지 못합니다. 부활을 인정하지 않는 사람의 삶과 별로 다를 것이 없습니다. 죽음은 미래에 일어날 일이지만 현재적인 것입니다. 왜냐하면 죽음은 지금 이곳에서 막강하게 영향력을 발휘하기 때문입니다. 이 실존적 죽음 권세 앞에서 막연한 미래적 부활은 힘을 쓰지 못합니다. 지금 이곳에서 힘을 쓸 수 있는 그런 부활 신앙이 필요합니다.

예수님은 이런 그녀에게 어떤 믿음을 심습니까? 25절을 읽읍시다. "예수께서 이르시되 나는 부활이요 생명이니 나를 믿는 자는 죽어도 살겠고." '나는'이란 구약의 여호와 하나님을 계시하실 때 사용한 표현입니다. 예수님은 하나님이십니다. 예수님은 천지를 창조하시고 아브라함을 부르시고 이스라엘을 제사장 나라, 거룩한 백성으로 삼으신 여호와 하나님이십니다.

그 예수님은 지금 부활이요 생명이십니다. '부활'은 '영적으로 죽은 자가 성령님의 거듭남으로 말미암아 살아나는 영적인 부활과 마지막 날에 있을 육적인 부활'을 말합니다. '생명'은 '영적으로 살아난 사람이 예수님을 믿을 때 받는 영생과 마지막 날 육체의 부활로 받을 영원한 생명'을 말합니다. 부활을 생명보다 먼저 말씀한 것은 죽음에서 생명으로 회복되는 과정이 생명을 갖게 되는 상태보다 선행하기 때문입니다. 먼저 죽음에서 살아나지 않고는 생명을 소유할 수가 없습니다.

이 부활과 생명을 누가 체험합니까? 25-26절을 다시 읽읍시다. "예수께서 이르시되 나는 부활이요 생명이니 나를 믿는 자는 죽어도 살겠고, 무릇 살아서 나를 믿는 자는 영원히 죽지 아니하리니 이것을 네가 믿느냐." 나사로처럼 이미 죽었을지라도 예수님을 믿는 자는 다시 살아납니다. 예수님을 이미 믿은 자들은, 비록 육체적인 죽임을 당하더라도 다시 육체적으로 살아납니다. 또 살아서 예수님을 믿는 자는 영원히 죽지 않습니다. 즉 오늘 우리처럼 육신의 생명이 있을 때 예수님을 믿는 자는 육체적으로는 죽지만 천국에서 살게 됩니다. 그리고 장차 육체적인 부활로 살아나게 됩니다.

여기서 중요한 것은 '나를 믿는 자'입니다. 예수님을 '믿는 자'는 죽어도 살겠고, 살아서 예수님을 '믿는 자'는 영원히 죽지 않습니다. 부활과 생명은 오직 예수님 그분을 믿는 자에게만 임합니다. 다른 방법으로는 그 생명을 얻을 길이 없습니다. 이 생명은 오직 예수님을 믿는 사람들에게만 주어집니다. 그리고 이 부활과 생명은 미래 시점에서 기대되는 것이 아니라 현재 시점에서 얻어집니다. 마르다는 두 가지 생명에 대해서만 알고 있었습니다. 즉 이 땅에서의 육체적인 생명과 미래의 부활 때 경험하게 될 미래의 생명입니다. 현재가 없는 미래는 공허할 뿐이고 막연할 뿐입니다. 현재가 없는 미래적 생명은 추상적이고 막연한 개념으로 전락할 수 있습니다.

이 사실이 오늘 우리에게 주는 의미는 무엇입니까? 17세기경부터 르네상스의 인본주의와 자연주의 세계관의 영향으로 세계를 하나의 거대한 기계로 보는 '이신론(deism)'이 대두되었습니다. 그 영향을 받은 사람들은 부활과 생명이신 예수님이 오늘 우리의 삶 속에서 어떤 영향도 끼치지 않는 것으로 생각합니다. 그러나 예수님이 주시는 부활과 생명은 '지금 여기

(now and here)', 즉 현재 우리의 삶의 현장에 임합니다. 예수님의 부활과 생명이 소중한 것은 '지금 여기'에서 주시는 선물이기 때문입니다. 부활과 생명은 현재적인 것이면서 미래에 완성되는 겁니다.

성경에서 죽음은 죄의 형벌이라고 선언합니다. 죽음은 보편적인 사실이며 우리의 모든 꿈과 목적을 제약하는 최종적인 영역입니다. 모든 사람은 감각을 마비시키는 죽음의 충격과 그것이 드리우는 긴 그림자를 경험합니다. 그것이 곧 인생입니다. 그러므로 지금 부활 믿음을 가지면 지금 여기에서 삶이 달라집니다. 부활은 현재와 미래에 모두 생생한 실체입니다.

올챙이와 개구리의 가장 큰 차이를 아십니까? 올챙이는 물속에서만 삽니다. 사실 "우물 안 개구리"란 말은 잘못된 말입니다. "우물 안 올챙이"라고 해야 합니다. 왜냐하면 개구리는 우물에서도 살고 우물 밖에서도 사는 양면성이 있기 때문입니다. 그래서 양서류라고 부릅니다. '양서류(兩棲類, Amphibia)'는 '새끼 때는 민물 속에서 아가미로 호흡하고, 자라면 폐가 생겨 뭍에서도 살 수 있는 동물'입니다. 우리 믿음의 사람들은 양서류와 같은 삶의 모습을 가져야 합니다. 세상에서도 살고 하나님 나라에서 살 수 있는 것, 세상에 속해 있으나 세상에 속하지 않은 것, 그리스도인의 독특한 정체성입니다. 열려 있는 신앙으로 세상을 품고 변화시킬 수 있는 자신 있는 그리스도인이야말로 이 시대에 바른 성도들입니다. 그 비결은 오늘 부활과 생명이신 예수님을 믿는 데 있습니다.

우리가 부활이요 생명이신 예수님을 믿으면 우리 속에 있는 무기력을 이기고 두려움을 이기게 됩니다. 역동적인 삶을 살며 생명 사역을 창조할 수 있습니다. 부활 믿음은 구체적인 삶에서부터 시작됩니다. 바울은 종교 혼합주의와 그로 인한 세속주의가 기승을 부릴 때 전도에 힘썼습니다. 그 힘과 비결을 이렇게 말합니다. "나는 날마다 죽노라"(고전 15:31). 이론이 아닌 실존적 부활 신앙이 그 힘이었습니다. 우리가 이 믿음을 가지면 "나는 날마다 죽노라."라고 외친 바울의 삶의 자취를 따라갈 수 있습니다. 전도에 헌신할 수 있습니다. 부활 믿음의 꽃은 전도라고 믿습니다.

마르다는 어떻게 고백합니까? 27절을 봅시다. "이르되 주여 그러하외다 주는 그리스도시요 세상에 오시는 하나님의 아들이신 줄 내가 믿나이다." 이 고백은 베드로의 고백에 상응합니다. "당신은 그리스도시오 살아 계신 하나님의 아들입니다"(마 16:13). 동시에 우리가 도달해야 할 이상적인 고백입니다.

예수님은 누구십니까? 부활과 생명이십니다. 이 예수님을 믿으면 오늘 삶의 현장에서 부활과 생명을 체험합니다. 어떠한 절망적인 문제 앞에서도 소망을 갖게 됩니다. 역동적인 삶을 살게 됩니다. 이 믿음으로 전도에 힘쓰며 예수님의 열두 제자양성을 이루는 일에 헌신할 수 있기를 기도합니다.

제23강
네가 믿으면

◇ 본문 요한복음 11:28-57
◇ 요절 요한복음 11:40
◇ 찬송 540장, 542장

교회에서 가장 많이, 가장 중요하게 사용하는 단어 중 하나를 들라면 '믿어라.'라는 말입니다. 이 말을 들을 때 어떤 생각이 듭니까? 예수님께서 가르치시는 '믿어라.'라는 말은 무슨 뜻입니까?

예수님은 부활과 생명의 근원이십니다. 마르다는 이 예수님을 믿었습니다. 하지만 그 자매 마리아는 아직 믿지 못합니다. 예수님이 늦게 오신 것이 못내 아쉬울 뿐입니다. 그녀의 눈에서는 눈물만 흐릅니다. 그녀를 위로하는 사람들의 눈에서도 눈물만 흐릅니다(28-32). 죽음은 두려움과 절망뿐만 아니라 슬픔도 남깁니다.

'천안함 희생자'들에 대한 보상금이 '억대'가 된다는군요. 그러다 보니 "가신 분은 안 됐지만 가족은 대박이 터졌다."라는 불미스러운 말도 있어요. 이런 말을 들은 '고 한 준위' 딸이 말합니다. "아버지 없는 추석을 지낼 생각을 하니 몸서리가 쳐지네요." "사랑하는 사람이 죽고 없는데 억만금을 받으면 무슨 소용인가요?" 죽음 때문에 겪는 슬픔은 돈으로도 해결할 수 없어요. 예수님은 마리아가 우는 것과 또 함께 온 유대인들이 우는 것을 보시고 심령에 비통히 여기시고 불쌍히 여기십니다(33). 예수님은 슬픔에 빠진 마리아보다도 그녀를 슬프게 한 죽음 때문에 마음 아파하십니다.

예수님은 그 죽음을 없애기 위해서 무덤으로 가십니다. 가시는 길에 예수님은 우십니다. 왜냐하면 죽음 앞에서 슬퍼하는 그들의 마음을 아시기 때문입니다. 하지만 어떤 사람은, 예수님께서 시각장애인의 눈은 뜨게 해놓고 사랑하는 나사로를 죽게 만든 것이 아쉬워 우는 것으로 생각합니다. 예수님은 그들의 모습을 보면서 다시 속으로 비통하게 여기십니다. 죽음의 상징인 무덤은 동굴이고, 그 어귀는 돌로 막아 놓았습니다(34-38). 아무리 오랫동안 함께 살았던 사람일지라도 죽으면 그 세계를 넘을 수 없습니다. 죽은 사람과 산 사람은 모든 것이 단절된 상태로 살아야 합니다. 그래서 슬픕니다.

하지만 예수님은 어떻게 하십니까? 39절입니다. "예수께서 이르시되 돌을 옮겨 놓으라 하시니 그 죽은 자의 누이 마르다가 이르되 주여 죽은 지가 나흘이 되었으매 벌써 냄새가 나나이다." 예수님은 삶과 죽음의 세계를 막고 있는 돌문을 열라고 말씀하십니다. 예수님은 삶과 죽음의 세계의 단절을 없애고자 하십니다. 예수님은 죽음을 정복하고 생명 사역을 이루고자 하십니다. 하지만 마르다는 강하게 저항합니다. 그녀는 부활과 생명이신 예수님을 믿는다고 고백했어요(27).

그랬던 그녀가 왜 반대할까요? 죽은 지가 나흘이 되어 냄새가 나기 때문입니다. 아무리 부활과 생명이신 예수님일지라도 이런 상황에서는 삶과 죽음의 세계를 이을 수 없다고 생각한 겁니다. 부패한 시신에 생명을 불어넣는 일은 하나님 외에는 할 수 없기 때문입니다. 그녀의 주장은 인류 역사에서 다수파들이 주장했던 것을 대변하는 겁니다.

하지만 예수님은 그녀에게 어떤 방향을 주십니까? 40절을 읽읍시다. "예수께서 이르시되 내 말이 네가 믿으면 하나님의 영광을 보리라 하지 아니하였느냐 하시니." 예수님은 저항하는 그녀에게 예수님의 말씀을 믿도록 도우십니다. 자기 생각이나 상황보다도 예수님의 말씀을 믿기를 원하십니다. 그러면 하나님의 영광을 볼 수 있습니다. 하나님의 살아 계심과 능력, 그리고 사랑을 체험하게 됩니다. 하나님의 영광이 나타나는 것은 자기 생각이나 상황에 근거하지 않습니다. 말씀을 믿는 믿음에 근거합니다. 따라서 하나님의 영광을 체험하려면 현실이 아닌 말씀을 믿어야 합니다.

그런데도 보통 사람들은, 믿음도 어느 정도 꼬투리가 있어야 가질 수 있다고 생각해요. 실제로 전혀 근거가 없으면 믿음을 갖기가 쉽지 않아요. 현실이 기가 막히면 믿음이 눌려버립니다. 하지만 믿음이란 현실을 보는 것이 아니라, 예수님을 보는 것이고, 예수님의 말씀을 믿는 겁니다. 따라서 '믿어라'라는 말은 '현실과 예수님의 말씀 사이에서 치열하게 싸우라.'라는 겁니다. 아니 '그 싸움에서 이기라.'라는 말입니다. 그 싸움에서 얼마나 잘 이기느냐에 따라서 교회의 건강과 신자의 품격이 결정됩니다.

이 말씀이 오늘 우리에게 주는 의미는 무엇입니까? 첫째로, 예수님의 말씀을 믿으면 영생을 얻습니다. 대학생들은 이번 추석 명절에 9일이나 쉽니다. 반면 명절에도 꼼짝없이 일해야 하는 주부들은, 시댁에 더 길게 머물러야 하고, 뒷설거지가 더 늘어나기 때문에 차라리 짧은 연휴를 더 바란다는군요. "이번엔 연휴가 기니 며칠 푹 쉬고 가라."라는 시어머니 전화를 받으면 끙끙 앓는 주부들이 많대요. 주부들에게 '긴 명절'은 '긴 노동'과 같다는 말입니다.

그런데도 많은 사람이 고향으로 이동합니다. 명절에는 살아 계신 분들을 만나기도 하지만 돌아가신 분들을 추억하는 일이 더 중요해요. 그 추억을 통해서 우리의 삶이 이 세상으로 끝나지 않음을 인식해요. 죽은 후에 또 다른 세계가 있음도 깨닫습니다. 그리고 이 세상에서 어떻게 사느냐에 따라서 다가올 세상에서의 삶이 결정된다고 생각합니다. 할 수만 있으면

이 세상에서 정직하게 살고자 하고, 남에게 피해를 주지 않고자 해요.

그래서인지 일반인들은 물론이고 정치인들에게까지 도덕성을 강하게 요구합니다. 그 시대가 기준으로 제시하는 도덕성에 맞추어 살면 그 사람은 죽어서도 좋은 곳으로 간다고 생각해요. 이것이 '세상의 스토리'입니다. 하지만 '하나님의 스토리'는 달라요. 즉 누구든지 예수님을 믿어야만 좋은 곳으로 갑니다. 사람들이 요구하는 도덕성도 실은 예수님을 믿는 믿음에서 나옵니다. 성경에서 가르치는 '하나님의 스토리'에서는 누구든지, 자기가 잘났다고 생각하는 사람이나 못났다고 생각하는 사람이나 다 예수님을 믿음으로만 영생을 얻습니다.

둘째로, 예수님의 말씀을 믿으면 별 볼 일 없는 사람도 생명 사역에 쓰임 받습니다. '세상의 스토리'에서는 '쥐뿔'도 없으면서 희망만 말하면 '허파에 바람 들어간 사람'으로 오해를 받습니다. 왜냐하면 '세상의 스토리'에서는 뭔가를 하려면 반드시 현실이 있어야 하기 때문입니다. 일부 대학 수시 전형에서는 부모의 최종학력을 기록하라고 했는데, '자녀 합격 여부를 부모의 학력으로 결정하는가?'라며 야단입니다. '하나님의 스토리'는 이런 세상과는 다릅니다. 하나님의 생명 사역에는 부모가 가난해도, 학력이 약해도 믿음만 있으면 쓰임 받습니다. 현실보다도 믿음이 중요합니다. 그렇다고 해서 현실을 의식하지 않는 것은 아닙니다. 다만 현실에 지배당하지 않을 뿐입니다. 현실보다는 예수님의 말씀을 더 믿는 겁니다.

빵을 통해 인생과 성공의 의미를 반추하게 한 인기 드라마 '제빵왕 김탁구'에서 새롭게 부각하는 인물은 주인공이 아닌 '팔봉 선생'이래요. 왜냐하면 별 볼 일 없는 탁구가 자기를 이기고 환경을 이길 수 있었던 데는 '팔봉 선생'의 지도력이 있었기 때문입니다. 어떤 사람이 그 리더십의 비밀을 이렇게 풀더군요. "우선 그는 '찬란한 실패'를 통해 부하와 조직을 키워냈다. 그는 자신의 수제자를 가리기 위한 제빵 경합에서 '이스트 없이 빵을 만들라.'라는 말도 안 되는 과제를 던진다. 탁구의 라이벌인 구마준은 빵 반죽에 이스트를 첨가한 전분을 넣는 편법을 동원해 문제를 해결한다. 반면 탁구는 젖산균과 청국장 등 온갖 재료를 시도한 끝에 '이스트 없이는 제대로 된 빵을 만들지 못하겠다.'라며 스스로 실패를 인정한다. 하지만 그 과정에서 얻은 다양한 제빵 기술의 가능성을 팔봉 선생에게 자랑스럽게 이야기한다. 팔봉 선생은 편법을 통한 성공보다 다양한 실패를 통해 역량을 축적한 탁구의 손을 들어줬다."

'트위터(Twitter)' 공동 창업자 비즈 스톤(Biz Stone)은 "극적으로 성공하고 싶으면 찬란하게 실패할 준비가 되어 있어야 한다."라고 말했다는 군요. 하지만 현실에선 리더의 말과 실제가 따로 노는 경우가 많아요. 그래서 현장의 부하들은 실패를 두려워합니다. 아니, 실패로 인한 리더의 질책을 두려워합니다. 그런데 '팔봉 선생'은 부하에게 '찬란한 실패'를 장려하고, 실제로 그의 말을 믿도록 리더십을 발휘했어요. 탁구는 현실 앞에서 좌절할 때마다 스승의 말을 기억하고 다시 일어섭니다. 물론 이런 모습은 드라마에서나 가능한 일입니다. 하지만 예수님 안에서 이런 일은 현실입니다.

우리는 특정 종교를 유일한 진리로 받아들이지 않고 다양한 종교를 인정하는 종교다원주의 시대에서 살고 있어요. 이런 시대 분위기에서 교회조차도 말씀으로 승부를 걸기보다는 교회 건물이나 교회의 수로 우월성을 말하려고 해요. 주일설교는 '소비자 중심주의'에 입각하여 사람들의 흥밋거리들을 쏟아내기도 해요. 이런 세상에서 "예수님의 말씀을 믿어야 한다."라고 말하면 시대에 뒤떨어진 '보수 꼴통'으로 놀림을 받기도 해요. 그래서 말씀을 믿기 보다는 현실을 믿는 경우가 많아요.

그런데 그런 삶은 믿음의 삶이 아닌 세상 풍조를 따르는 삶입니다. 하지만 우리는 이런 세상에서 말씀을 믿고 '다음 세대'를 위한 캠퍼스 계승자를 세우는 희망을 품고 있습니다. 약 2년 전 한 형제가 공익근무를 시작하면서 문자로 연락했어요. "공익근무가 끝날 때까지 오지 않고 끝나면 오겠다." 일방적인 소식 앞에서 많이 슬퍼했어요. 이렇게 말한 사람치고 다시 온 사람이 없었기 때문입니다. 하지만 그는 약속을 지켰어요.

지난주에 한 형제가 휴가를 나왔는데, 속초산 오징어를 선물로 사서 왔어요. 복귀하면서는 "다음 휴가 때는 주일에 맞춰서 오겠다."라고 인사했어요. '예비역'들의 이런 모습은 지난날의 수고가 헛되지 않음을 보여주는 겁니다. 동시에 지금의 수고에 대한 확신을 줍니다. 우리의 현실을 얼핏 보면 슬플 수 있어요. 하지만 예수님의 말씀을 믿으면 하나님의 살아 계심과 능력과 사랑이 나타나고 있음이 보입니다. 우리의 희망은 우리 자신이나 현실이 아닌 예수님의 말씀을 믿는 믿음에 있습니다.

교회는 세상과 같은 길을 걷지 않고 다른 길을 걸으며 대안을 제시합니다. '세상과 대조된다'는 뜻에서 '대조 공동체(contrast community)', '대안을 제시해야 한다'는 뜻에서 '대안 공동체(alternative community)'라고 말해요. 믿음의 사람들은 자신의 조건이나 환경보다도 예수님의 말씀을 믿고 삽니다. 더 나아가 세상도 우리처럼 살아야 한다고 대안을 제시합니다. 따라서 우리는 어떤 열악한 조건에서도 슬퍼하지 않고 희망을 향하여 걸어갑니다. '세상 이야기'가 명절을 꽉 잡고 있을지라도 가정 복음화에 대한 희망을 품습니다.

믿음을 요구하시는 예수님 앞에서 사람들은 어떻게 합니까? 돌을 옮겨 놓습니다(41). 그들의 마음이 현실에서 말씀으로 돌아섰어요. 그들은 죽은 사람을 살릴 수는 없지만 그 일이 일어나도록 준비하는 일은 할 수 있습니다. 예수님께서 일하실 수 있도록 준비하는 일은 우리의 몫입니다. 예수님은 우리의 순종을 통해서 일하십니다.

예수님은 큰 소리로 부르십니다. "나사로야 나오라"(43)! 그러자 죽은 자가 통통거리며 나옵니다. 손발은 천으로 감겨 있고 얼굴은 수건으로 싸매어 있습니다. 그는 아직도 죽음에 속한 것들에 묶여 있습니다. 예수님은 그것들을 풀어주어 자유롭게 하십니다(44). 나사로를 죽음의 속박에서 해방하신 예수님은 겟세마네 동산에서 사람들에게 결박당하십니다(18:22). 나사로가 자유를 누린 것은 예수님께서 대신 결박당하시기 때문입니다. 많은 사람이 이 예수님을 믿고 죽음으로부터 자유를 누립니다.

그런데 종교 지도자들은 이 일을 정치적으로 해석합니다. 그들은 예수님을 따르는 사람들 때문에 많은 사람이 다치고, 성전과 땅까지 잃게 될 것을 염려합니다. 대제사장은 유대 민족을 살리기 위해서 예수님을 희생시키려고 합니다. 그는 정치적인 의도에서 말했지만, 그 속에는 예수님의 죽음에 대한 깊은 신학적 의미가 담겨 있습니다(45-52). 예수님은 유대 민족을 살리기 위해서 희생 제물이 되십니다. 온 천하 만민을 살리기 위해서 대신 죽으십니다. 부활이요 생명이신 예수님께서 죽음을 맞이하신 것은 역설 중 역설입니다.

예수님은 왜 유대인 가운데 드러나게 다니지 않습니까? 그날로부터 그들이 예수님을 죽이려고 하기 때문입니다. 그들은 예수님의 죽음의 의미를 모르기 때문입니다. 그러므로 예수님은 빈 들로 가십니다. 한편 유대인은 유월절에 성전에서 어린양을 희생 제물로 드립니다. 그 제물을 통하여 자기 죄를 용서받습니다. 그들은 죄를 용서받기 위해서 성전으로 갔습니다(53-55). 그런데 정작 그들은 예수님을 죽이려는 음모를 꾸미고 있습니다. 그들은 모순된 삶을 살고 있습니다. 예수님을 모르면, 믿지 않으면 이런 모순된 삶을 살 수밖에 없습니다. 종교 지도자들은 예수님을 공개적으로 수배하였습니다. 예수님을 체포하여 죽이는 것이 그들의 목적이었습니다(56-57). 대세는 이미 예수님의 체포와 죽음으로 기울어져 있습니다.

예수님은 왜 죽으셔야 합니까? 그분을 믿는 자에게 부활과 생명을 주기 위해서입니다. 부활과 생명은 그분의 죽음과 부활을 통해서 받습니다. 따라서 예수님께서 가르치시는 "믿어라."라는 말을 믿는 사람이 이런 놀라운 은총을 덧입습니다. 그러므로 우리가 우리의 현실이 어떠하든지 예수님을 믿고 부활과 생명을 누리며 그 사역에 쓰임 받기를 기도합니다.

제24강
어린 나귀를 타시다

◇ 본문 요한복음 12:1-14
◇ 요절 요한복음 12:14
◇ 찬송 214장, 216장

제가 최근에 글씨가 잘 보이지 않아서 돋보기안경을 맞췄어요. 작은 글씨를 크게 해주기 때문에 참 잘 보여요. '렌즈(lens)'는 빛의 직진과 굴절의 성질을 통해 상(像)을 확대하거나 축소합니다. 렌즈는 종류에 따라서 가까이 있는 작은 물체를 크게 보이게도 하고, 멀리 있는 물체를 가깝게 보이게도 합니다. 그뿐만 아니라 렌즈의 색에 따라서 그 사물이 다르게 보이기도 합니다. 따라서 사물을 바르고 정확하게 보기 위해서는 렌즈의 선택이 중요합니다. 우리가 자신과 교회, 그리고 세상을 어떤 렌즈로 봐야 할까요?

유월절 축제를 시작하기 엿새 전에 예수님께서는 나사로가 사는 베다니로 가셨어요. 그곳에서는 예수님을 대접하기 위해 잔치를 열었습니다. 마르다는 시중을 들고 나사로는 손님들 사이에서 '내가 본 천국'에 대해서 말합니다(1-2).

그때 마리아는 무엇을 합니까? 3절을 읽읍시다. "마리아는 지극히 비싼 향유 곧 순전한 나드 한 근을 가져다가 예수의 발에 붓고 자기 머리털로 그의 발을 닦으니 향유 냄새가 집에 가득하더라." 비싼 향유일수록 한두 방울 뿌리는데, 전부 부어버렸어요. 또 머리털은 여인의 자존심을 나타내는데, 그 머리털로 머리가 아닌 발을 닦았어요. 이런 일상을 뛰어넘는 행동 때문에 향유 냄새가 온 집안에 가득합니다.

그녀는 왜 이렇게까지 한 걸까요? 그녀의 렌즈가 변했기 때문입니다. 가치를 매기는 기준이 변한 겁니다. 그동안 그녀는 돈을 소중하게 여겼고, 자존심을 귀하게 여겼습니다. 그런데 그처럼 귀하게 여긴 돈과 자존심이 죽음 앞에서는 아무것도 아니라는 사실을 알았어요. 물론 돈과 자존심이 살아가는 데 필요하고 중요하기는 하지만, 그것들이 생명보다 귀하지는 않았어요. 예전에도 말로는 그렇게 말했어요. 하지만 실제 삶의 현장에서는 그렇게 취급하지 않았어요. 그런데 실제 삶의 현장에서 오빠의 죽음과 부활을 체험하고 나니 절대 가치에 대해서 깨달은 겁니다. 부활과 생명이신 예수님을 삶 속에서 만나고 나니 렌즈가 바뀐 겁니다. 렌즈가 바뀌면 삶이 바뀝니다.

영국에 있는 선교사가 좋은 소식을 알려왔어요. 주일예배 때 유학생들을 처음에는 한두 명을 초청했는데, 최근에는 7-8명을 초청했어요. 예배 볼 때마다 음식을 준비하고, 집까지 태우러 갔다가 데려다주고 4시간을 길에 뿌리며 섬기고 있어요. 추석 전 주일에는 전들과 만두를 빚어서 섬겼고요. 양들이 음식만 좋아하는 것이 아니라, 그 선교사가 전하는 메시지도 좋아한다는군요. 그중 한 명은 메시지가 좋아서 개인적으로 말씀을 한 절한 절 생각하면서 읽기를 시작했대요. 그런데 이런 섬김을 통해서 본인들이 감사하고 있어요. 언제까지 섬길 수 있을지는 모르겠지만 열심히 하려고 하니 기도 부탁한다는군요. 그들의 삶의 '모드'가 이렇게 바뀐 것은 세상을 보는 렌즈가 바뀌었기 때문입니다.

우리는, 보통 때는 우리끼리 시간을 보내기 때문에 세상 물정을 피부로 느끼지 못할 때가 많아요. 하지만 명절이 되어 친지들을 만나면 세상 물정을 피부로 느낍니다. 즉 돈의 위력을 체험하게 됩니다. 세상 흐름과 역행하는 삶을 살고 있다는 생각이 들어요. 이런 우리를 보고 사람들은 안타까운 눈길을 보내기도 해요. 그렇다고 해서 우리가 날 때부터 이런 삶을 산 것은 아닙니다. 우리도 예전에는 세상 사람들처럼 살았는데, 예수님을 만나고 나서 가치 기준이 변한 겁니다. 즉 렌즈가 바뀌다 보니 삶도 바뀐 겁니다.

그런데 이런 삶을 아주 삐딱한 렌즈로 보는 사람도 있어요. 5절입니다. "이 향유를 어찌하여 삼백 데나리온에 팔아 가난한 자들에게 주지 아니하였느냐 하니." 유다는 향유를 예수님께 드리지 말고 가난한 사람을 돕는 일에 써야 한다는 겁니다. 그는 배고픔을 아는 사람, 눈물 젖은 빵을 먹어본 '친 서민주의자(poor friendly)'처럼 보입니다.

그런데 그의 겉과 속이 너무 다릅니다. 그는 제자 공동체에서 돈을 관리하고 있었는데, 돈을 더러 훔쳤어요(6). 이번 명절 시즌에도 돈을 훔쳐서 주식에 투자하려 했나 봅니다. 입으로는 가난한 사람을 말하면서 속으로는 자기 욕심을 채우려고 했어요. 그런 그는 향유를 돈으로만 계산했지 향유를 붓는 마리아의 마음은 계산하지 못했어요. 이런 사람을 다른 말로는 '실용주의자'라고 불러요. 실용주의는 과정보다도 결과만을 인정합니다. 여기서 '1등만을 기억하는 더러운 세상'이라는 말이 나온 겁니다. 따라서 실용주의는 교회와는 함께 할 수 없는 겁니다. 유다는 예수님과 함께 가지 못합니다. 그 렌즈가 다르기 때문입니다.

예수님의 렌즈는 어떠합니까? 7절을 읽읍시다. "예수께서 이르시되 그를 가만 두어 나의 장례할 날을 위하여 그것을 간직하게 하라." 예수님은 마리아의 향유를 당신의 죽음과 연결합니다. 본래 향유를 시신에 발랐어요. 마리아는 부활과 생명이신 주님께 감사의 표시로 향유를 부었는데, 예수님은 그것을 당신의 죽음을 준비하는 행동으로 보십니다. 예수님의 죽음은 한 개인의 죽음이 아닙니다. 그것은 하나님의 구속 사역을 이루는 절정입니다. 그러므로 마리아의 행동은 하나님의 구속 사역을 섬기는 헌신이었습니다. 마리아는 개인적인 차원에서 행동했지만, 주님은 그것을 만민 구속 사역이라는 큰 틀로 받아주십니다.

우리가 주님께 받은 은혜에 감사하여 주님께 드린 작은 헌신을 세상 사람들은 잘못된 일이라고 핀잔을 줄 수 있어요. 하지만 우리 주님은 우리가 생각지도 못한 일을 했다며 칭찬하십니다. 유다의 렌즈와 예수님의 렌즈가 이렇게 다릅니다.

그러면 가난한 자들은 어떻게 됩니까? 8절입니다. "가난한 자들은 항상 너희와 함께 있거니와 나는 항상 있지 아니하리라 하시니라." 유다가 본심은 딴 데 있으면서 말로만 생각했던 가난한 사람을 정말로 돕고자 한다면 언제든지 도울 수 있습니다. 유다도 마음만 먹으면 언제든지 도울 수 있어요. 하지만 예수님은 곧 십자가에서 죽으시기 때문에 시간이 많지 않아요. 가난한 사람 핑계 대고 예수님께 대한 헌신을 미루지 말라는 말입니다. 우리가 사는 날 동안에도 가난한 사람을 도우려면 얼마든지 도울 수 있어요.

하지만 예수님께 헌신하는 것은 때가 있어요. 그때를 놓치면 하고 헌신하고 싶어도 하지 못합니다. 그러니 가난한 사람 핑계 대지 말고 지금 예수님께 헌신해야 합니다. 이 말씀 앞에서 많은 사람이 예수님을 믿었습니다(9-11).

그들은 예수님을 어떤 렌즈로 봅니까? 13절을 읽읍시다. "종려나무 가지를 가지고 맞으러 나가 외치되 호산나 찬송하리로다 주의 이름으로 오시는 이 곧 이스라엘의 왕이시여 하더라." '호산나'라는 말은 '구원하소서.'라는 뜻입니다. 그리고 '주의 이름으로 오시는 이'란 '여호와 하나님께서 약속하신 그분', 즉 정통파라는 뜻입니다. 당시 사람들은 예수님을 여호와 하나님께서 약속하시고 보내신 그분으로 믿고 환영합니다.

다시 말하면 예수님을 이스라엘의 왕이요 온 세상 만민을 구원하실 구원자로 믿고 영접합니다. 그들은 예수님께서 새 나라를 건설하시고, 새 역사를 창조하실 것으로 믿어 의심하지 않았습니다. 그들은 예수님께서 로마의 패권주의를 몰아내고, '경기가 일시 회복했다가 다시 침체에 빠지는 더블 딥(double dip)'도 한 방에 해결하실 것으로 기대했어요. 예수님께는 그럴 힘이 있으시기 때문입니다.

예수님은 그 힘을 어떻게 발휘하십니까? 14절을 읽읍시다. "예수는 한 어린 나귀를 보고 타시니." 왕으로 오신 예수님께서 어린 나귀를 타십니다. 여기에는 어떤 뜻이 있을까요? 구약 성경의 예언을 이루는 겁니다. 구약 성경은 구원자요 왕이 오실 때 나귀 새끼를 타고 오신다고 말씀합니다 (15). 예수님은 나귀 새끼를 타심으로써 여호와께서 약속하신 그분임을 공식적으로 선포하십니다.

그런데 당시 세상의 스토리에 의하면 왕은 말을 탔어요. 주로 흰말을 탔는데, 힘과 위엄을 상징하기 때문이래요. 우리나라에서 만든 승용차 중에서 가장 권위 있는 차로 알려진 '에쿠스(EQUUS)'가 있어요. '에쿠스'는 라틴어로 '개선장군의 말과 하늘의 말(天馬)'이란 뜻이래요. 예수님은 이런 말 대신에 나귀, 그것도 어른도 아닌 새끼를 타셨어요.

'어린 나귀'는 어떤 이미지일까요? 말이 힘과 위엄을 상징한다면 나귀는 겸손과 낮아짐을 상징해요. 경차 '모닝'을 탄 사람에게서는 힘과 위엄 대신에 낮아짐이나 겸손을 볼 수 있지 않을까요? '에쿠스'를 탈 수 있음에도 불구하고 '모닝'을 탄다면 더 그러합니다. 그런데 죽은 자를 살리신 전능하신 예수님께서, 온 세상 만민을 다스리고 구원하시는 왕이신 예수님께서 어린 나귀를 타십니다. 초월적인 힘과 권세를 가지신 예수님께서 스스로를 낮추신 겁니다.

　　요즘이야 기업의 회장이나 대통령까지도 '군림하는 지도자'가 아닌 '섬기는 지도자상'을 추구한다고 말해요. 그럴지라도 자신을 완전히 낮추고 비우는 지도자는 없어요. 예수님은 자신을 낮추실 뿐만 아니라 십자가에서 죽기까지 하십니다. 그러니까 예수님께서 이 땅에서 이루고자 하는 나라는 힘이 아닌 낮아짐으로 이루십니다. 이것은 당시 로마가 세상을 제패했던 것과는 다른 방법입니다. 오늘의 미국이나 중국 등이 노리는 패권주의와도 다른 모습입니다.

　　지난주에 일본과 중국 사이에 외교 마찰이 있었어요. 서로 힘겨루기를 하면서 팽팽한 긴장감이 감돌았어요. 누가 이겼나요? 중국이 이겼어요. 세계 경제 대국 2위인 중국이 힘으로 일본을 눌러버렸어요. 어느새 중국이 새로운 패권주의자로 부각했어요. 세상 나라는 힘으로 패권을 차지하지만 예수님의 나라는 낮아지고 비움으로써 차지합니다. 따라서 예수님을 따르는 사람들은 그 렌즈를 바꿔야 합니다.

　　우리가 세상을 향하여 대안 공동체로 살아가고자 할 때 어떤 마음이 듭니까? 미국 국립기상연구소와 콜로라도대학 연구진들은 "홍해 바다를 가른 '모세의 기적'이 바람의 영향일 뿐이라"고 주장했어요. 그들은, "시속 100km 이상의 강풍이 12시간 이상 지속하면 바닷물 수위를 약 2m 정도로 낮출 수 있다면서 홍해가 갈라진 것은 바닷물의 수위 변화에 따른 일시적 현상일 뿐이라."고 말했어요. 그런데 재미있는 것은, 그들의 연구는 오히려 '홍해의 기적'을 과학적으로 '일어날 수 있는 일'이라고 증명했다는 점입니다. 그 강풍을 누가 일으켰는 지에 대해서는 침묵하는데, 성경은 여호와 하나님께서 일으키셨다고 증언하기 때문이다.

　　그런데도 삶의 현장에서 양을 섬길 때 계속해서 낮아지려고 하면 속이 상하기도 해요. 어떤 때는 힘으로 눌러버리고 싶을 때도 있어요. 내가 가진 것을 다 자랑하고 싶고, 악착같이 돈을 모아서 보란 듯이 살고 싶을 때도 있어요. 부모님에게 복음을 전할 때도 양보를 한다고 했는데도 변화가 없으면 하기가 싫어지기도 해요. 그렇다고 해서 우리가 혈기를 부리고 힘을 쓰면 어떻게 되겠어요?

의식 있는 사람들은 "초대교회로 돌아가자"라고 말해요. 여기서 말하는 '초대교회'란 세상 속에서 낮아지고 비움으로써 하나님의 스토리를 증언하는 대안 공동체로 존재했던 '믿음의 공동체'를 말합니다. 그런데 대안 공동체로 존재했던 교회가 세상의 풍조에 깊이 동화해가고 있어요. 어떤 학자는 이런 교회를 가리켜서 '교회의 온전한 콘스탄틴화(the full Constantiniazation of the church)'라고 불러요. 초대교회가 핍박을 받고 있을 때, 콘스탄티누스 대제(Constantinus, 272-337)가 313년 '밀라노 칙령(Milan Edict)'을 발표했어요. 그는 기독교에 대한 관용을 선포하여 기독교에 대한 박해를 끝내고 사실상 정식 종교로 공인했어요. 그때부터 교회는 세상 권력과 협력하며 잘 나갔어요. 그런데 역기능이 나타났는데, 교회가 가진 능력을 잃어버린 겁니다. 낮아짐과 비움보다는 힘을 앞세웠기 때문입니다. 힘을 앞세우는 것은 교회의 본래 모습이 아니기 때문입니다.

우리는 우리의 교회를 어떤 렌즈로 봐야 할까요? 어떤 사람은 교회를 잘 먹고 잘살 수 있는 공동체로 생각하는 경향이 있어요. 물론 예수님을 믿으면 돈도 벌고 신분도 올라가서 힘을 얻기도 해요. 하지만 이런 모습이 교회의 본래 모습은 아닙니다. 오히려 있어도 없는 것처럼, 높아지기보다는 낮아지는 곳이 교회입니다. 예수님은 어린 나귀를 타고 오셨습니다. 우리가 이 예수님을 영접하여 이 세상에 소금과 빛으로 살 수 있기를 기도합니다.

제25강
한 알의 밀

◇ 본문 요한복음 12:20-50
◇ 요절 요한복음 12:24
◇ 찬송 311장, 317장

　17세 이하 여자 월드컵에서 우승했어요. 이처럼 대단한 일이 어떻게 일어난 겁니까? 물론 그들이 잘해서 그렇다고들 해요. 하지만 몇 사람들이 모든 것을 비우고 헌신했기 때문이라고 말해요. 헌신이 열매를 맺은 겁니다. 자기를 비우면 인정받지만, 뭔가 있는 것처럼 나서면 잃어버릴 수 있어요. 이런 세상 이치는 어디에서 온 겁니까? 세상 이치가 이러할진대 우리는 어떻게 살아야 합니까?

　유대인들은 3대 절기인 유월절, 오순절, 초막절에는 예루살렘 성전으로 와서 예배를 드렸어요. 그들 중에는 헬라인도 몇 명 있었어요. 그들은 예수님을 만나고 싶어 합니다(20-22). 그들은 죽은 나사로를 살리신 부활과 생명이신 그분을 직접 보고 싶었을 겁니다. 어린 나귀를 타시고 사람들 앞에 나타나신 그분을 직접 확인하고 싶었을 겁니다.

　예수님은 무엇이라고 대답하십니까? 23절을 봅시다. "예수께서 대답하여 이르시되 인자가 영광을 얻을 때가 왔도다." '영광을 얻을 때'란 '십자가에서 죽으실 때'를 말해요. 그것이 영광인 것은 하나님의 살아 계심과 그

능력과 사랑을 보여주시기 때문입니다.

예수님은 왜 헬라인을 본 순간 죽음을 말씀하시는 겁니까? 헬라인 몇 명은 그냥 몇 사람이 아닙니다. 그들이 갖는 상징성이 중요합니다. 우리 교회의 대학생도 그 숫자는 많지 않지만, 그들이 갖는 의미는 아주 중요해요. 그들은 '다음 세대'를 위한 믿음의 계승자들이기 때문입니다. 당시 헬라인은 온 세상 만민을 상징했어요. 세상은 예나 지금이나 철학과 신화의 세계관으로 가득 차 있어요. 따라서 그들의 등장은 세계 만민과 연결되고, 구속 사역의 일대 전환점이 시작된 겁니다. 지금까지 구속 사역은 유대인과 이스라엘 중심이었어요. 하지만 이제는 전 세계로 향하게 된 겁니다.

그렇다면 이 순간 예수님은 오히려 이렇게 말해야 하지 않을까요? "나이는 숫자에 불과해. 이제야말로 본격적으로 일할 때야." 그런데 오히려 죽음을 말씀하시는 이유는 무엇입니까? 예수님께서 이 세상에 오신 목적 중 하나는 십자가에서 온 인류를 대신해서 죽으시는 겁니다. 온 세상을 대표하는 헬라인의 등장은 예수님께서 죽으셔야 하는 시점입니다. '박수 칠 때 떠나라'는 말처럼 예수님은 사역의 절정의 순간에서 돌아가십니다.

예수님의 죽음에는 어떤 의미가 있습니까? 24절을 읽읍시다. "내가 진실로 진실로 너희에게 이르노니 한 알의 밀이 땅에 떨어져 죽지 아니하면 한 알 그대로 있고 죽으면 많은 열매를 맺느니라." 한 알의 밀에는 두 가지 길이 있어요. 땅에 떨어져 죽지 않는 길과 죽는 길입니다.

어떤 길이 더 좋을까요? 보통은 죽지 않는 길이라고 생각해요. 그런데 죽지 않으면 한 알 그대로 있고, 죽으면 많은 열매를 맺어요. 그렇다면 죽지 않는 길이 좋은 길이 아니고 죽는 길이 좋은 길입니다. 한 알의 밀이 땅에 떨어져 죽지 않으면 한 알 그대로 있는 것이 아니라, 그 한 알조차도 사라지고 맙니다. 반면 땅에 떨어져 죽으면 최소 30배에서부터 최대 100배의 열매를 맺습니다. 따라서 죽음은 끝이 아니라 많은 열매를 맺는 시작입니다.

이 원리를 예수님의 죽음에는 어떻게 적용할 수 있습니까? 이론적으로는 예수님 앞에도 두 개의 길이 있어요. 십자가에서 죽지 않을 수도 있고, 죽을 수도 있어요. 만약에 예수님께서 십자가에서 죽지 않으시면 그냥 일반적인 죽음으로 끝납니다. 석가나 마호메트의 죽음과 별반 다르지 않아요. 그들은 이 땅에서 위대한 삶을 살았어요. 그런데 그들이 죽을 때는 그냥 보통의 사람처럼 죽었어요. 그들은 누구를 대신해서, 누군가의 벌을 대신 받음으로써 죽은 것이 아닙니다.

하지만 예수님은 스스로 자신의 목숨을 버리십니다. 예수님은 온 세상 만민을 대신해서 십자가에서 형벌을 받으십니다. 이것을 '대속의 죽음' '희생양으로서의 죽음'이라고 말해요. 우리는 아담의 죄 때문에 하나님으로부터 죽음이라는 형벌을 받아야 했어요. 그런 우리 때문에 예수님께서 십자가에서 대신 형벌을 받으신 겁니다. 따라서 누구든지 이 예수님을 믿으면 그 형벌이 사면됩니다. 이런 점에서 예수님의 죽음은 한 알의 밀과 같습니다. 즉 예수님은 죽음을 통해서 많은 생명의 열매를 맺습니다.

그렇다면 그 의미를 오늘 우리에게는 어떻게 적용할 수 있습니까? 25절을 읽읍시다. "자기의 생명을 사랑하는 자는 잃어버릴 것이요 이 세상에서 자기의 생명을 미워하는 자는 영생하도록 보전하리라." "사랑하면 잃어버리고, 미워하면 보전한다." 역설 중의 역설입니다. '사랑하는 것'은 '자기를 주장하고 채우고 높이는 것'이고, '미워하는 것'은 '부인하고 비우고 낮추는 것'입니다. 상대방과의 관계성에서는 '자기를 사랑하는 것'은 '자기만을 생각하는 것'이고, '자기를 미워하는 것'은 '상대방을 배려하는 것'입니다.

그런데 사람들은 왜 자기를 주장하고 높일까요? 자기를 잃어버리지 않고자 하기 때문입니다. 하지만 삶의 현장에서 보면 자기를 비우고 낮추는 사람, 상대방을 배려하는 사람이 자기를 보전합니다.

　북한 '김씨 왕조'는 '3대 세습'에 도전했어요. 북한 주민은 이것을 축하하는 춤까지 추고 있다며 선전했고요. '김씨 왕조'는 자기와 인민 사이에서 누구를 더 사랑하는 걸까요? 후에 역사가 평가할 겁니다. 친구 사이에서도 어떤 친구는 틈만 나면 자기를 세우려고 해요. 그러면 그런 사람은 친구도 잃고 자기도 잃어요. 반면 자기는 비우고 상대방을 세우는 사람이 있어요. 그런 사람은 친구도 얻고 자기도 얻어요. 부부 사이에서도 자기를 주장하는 사이일수록 금방 깨집니다.

　반면 자기를 비우는 부부일수록 오래오래 삽니다. 교회 공동체에서도 다르지 않습니다. 어떤 사람은 자기가 인정받고 세움을 받는 일에는 적극적인데 그렇지 못한 일에는 소극적입니다. 반면 어떤 사람은 자기를 비우고 섬기는 일에 자발적입니다. 사람들 눈에 띄지 않는 일을 마음으로 섬기고 감당해요. 자기만 편하고 좋으면 그만이 아니라, 자신의 작은 행동 하나에도 상대방을 배려하는 마음이 깃들어 있어요. 이런 사람 곁에 열매가 맺히는 것은 '당근'입니다.

　우리는 돈과 시간을 자신만을 위해서 쓰지 않고 '다음 세대'를 위한 양을 섬기는 일에도 투자합니다. 자기를 온전히 비우고 낮추지 않고서는 이일을 온전히 할 수 없습니다. 어떤 때는 이렇게 사는 것에 피해 의식이 생기기도 해요. 그래도 우리는 여기에 많은 열매가 있음을 알기 때문에 다시 마음을 다잡고 또 도전해요. 이 일을 위해서 성질도 죽이고, 체면도 비웁니다. 몇몇 '목자'는 대학인의 눈높이에 맞는 체력과 체형을 유지하기 위해서 운동을 열심히 합니다. 이것은 단순한 운동이 아니라 자기를 비우는 영적인 몸부림입니다.

　우리가 이렇게 할 수 있는 것은 지금보다도 미래를 더 소중하게 여기기 때문입니다. 오늘이 아닌 내일을 보는 렌즈가 있기 때문입니다. 한 TV 프로그램에서 '살과의 전쟁'에서 이긴 사람들이 나와서 눈물겨운 사연을 말했어요. 그는 100일 동안 거의 50kg의 체중을 줄였습니다. 그 사람은 자기를 완전히 미워한 겁니다. 그런데 그렇게 자기를 미워함으로써 자기를 보전했어요. 늘지 않는 영어 공부를 할 때 좋아서 하는 사람은 많지 않아요. 그렇지만 지금 고생을 하지 않으면 미래가 보장되지 않아요. 그러므로 오늘 자기를 미워하면서 영어 공부에 '열공'하는 겁니다.

오늘 우리가 믿음의 연단을 위해서 나름 애를 쓰는 것도 내일 좀 더 성숙한 사람이 되기 위함입니다. 오늘의 희생과 수고는 내일의 소망이요 영광입니다. 그러나 오늘의 안일과 자기사랑은 내일의 먹구름을 가져옵니다. 지금 자기를 사랑하면 내일 다 잃어버립니다. 하지만 지금 나를 미워하면 내일 영생이 보장됩니다. 결국 내가 나를 비우지 않으면 가정도 시끄럽고 나라도 시끄럽습니다. 자기 자신도 시끄럽고요. 하지만 내가 나를 버리면 많은 사람이 삽니다. 내가 지금 나를 비우면 살 사람이 얼마나 많을까요?

그런데 우리가 이 길을 가다가도 포기하고 싶을 때가 있는데, 바로 우리의 진심을 몰라주는 상대방 때문입니다. 그때 어떻게 해야 합니까? 26절을 봅시다. "사람이 나를 섬기려면 나를 따르라 나 있는 곳에 나를 섬기는 자도 거기 있으리니 사람이 나를 섬기면 내 아버지께서 그를 귀히 여기시리라." 우리가 자기를 미워하는 삶을 살아야 하는 또 다른 이유는 예수님을 섬기는 자이기 때문입니다. 그리고 예수님을 섬기는 사람은 예수님처럼 살아야 하기 때문입니다.

인도의 갠지스 강에서 한 노인이 명상하고 있는데, 전갈 하나가 물에 떠내려가며 발버둥을 쳤습니다. 전갈은 헤엄을 치지 못한다는군요. 그래서 노인은 그 전갈을 건져주었어요. 그런데 전갈은 건지자마자 노인의 손을 물고 꼬리로 쏘았어요. 지나가던 사람이 한마디 합니다. "그렇게 쏘이면서 그런 놈을 뭐 하러 살려 준 거요." 노인이 웃으며 말합니다. "전갈은 쏘는 것이 본능이고, 나는 구원하는 것이 본능이오." 자기를 비우다 보면 그 선한 뜻을 알아주고 인정해주기는커녕 오히려 해를 당하는 예도 있습니다. 그럴지라도 우리는 우리의 길을 가야 합니다.

예수님을 따르는 사람을 '성도'라고 불러요. '성도'란 '거룩한 사람'을 말해요. 과연 우리는 거룩합니까? '거룩'이란 말처럼 부담스러운 말도 없어요. 왜냐하면 우리는 그렇게 거룩하지 않기 때문입니다. 여전히 우리는 자기를 높이려고 하고 채우려고 하고 들어내려고 합니다.

그런데도 왜 '성도'라고 부르는 겁니까? 우리 안에 거룩한 분이 계시기 때문입니다. 온전히 자기를 부인하고 비우고 낮추신 예수님께서 계시기 때문입니다. 그래서 우리 또한 거룩한 사람인 겁니다. 이것은 마치 그냥 유리병임에도 불구하고 그 안에 꿀이 담기면 '꿀 병'이라고 부르는 것과 같아요. 꿀 병이 소중한 것은 그 안에 꿀이 담겨 있기 때문인 것처럼 우리가 거룩한 것은 우리 안에 거룩하신 분이 계시기 때문입니다.

따라서 우리의 삶 또한 세상과는 달라야 합니다. 세상은 자기를 주장하고 채우고 높이는 데 힘씁니다. 하지만 우리는 우리 안에 계신 예수님을 따라서 자기를 부인하고 낮추고 비우는 데 힘써야 합니다. 그러면 하나님께서는 그런 우리를 귀하게 여기십니다. 그리고 그런 우리를 생명 사역에 쓰십니다. 그러므로 우리는 그 길을 갈 수 있습니다.

그런데도 그 길을 일생 가기는 쉽지 않습니다. 예수님도 깊은 번민에 싸여 있습니다. 그 길을 피하고 싶어 하십니다. 하지만 예수님은 그 길을 영접합니다. 왜냐하면 그 길이 예수님께서 가셔야 할 길이기 때문입니다. 그 길만이 생명을 얻는 길이기 때문입니다. 예수님께서 십자가에서 돌아가시면 사탄이 망합니다. 그리고 많은 사람이 구원을 얻습니다(27-33). 그 사실을 알기 때문에 예수님은 죽음의 길이지만 영접하십니다.

예수님은 십자가의 길을 영접하신 것처럼 사람들도 십자가의 길을 영접하고 생명을 얻기를 원하십니다. 하지만 받아들이지 않은 사람들이 있어요. 그들은 자꾸만 더 많은 표적만 요구합니다. 그들은 표적이 없어서 믿지 않는 것이 아니라, 믿지 않고자 해서 믿지 않는 겁니다. 그들은 하나님의 영광보다도 사람의 영광을 더 사랑하기 때문입니다. 사람 앞에서 살고, 사람을 의식하면 믿음을 영접하기가 쉽지 않습니다. 사람들은 자기를 사랑하는 길이 자기 생명을 얻는 길인 줄 착각하며 살기 때문입니다. 하지만 그런 사람은 자기를 잃어버리고, 하나님의 심판을 받을 수밖에 없습니다 (34-50).

오늘 우리 앞에도 두 개의 길이 있습니다. 자기를 주장하고 높이는 길과 자기를 비우고 낮추는 길이 있습니다. 어느 길로 가야 나도 살고, 가정과 캠퍼스, 그리고 이 나라가 살 수 있을까요? "내가 진실로 진실로 너희에게 이르노니 한 알의 밀이 땅에 떨어져 죽지 아니하면 한 알 그대로 있고 죽으면 많은 열매를 맺느니라"(24).

제26강
서로 사랑하라

◇ 본문 요한복음 13:1-35
◇ 요절 요한복음 13:34
◇ 찬송 218장, 220장

교회 공동체의 상징은 무엇입니까? 십자가이다. 십자가의 의미는 무엇인가요? 우리를 향한 예수님의 사랑입니다. 그러나 우리는 예수님의 사랑으로만 그쳐서는 안 됩니다. 교회 안에서 서로를 사랑해야 합니다. 교회의 핵심 가치는 사랑인데, 예수님과 우리의 수직적 사랑은 물론이고, 동역자끼리의 수평적 사랑을 말합니다. 우리는 수평적 사랑을 어떻게 할 수 있습니까? 그 사랑이 왜 중요합니까?

1절을 읽읍시다. "유월절 전에 예수께서 자기가 세상을 떠나 아버지께로 돌아가실 때가 이른 줄 아시고 세상에 있는 자기 사람들을 사랑하시되 끝까지 사랑하시니라." 예수님은 지금까지 보통 사람에게 믿음을 심고자 하셨다면 이제부터는 열두 제자들에게 초점을 맞추십니다. 왜냐하면 예수님은 세상을 떠나서 하나님께로 가시기 때문입니다. 제자들을 '다음 세대'의 지도자로 세워야 하기 때문입니다. 예수님은 그들을 처음 만났을 때처럼 지금도 같이 사랑하십니다. 그들의 약점과 허물, 그리고 실수를 봐도 실망하지 않고 사랑이 변하지 않습니다. 예수님의 사랑은 어제나 오늘이

나 영원토록 같습니다.

하지만 마귀는 가룟 유다로 하여금 그 사랑을 배신하도록 만듭니다(2). 그런데 그 배신조차도 예수님의 손안에서 이루어진 일입니다(3). 예수님은 다만 그 악을 허용하실 뿐입니다.

그때 예수님은 무엇을 하십니까? 4-5절을 봅시다. "저녁 잡수시던 자리에서 일어나 겉옷을 벗고 수건을 가져다가 허리에 두르시고, 이에 대야에 물을 떠서 제자들의 발을 씻으시고 그 두르신 수건으로 닦기를 시작하여." 예수님은 저녁을 잡수시다 말고 제자들의 발을 씻어 주십니다. 발 냄새가 고약해서일까요? 그러면 "발을 씻고 오라."고 하면 될 겁니다.

당시 발을 씻겨주는 일은 하인이 했어요. 예수님은 갑자기 하인이 되셨어요. 제자들은 예수님의 갑작스러운 행동에 당황하여 발을 내밀고 말았어요. 하지만 베드로는 단호하게 거절합니다. 관습에 의하면 제자가 스승님에게 발을 씻겨달라는 것은 무례의 극치이기 때문입니다. 그는 아직 영적인 까닭을 모릅니다(6-7).

그 영적인 까닭은 무엇입니까? 첫째로, 예수님은 제자들과 하나님 나라에서 한 몫을 나누려는 겁니다. 8절을 봅시다. "베드로가 이르되 내 발을 절대로 씻지 못하시리이다 예수께서 대답하시되 내가 너를 씻어 주지 아니하면 네가 나와 상관이 없느니라." '상관'이란 '몫(share)'이란 뜻인데, '하나님 나라에서 한자리 혹은 한 몫을 차지한다.'라는 말입니다.

영적인 까닭을 약간 알게 된 베드로의 태도가 돌변합니다. 그는 발만이 아니라 손과 머리까지도 씻김을 받고자 합니다(9). 그는 누구보다도 예수님과 한 몫을 크게 차지하고 싶었습니다. 그러나 이미 목욕한 자는 발밖에 씻을 필요가 없습니다. 왜냐하면 온몸이 깨끗하기 때문입니다(10). 제자중 유다만 빼고는 모두 다 목욕을 했어요. 따라서 모두 다 발만 씻으면 됩니다. 예수님은 '목욕' '발 씻음'이라는 일반적인 표현을 통해서 영적인 의미를 가르치십니다.

어떤 영적인 의미가 있습니까? '목욕한다.'라는 말은 거듭남을 말하고, '발을 씻는다.'라는 말은 삶의 현장에서 지은 허물을 용서받는 겁니다. 거듭난 사람은 일상에서 잘못했을지라도 원점으로 돌아가지 않고 그 허물만 용서받으면 됩니다. 물론 거듭남이나 허물을 용서받는 것은 다 십자가의 은총을 통해서만 가능합니다. 그런데 예수님은 삶 속에서 짓는 죄에 초점을 맞추십니다. 예수님께서 제자들을 떠나시기 때문입니다. 그리고 그들은 여전히 약하고 세상은 강하기 때문입니다. 그들은 삶의 현장에서 세상 유혹에 빠지고 실수를 할 겁니다.

그 순간 어떻게 해야 합니까? 자신의 허물을 주님의 십자가 앞에 내어 놓아야 합니다. 그러면 용서받고 다시 일어설 수 있습니다. 허물과 죄악이 부끄럽다고 해서 주님께 내어놓지 않으면 어떻게 되겠어요? 주님은 우리가 아무리 못난 짓을 해도 끝까지 사랑하십니다. 그러므로 안심하고 주님께 허물과 죄를 고백하고 용서를 받아야 합니다. 그러면 우리는 하나님 나라에 이르러 주님과 한 몫을 나누게 될 겁니다.

예수님께서 제자들의 발을 씻어 주신 두 번째 이유는 무엇입니까? 제자들도 서로의 허물을 감당해 주라는 겁니다. 14-15절을 읽읍시다. "내가 주와 또는 선생이 되어 너희 발을 씻었으니 너희도 서로 발을 씻어 주는 것이 옳으니라, 내가 너희에게 행한 것 같이 너희도 행하게 하려 하여 본을 보였노라." 만약 예수님께서 "내가 너희 발을 씻었으니 너희도 내 발을 씻어라."라고 말씀하셨다면 어떻게 될까요? 예수님의 발을 서로 먼저 씻어 주려고 경쟁하지 않을까요?

하지만 예수님은 "너희도 서로 발을 씻어 주는 것이 옳다."라고 말씀하십니다. 예수님께서 제자들의 허물을 용서하시듯이 제자들도 서로에 대해서 허물을 용서해야 합니다. 그들이 비록 한 목자님 밑에서 함께 배우고는 있지만, 성품이 바뀌는 데는 오랜 시간이 필요합니다. 습관도 다르고 취미도 다릅니다. 무엇보다도 그들은 너무 가까이 생활합니다.

아무리 훌륭한 사람도 가까이에서 보면 허물이 보입니다. 그러면 기대가 무너지고 갈등이 생길 수밖에 없어요. 그래도 지금까지는 예수님께서 중재도 하시고, 완충 역할을 해 오셨어요. 하지만 예수님 없이 그들만 있게 되면 갈등과 충돌은 피할 수 없습니다. '한 지붕 두 가족'이 되다가 결국 무너질 수 있어요. 그러므로 그들은 서로의 허물을 감당해야 합니다. 그렇게 할 때 공동체가 건강하게 됩니다.

무엇보다도 이것을 알고 행하면 복이 있습니다(16-17). 행복은 상대방의 허물을 들춰내고 뒷말을 하는 데 있지 않습니다. 오히려 상대방의 허물과 약점을 잘 감당해 줌으로써 그 사람을 키워줄 때 행복합니다. 이런 점에서 교회 공동체는 행복을 만드는 곳이요, 전파하는 곳입니다.

그러나 이런 복을 누리지 못하는 사람이 있으니, 주님께 택함 받지 못한 사람입니다. 가룟 유다는 이런 복에서 제외되었어요. 그는 사탄에게 먹혔기 때문입니다. 예수님은 그런 유다까지도 끝까지 사랑하십니다. 예수님은 십자가에서 죽으시기까지 그를 사랑하십니다. 사랑이란 자신을 내어주는 겁니다. 십자가에 달린 예수님은 우리를 사랑하시는 하나님의 모습입니다. 하나님은 십자가에 달리신 예수님을 통하여 영광을 받으십니다. 예수님께서 하나님의 본질인 사랑을 드러내심으로써 우리가 그 사랑을 영접하고 생명을 얻도록 하셨습니다. 예수님은 이제 제자들을 잠시 떠나십니다(18-33).

예수님은 제자들에게 어떤 방향을 주십니까? 34절을 읽읍시다. "새 계명을 너희에게 주노니 서로 사랑하라 내가 너희를 사랑한 것 같이 너희도 서로 사랑하라." '새 계명'은 '옛 계명', 즉 '십계명'과 비교됩니다. 하나님께서는 노예 백성 이스라엘을 구원하사 제사장 나라 거룩한 백성 삼으셨습니다(출 19:6). 그들에게 삶의 지침을 주셨으니, 그것이 곧 십계명입니다(출 20:1-17). 예수님은 삶의 현장에서 허겁지겁 살던 청년 몇 사람을 구원하사 새로운 공동체를 만드셨습니다. 그리고 그들에게 삶의 지침을 내리십니다. 그것이 곧 새 계명입니다. 그 계명의 핵심은 서로 사랑하는 겁니다.

그 사랑의 뿌리, 즉 기준은 무엇입니까? 예수님께서 그들을 사랑하신 것처럼 입니다. 예수님은 그들을 끝까지 사랑하십니다. 예수님은 그들에게 종이 되어 발을 씻기까지 사랑하십니다. 예수님은 십자가에서 자신의 목숨을 버리기까지 사랑하십니다. 예수님의 사랑에는 어떤 조건도 없고, 일방적이고, 헌신적입니다. 상대방의 상황에 따라서 변하지 않습니다. 언제나 어떤 상황에서나 같습니다. 이 사랑이 제자들이 베풀어야 할 사랑의 기준입니다.

그 사랑은 어떻게 나타나야 합니까? 공동체 구성원끼리 서로 사랑해야 합니다. 나도 사랑하고 너도 사랑해야 합니다. 어떤 사람은 자기는 사랑하지 않으면서 상대방으로부터 사랑만 받으려고 해요. 그러나 예수님께서 먼저 나를 사랑하셨듯이 우리도 먼저 상대방을 사랑해야 합니다. 그 사랑은 구체적으로 상대방에 관한 관심으로부터 시작합니다. 사랑의 반대말은 미움이 아니라 무관심입니다. 상대방이 어떤 어려움이 있는지, 어떤 말 못 하는 고민이 있는지, 어떤 아픔이 있는지 관심을 두는 것, 사랑의 시작입니다. 그리고 사랑은 명사가 아니라 동사입니다. 즉 구체적인 행동으로 나타나야 합니다. 약점을 보면 덮어주고, 허물이 나타나면 감당해 줘야 합니다.

어떤 자매가 형제 양을 잘 섬겼어요. 어느 날 가까이에서 보니 그 형제가 잘 씻지를 않았어요. 갑자기 가까이하고 싶은 마음이 사라졌어요. 하지만 예수님의 사랑은 바로 그 순간 바로 그런 사람까지도 사랑하는 겁니다. 예수님은 우리를 사랑하실 때 장점만 보신 것이 아니라 약점을 보셨음에도 불구하고 사랑하셨어요. 세상은 장점만 보고 장점만 사랑합니다. 하지만 교회는 약점까지도 감당합니다. 세상은 상대방의 약점을 끄집어내서 물고 늘어지고 딛고 일어섭니다. 그들은 상대방을 동역자가 아닌 경쟁자로 생각하기 때문입니다.

하지만 교회에서의 믿음의 친구는 경쟁자가 아닌 동역자입니다. 가족입니다. 가족은 약할 때 힘이 되고 잘못했을 때 감싸주는 사람입니다. 가족은 서로를 의지하고 서로를 사랑할 때 건강하게 자랄 수 있습니다. 우리가 캠퍼스 학우를 사랑하는 것은 예수님께로부터 받은 사랑을 전해주는 겁니다. 우리의 사랑을 가끔 오해하는 사람이 있어요. 예수님의 사랑을 모르기 때문입니다. 예수님의 사랑을 알고 그 사랑을 받은 사람은 다른 사람을 먼저, 그리고 진심으로 사랑합니다.

우리가 이렇게 사랑하면 세상은 어떤 반응을 보입니까? 35절을 읽읍시다. "너희가 서로 사랑하면 이로써 모든 사람이 너희가 내 제자인 줄 알리라." 세상은 우리가 서로 사랑하면 예수님의 제자로 인정합니다. 서로 사랑하지 않으면 제자로 인정하지 않습니다. 세상이 교회에 대해서 요구하는 것은 자기들을 사랑하는 것이기도 하지만, 먼저 교인끼리 서로 사랑하는 겁니다. 교회가 가장 비판받는 것은 우리끼리 무관심한 겁니다. 따라서 세상에 가장 막강한 영향력을 끼치려면 우리가 서로 사랑하면 됩니다. 사람들은 우리의 서로 사랑을 보고 예수님께로 옵니다. 왜냐하면 사람은 본질에서 사랑을 사모하기 때문입니다.

'행복 전도사'로 알려진 유명인이 남편과 함께 스스로 생을 마감했어요. 그녀는 폐와 심장에 이상이 생겨서 700가지의 통증에 시달렸대요. 그래도 희망을 붙잡으려고 노력했지만 결국 희망의 끈을 스스로 놓았어요. 그녀가 정말로 행복했다면 자신의 질병이나 아픔까지도 보듬을 수 있어야 하지 않을까요? 그녀에게 있어서 가장 큰 아쉬움은 "행복은 사람이 스스로 만들 수 있는 것이 아니라 하나님으로부터 주어지는 것이다."라는 사실을 말하지 않은 겁니다.

사람이 불행한 것은 돈이 없어서가 아닙니다. '돈으로 행복을 살 수 있을까?'를 연구하는 '행복 경제학(happiness economics)'이 있다는군요. 그것을 연구하는 사람이 "경제 성장이 반드시 삶의 만족도를 높여주지는 않는다."라고 발표했다는군요. 돈이 많으면 가장 비싸고 귀한 것들을 소유는 할 수 있는데, 사소한 행복을 누릴 수 있는 능력을 파괴하기 때문이래요. 행복은 사랑을 받고 그 사랑을 서로 나눌 때 나타납니다.

그래서 세상은 교회에 관심을 둡니다. 교회 공동체의 상징 중 하나가 십자가입니다. 그 십자가의 알맹이는 사랑입니다. 예수님이 우리를 사랑하신 사랑이고, 그 사랑으로 우리가 동역자를 사랑하는 겁니다. 따라서 예수님의 제자 됨의 표식은 무엇인가요? 서로를 향한 사랑입니다. 세상을 향한 사랑, 혹은 예수님을 향한 사랑만이 아니라 제자들끼리의 사랑이 교회의 표시입니다. 교회 건물의 크기가 교회 공동체를 상징하는 것이 아닙니다. 우리가 얼마나 자주 교회에 출석하느냐가 제자 됨의 특징이 아닙니다. 서로를 사랑하는 일이 교회의 특징이고, 제자 됨의 특징입니다. 이런 말이 있습니다. "성도는 서로를 사랑하지 못하는 것만큼 세상 사람은 예수님을 믿지 않는다. 성도가 서로를 사랑하는 것만큼 세상 사람은 예수님을 믿는다."

제27강
길

◇ 본문　요한복음 13:36-14:14
◇ 요절　요한복음 14:6
◇ 찬송　380장, 524장

　요즈음에는 우리나라에도 다문화 가정이 늘어나면서 나와 남이 다를 수 있음을 인정하는 분위기가 퍼지고 있어요. 좋은 현상이 아닐 수 없습니다. 그런데 이런 다양성을 아버지 하나님께로 이르는 길에까지 적용하려고 해요. 우리의 신앙에까지 이런 다양성을 적용할 수 있을까요?

　예수님은 제자들 곁을 떠나신다고 말씀하십니다. 베드로는 예수님이 어디로 가시는지 몰라서 묻습니다. "주여 어디로 가십니까?" 예수님은 더 아리송한 대답만 하십니다. "내가 가는 곳을 네가 지금은 따라올 수 없지만, 나중에는 따라올 것이다"(13:36). 예수님은 하나님의 어린양으로 인류의 죄를 대신 지고 십자가에서 돌아가십니다. 예수님은 이 죽음의 길을 가십니다. 베드로는 지금 이 길을 따를 수 없습니다. 대속의 죽음은 오직 예수님만이 하실 수 있기 때문입니다. 하지만 후에는 따라갈 수 있는데, 제자들이 예수님처럼 희생할 수 있습니다.

　그런데 베드로는 지금 따를 수 없다는 것이 불만입니다. 그는 주님께서 자기의 충성심을 몰라주는 것 같아 충성맹세를 합니다. "주님을 위해 제

목숨을 내놓겠습니다." 그러나 예수님은 그에게 자신의 의지와는 전혀 다른 일이 일어날 것을 말씀하십니다. 아무리 충성스러운 베드로일지라도 닭 울기 전에 세 번이나 주님을 부인하게 될 것입니다(13:37-38). 이것은 베드로에게 큰 충격이 아닐 수 없습니다. 모든 제자에게 근심의 먹구름이 몰려오기에 충분했습니다.

예수님께서 그들에게 무엇이라고 말씀하십니까? 14:1을 봅시다. "너희는 마음에 근심하지 말라 하나님을 믿으니 또 나를 믿으라." 제자들은 지금 근심에 휩싸였습니다. 예수님은 제자들을 3년 전에 부르셨습니다. 그리고 그들을 때로는 엄마처럼 부드럽게, 때로는 아빠처럼 엄하게 키웠습니다. 크고 작은 어려움이 있었지만, 그들은 예수님과 함께 영광스러운 미래를 기약하며 여기까지 왔습니다. 제자들에게 예수님의 존재는 삶의 뿌리요 소망입니다. 그런 그들에게 예수님 없는 미래란 생각할 수도 없습니다.

그런데도 예수님은 자꾸만 떠나신다고 말씀하십니다. 베드로가 목숨을 바쳐 따라가겠다고 하는데도 오히려 충격적인 말씀만 하십니다. 제자들이 근심에 빠지는 것은 당연합니다. 그들은 일종의 '분리 불안 장애(Separation Anxiety Disorder)'를 겪고 있는 겁니다. '분리 불안 장애'란 '집이나 애착 대상에서 떨어질 때 심리적 위축, 무감동, 슬픔을 보이는 현상'을 말합니다. 외동아이나 늦둥이, 할머니 할아버지 또는 예민한 성격의 어머니가 키우는 등 밀착된 가족관계에서 성장한 아이에게 많이 나타납니다. 제자들은 세상에 홀로 버려진 고아와 같은 심정이 들었습니다. 제자로서의 자존감과 정체감이 완전히 바닥을 치는 순간입니다. 그들의 근심은 미래의 불안에서부터 온 실존적 근심입니다.

그들은 근심을 어떻게 이길 수 있습니까? 14:1을 다시 읽읍시다. "너희는 마음에 근심하지 말라 하나님을 믿으니 또 나를 믿으라." 하나님을 믿어야 합니다. 제자들을 부르시고 지금까지 인도하신 그 하나님을 믿어야 합니다. 예수님이 떠나신다고 해서 고아처럼 버려두는 것이 아니라, 계속해서 함께 하시고 인도하실 것을 믿는 겁니다. 이 믿음이 있으면 근심을 이길 수 있습니다. 존재에 대한 불안, 미래에 대한 불안은 믿음으로만 해결됩니다. 믿음과 불안은 반비례합니다. 믿음이 있으면 불안이 없어지고 믿음이 없으면 불안이 지배하게 됩니다. 하나님께 대한 믿음은 예수님께 대한 믿음으로 연결됩니다. 하나님을 믿지만 예수님을 믿지 않는 것은 믿음이 아닙니다. 하나님을 믿는다는 말은 곧 예수님을 믿는 겁니다. 예수님과 하나님은 한 분이시기 때문입니다.

예수님은 왜 제자들을 떠나 아버지께로 가십니까? 2절을 읽읍시다. "내 아버지 집에 거할 곳이 많도다 그렇지 않으면 너희에게 일렀으리라 내가 너희를 위하여 거처를 예비하러 가노니." '아버지 집'은 '천국'이라는 의미가 없는 것은 아니지만, 오히려 '하나님의 성전'으로서 '교회 공동체'를 말합니다. '거할 곳'은 '저택들'이라는 뜻이 있기는 하지만 여기서는 '하나님께서 거하시는 처소'를 말합니다. 즉 예수님을 믿는 한 사람이 하나님과 교제를 나누는 하나님의 거처를 말합니다. 이것은 예수님께서 십자가에서 죽으심으로써 이루어지게 될 하나님의 성전에 엄청난 변화가 있음을 예고한 것입니다.

구약에서 하나님의 거처는 성전이었습니다. 그것이 이동할 수 있는 장막의 형태를 가졌든 예루살렘이라는 한 장소에 고정된 돌 성전이든 하나님께서 머무는 거처였습니다. 모세가 광야에서 성막을 세웠을 때 하나님의 임재를 상징하는 영광의 구름이 성막을 가득 채웠습니다(출 40:34-35). 솔로몬이 성전을 완성하고 하나님께 봉헌했을 때 성막에 임했던 그 영광의 구름이 어김없이 임했습니다(왕상 8:10-11). 여호와 영광의 구름은 아무 데나 머물지 않고 오직 하나님의 거처에만 머뭅니다. 하나님 영광의 구름이 솔로몬 성전을 떠날 때 그곳은 더는 성전으로서 가치가 없었습니다. 솔로몬 성전은 바벨론 군대에 의해 불에 타 없어졌습니다.

바벨론에서 돌아온 이스라엘은 다시 성전을 건축했습니다. 그 성전은 스룹바벨이 총지휘를 했기에 때문에 '스룹바벨 성전'이라고 부릅니다. 하나님께서는 스룹바벨 성전을 솔로몬 성전에 있던 영광보다 더 큰 영광으로 채우겠다고 약속하셨습니다(학 2:9). 그러나 그 성전에는 여호와의 영광이 임하지 않았습니다(학 2:3). 그런데 그 약속이 마침내 성육신하신 예수님을 통해서 이루어졌습니다. 하나님 영광의 구름이 성막에서 솔로몬 성전으로, 솔로몬 성전에서 다시 예수님 성전으로 이동해왔음을 보게 됩니다.

이제 예수님 속에 충만하게 머물러 계신 그 영광은 누구에게 주어집니까? 바로 그의 십자가와 부활로 말미암아 형성될 하나님의 새 성전, 하나님의 새 백성에게 임합니다. 그러므로 여기서 '거처'는 '예수님의 십자가와 부활로 말미암은 신자 성전의 탄생'을 가리킵니다. 이렇게 볼 때 '거할 곳이 많다.'라는 의미는 '성전의 성취인 교회 공동체에서 하나님과 교제를 나눌 수 있는 자리가 많다.'라는 의미입니다.

예수님께서 이 거처를 마련하신 후에는 어떻게 하십니까? 3절도 읽읍시다. "가서 너희를 위하여 거처를 예비하면 내가 다시 와서 너희를 내게로 영접하여 나 있는 곳에 너희도 있게 하리라." 예수님은 제자들에게 다시 돌아오십니다. '다시 오신다.'라는 말은 '하나님 나라에 가신 예수님께서 재림하신다.'라는 말이 아닙니다. 만일 예수님께서 먼 장래에 있을 재림을 말씀했다면 이것은 예수님께서 떠나심으로 근심하는 제자들에게 진정한 위로가 되지 못합니다.

또 이 말씀은 십자가에서 죽으셨다가 부활하셔서 잠깐 제자들을 보게 된다는 말도 아닙니다. 이 말씀은 예수님께서 성령님으로 다시 오시는 것을 말합니다. 비록 육신의 몸을 입으신 예수님은 제자들 곁을 떠나시지만, 성령님으로 오시는 하나님께서 제자들과 함께하십니다. 그러므로 제자들은 고아처럼 버려진 존재가 아닙니다. 제자들은 변함없이 하나님을 믿으며 교제하게 됩니다. 더 나아가 세상을 향한 목자의 삶을 살게 됩니다. 그러므로 제자들은 더는 근심하지 않습니다.

이 말씀이 오늘 우리에게 주는 의미는 무엇인가요? 사람들은 정도의 차이는 있지만, 본질에서 불안을 느끼며 살아갑니다. 그 불안은 혼자라는 외로움과도 연결되어 있습니다. 외로움과 불안은 속성상 같은 겁니다. 결혼도 외로우므로 하기도 해요. 그런데 이혼은 왜 합니까? 외로움을 달래려고 결혼을 했지만, 그 외로움을 달랠 수 없기 때문입니다. 또 다른 짝을 만나기 위해 이리저리 헤매는 겁니다. 돈을 벌기 위해 눈에 불을 켜고 달려드는 것도 불안하기 때문입니다. 돈이 많으면 사람들이 모여듭니다. 그런다고 불안감이 해결되는 것은 아닙니다.

심지어 자기를 학대하는 것이나 남을 학대하지 않으면 견딜 수 없어서 하는 증세도 모두 불안 때문입니다. 불안이란 외부의 무엇인가로 인해 해결되지 않습니다. 그것은 마치 굶주림을 미워한다고 해서 굶주림에서 벗어날 수 없는 것과 마찬가지입니다. 배고픔의 해결은 채움에 있는 것처럼 불안의 해소도 함께하신 주님을 만나야 합니다.

불안감은 세상 사람의 것만은 아닙니다. 믿음으로 사는 우리에게도 찾아옵니다. 종교 혼합주의 시대에서 믿음의 순수성을 지키기 위해서 나름대로 몸부림쳤는데도 손에 잡히는 것이 없으면 불안합니다. 그러나 우리는 어떤 상황에서도 결코 홀로 버려진 존재가 아니라는 믿음을 가져야 합니다. 성령 하나님께서 우리를 죄악 가운데서 부르셔서 하나님의 사람으로 삼아주셨습니다. 이 하나님은 우리의 용도가 다 되었다고 해서, 혹은 밑천이 다 드러났다고 해서 버리지 않습니다. 비록 죄를 짓고 헤맬지라도 포기하지 않습니다. 지금도 성령 하나님께서 우리 속에 거하십니다. 우리와 함께하시며 변함없이 인도하십니다. 그러므로 불안해할 이유가 없습니다. 예수님께서 가신 그 길을 알기 때문입니다.

그러나 현재 제자들의 형편은 어떠합니까? 4절입니다. "내가 어디로 가는지 그 길을 너희가 아느니라." 예수님은, 제자들이 당신이 가는 그 길을 알고 있다고 생각했어요. 하지만 도마는 주님이 어디로 가시는지도 모릅니다. 그러니 그 길은 더욱 모릅니다(5). 제자들은 예수님의 죽으심의 의미에 대해서 감도 잡지 못하고 있습니다.

예수님은 그들에게 무엇을 선포하십니까? 6절을 읽읍시다. 예수께서 이르시되 내가 곧 길이요 진리요 생명이니 나로 말미암지 않고는 아버지께로 올 자가 없느니라." 이 말씀은, 예수님의 정체와 사명을 한 문장으로 요약한 겁니다. '내가 곧 길이요 진리요 생명이다.'라는 말씀은 '나만 하나님께로 이르는 유일한 길이고, 나만 유일한 진리이고, 나만 유일한 생명이다.'라는 뜻입니다.

왜 예수님만이 하나님께로 이르는 유일한 길입니까? 예수님만이 우리의 죄 문제를 해결하시기 위해서 죽으셨기 때문입니다. 하나님께로 나아가려면 죄 문제가 해결되어야 합니다. 그런데 세상의 그 누구도, 그 무엇으로도 우리의 죄를 해결하지 못합니다. 죄가 해결되지 않으면서 하나님께로 갈 수 있다고 하는 것은 거짓입니다.

한 사람이 암으로 죽어가면서 고백했습니다. "모든 사람이 죽게 되어 있다. 그러나 내 경우만큼은 예외라고 믿어 왔었다. 이제 어떻게 해야 하나, 정말로 어떻게 해야 하나?" 우리가 사는 이 냉소적인 세상에는 죽음과 사후 세계에 관한 질문을 안고 깊은 고통 속에 빠진 사람들이 많습니다. 그런데 그 죽음에서 빠져나올 수 있는 길이 오직 예수님께만 있습니다. 하나님께로 이를 수 있는 길이 오직 예수님께만 있습니다. 성경은 다른 선택이 없음을 분명히 말하고 있습니다. 다른 길을 제시하지 않습니다.

종교 다원주의와 혼합주의가 만연하고 있는 요즈음 이러한 주장이 결코 인기를 얻지 못합니다. 그러나 예수님의 죽음이 의미하는 바는 바로 이것입니다. 그리스도 구원의 배타성은 바로 그분이 가지고 계시는 독특함입니다. 우리 믿음의 사람들은 이 예수님 때문에 길도 알고 도착하는 곳도 알고 가고 있습니다. 즉 하나님께로 가고 있습니다.

하지만 세상을 보십시오. 얼마나 많은 사람이 도착할 곳도 모르고, 그 길도 모르고, 인도하는 자도 없이 그냥 길을 걸어갑니까? 정말 이것처럼 두려운 일도 없습니다. 그런데도 많은 사람이 이런 길을 걷고 있습니다. 더욱 심각한 것은 이런 길을 걷고 있으면서도 그 사실을 깨닫지 못하고 계속 가고 있다는 겁니다. 왜냐하면 다른 사람도 그렇게 살기 때문입니다. 마치 그 길이 인생의 유일한 길인 것처럼 인식하고 불안해하지 않습니다. 실존적으로는 불안을 느끼지만, 그 불안을 나름대로 해소해버립니다. 쾌락에 빠지거나, 일에 중독되거나, 모른 척하며 살아갑니다. 이런 삶을 살면서도 자신이 걷고 있는 길에 대해 돌아보고 고민하지 않습니다. 참으로 안타까울 뿐입니다.

물론 우리 믿음의 사람들에게도 아픔이 있고 어려움이 있습니다. 그때 우리는 끊임없이 질문을 던지기도 합니다. "하나님은 정말 나에게 관심이라도 두고 계시나요?" "왜 하필 나인가요?" 그런데도 우리가 완전한 공황 상태에 빠지지 않고 계속해서 길을 갈 수 있는 것은 우리와 함께하시는 성령 하나님을 믿기 때문입니다. 비록 눈으로 볼 수 없고 귀에 들리는 음성도 없지만 캄캄함 속에서도 성령님의 인도가 있다는 것을 믿고 영적인 눈과 귀를 열고 기다릴 수 있기 때문입니다. 예수님만이 하나님께로 인도하는 유일한 길임을 믿기 때문입니다.

동시에 이 예수님만이 하나님을 아는 유일한 진리이심을 믿기 때문입니다. 예수님만이 하나님 아버지를 가장 명확하게 계시하십니다(1:18). 예수님이 곧 하나님이시기 때문입니다. 이 예수님만이 영원한 생명을 주십니다. 영원한 생명은 그 누구도 주지 못합니다. 왜냐하면 생명은 죽음 문제가 해결되지 않고서는 얻지 못하기 때문입니다. 예수님께서 십자가에서 죽으시고 부활하셨기 때문에 생명을 주십니다. 누가 우리를 대신해서 죽었습니까? 오직 예수님뿐입니다. 그러므로 예수님으로 말미암지 않고는 아버지 하나님께로 올 자가 없습니다.

이 예수님을 아는 자는 누구도 아는 겁니까? 7절을 보십시오. "너희가 나를 알았더라면 내 아버지도 알았으리로다 이제부터는 너희가 그를 알았고 또 보았느니라." 예수님을 알면 아버지 하나님도 알게 됩니다. 예수님은 아버지 하나님의 완전한 계시자이기 때문입니다. 예수님과 하나님은 한 분이시기 때문입니다.

그러나 빌립은 아버지를 보여 달라고 말합니다. 아버지만 보면 충분하다는 겁니다(8). 그는 예수님과 하나님을 따로따로 생각했습니다. 그러나 예수님을 본 사람은 아버지를 본 것이나 다름이 없습니다. 예수님은 아버지 안에 있고, 아버지께서 예수님 안에 계시기 때문입니다. 예수님께서 제자들에게 하신 말씀은 스스로 하는 말이 아닙니다. 왜냐하면 아버지께서 예수님 안에 계시면서 당신의 일을 하시기 때문입니다(9-10).

이 사실을 어떻게 알 수 있습니까? "예수님은 아버지 안에 있고 아버지께서 예수님 안에 계신다."라는 예수님의 말씀을 믿어야 합니다. 그 믿음은 어떻게 생깁니까? 믿음은 예수님의 말씀을 통해서 생깁니다. 만일 예수님의 말씀이 안 믿어지면 예수님께서 하신 일을 통해서 믿음을 가져야 합니다(11). 예수님께서 표적들을 보이신 것은 우리로 믿게 하려는 겁니다. 사람들이 예수님을 안 믿는 것은 그 증거들이 없어서가 아닙니다. 안 믿으려고 하는 것이 문제입니다. 믿음은 믿음으로만 가질 수 있습니다.

예수님을 믿는 자는 어느 정도 큰일을 합니까? 12절을 보십시오. "내가 진실로 진실로 너희에게 이르노니 나를 믿는 자는 내가 하는 일을 그도

할 것이요 또한 그보다 큰 일도 하리니 이는 내가 아버지께로 감이라." 예수님을 믿는 자는 예수님이 하시는 일은 물론이고 그분보다 더 큰 일도 합니다. 자기 능력이나 욕심으로 큰 일을 하는 것이 아닙니다. 오직 믿음으로 큰일을 합니다. 믿음이 있으면 현실적인 어려움 앞에서 근심하지 않게 됩니다. 어려움 속에서 길이신 예수님을 믿으면 소망이 생기고 지혜가 생깁니다. 길이 보입니다. 이런 점에서 믿음은 예수님께서 근심하는 제자들에게 주신 또 하나의 선물입니다.

그 믿음은 구체적으로 어떻게 표현됩니까? 13-14절을 봅시다. "너희가 내 이름으로 무엇을 구하든지 내가 행하리니 이는 아버지로 하여금 아들로 말미암아 영광을 받으시게 하려 함이라, 내 이름으로 무엇이든지 내게 구하면 내가 행하리라." 믿음은 기도로 표현됩니다. 믿음이 있는 자만 기도할 수 있습니다. 믿음이 없으면 기도하지 못합니다. 오직 기도하는 사람만이 큰일을 할 수 있습니다. 예수님은 기도를 통해서 큰일을 하십니다. 기도는 큰일을 할 수 있는 최상의 도구입니다. 예수님은, 예수님의 이름으로 무엇을 구하든지 시행하십니다.

따라서 제자들은 더는 장래 문제로 근심할 것이 아닙니다. 분리 불안 문제로 불안해 할 것이 아닙니다. 기도하면 됩니다. 기도하면 주님께서 응답하십니다. 기도는 근심하는 제자들에게 큰 위로요 소망입니다.

다양성이 강조되는 세상에서 예수님만이 하나님께로 이르는 유일한 길이라는 사실이 오늘 우리에게 주는 의미는 무엇입니까? 세상은 변해도 죄인인 우리는 변하지 않습니다. 하나님께로 이르는 길도 변하지 않습니다. 예수님께서 십자가에서 죽으시고 부활하심으로써 우리가 하나님께로 갈 수 있는 유일한 길이십니다. 이 사실도 변하지 않습니다. 종교 다원주의 시대에서 이 사실을 믿고 사는 것은 물론이고, 이 사실을 이웃들에게 증언하는 삶을 살 수 있기를 기도합니다.

제28강
보혜사

◇ 본문 요한복음 14:15-31
◇ 요절 요한복음 14:16
◇ 찬송 183장, 191장

프랑스의 화가 에밀 라누(Emile Renouf, 1845-1894)의 작품 중에 "돕는 손(The Helping Hand, 1881)"이라는 그림이 있어요. 한 할아버지와 어린 소녀가 노 젓는 작은 배를 타고 강을 건넙니다. 어린 소녀는 자기가 배를 움직인다고 생각하는 듯 의기양양한 표정을 지으며 노를 잡고 있어요. 하지만 실제로는 노인이 거친 물살을 뚫고 노를 젓고 있어요. 우리는 우리 인생 배에 대해서 어떤 마음을 갖고 있나요? 자기가 노를 젓고 있다고 생각하나요? 내 곁에서 튼튼한 팔로 저어주는 분이 계신다는 사실을 믿습니까?

우리는 길이요 진리요 생명이신 예수님을 사랑합니다. 그러므로 그 말씀에 순종합니다(15). 하지만 삶의 현장에서 말씀에 순종하는 일이 녹록하지 않습니다.

어떻게 해야 합니까? 16절을 읽읍시다. "내가 아버지께 구하겠으니 그가 또 다른 보혜사를 너희에게 주사 영원토록 너희와 함께 있게 하리니." 예수님은 아버지께서 다른 보혜사를 제자들에게 보내주셔서 영원토록 함께 있게 해달라고 기도하십니다. '보혜사(保惠師)'란 우리말로는 '신자를 보호하여 돕는 선생님'이라는 뜻이고, 헬라어로는 '옆으로 불림 받은 이', 즉 '옆에서 도와주는 사람', '변호자', '상담자'라는 뜻입니다.

'다른'이란 '종류 자체가 다른(different)' 어떤 것을 말하는 것이 아니라, '같은 종류 중에서 다른(another)' 어떤 것을 말해요. 그러니까 보혜사는 같은 두 분이 계시는데, 그중 한 분은 예수님이시고 다른 한 분은 성령님이십니다. 예수님과 성령님은 똑같은 하나님이십니다.

왜 성령님을 보혜사라고 부릅니까? 성령님이라는 명칭은 성령 하나님의 포괄적이고 공식적인 이름입니다. 반면 보혜사는 성령님의 제한적 역할을 묘사하는 명칭입니다. 조금 어려운 말로 하면, 성령님과 보혜사는 존재론적으로는 같은 분이신데, 다만 그 하시는 일에 있어서 차이가 있을 뿐입니다. 성령님께서 하시는 일 중에서 어떤 특별한 일을 하실 때 보혜사라고 부릅니다.

하지만 엄밀한 의미에서는 차이가 없습니다. 한 성령님께서 하시는 일 또한 다를 수 없기 때문입니다. 그런데도 보혜사라고 부른 데는 '다른 예수님'이심을 강조하기 위함입니다. 예수님이 떠나시면 그것으로 끝이 아니라 '다른 예수님', 즉 '다른 보혜사'이신 성령님께서 오신다는 사실을 강조한 겁니다.

그런데 성령님은 이미 계시지 않았나요? 성령님은 창조 전부터 계셨고, 지금도 함께 하십니다. 그런데도 "다시 오신다."라는 말씀은 무슨 뜻입니까? 그것은 제자들이 삶의 현장에서 인식할 수 있도록 '사건화한다.'라는 말입니다. 예를 들면 이런 겁니다. 예수님도 창조 전부터 계셨어요. 하지만 육신의 몸을 입고 이 땅에 오심으로써 역사 속에서 사건화한 겁니다. 그 사건화 한 날을 우리는 '성탄절'이라고 부릅니다. 예수님은 성탄절 때부터 세상에 계신 것이 아니라 그전에도 계셨습니다. 다만 성탄절이라는 사건을 통하여 예수님의 존재 방식이 좀 더 구체화한 겁니다.

그런데 그 예수님께서 십자가에 죽으심으로 제자들 곁을 떠나십니다. 그로부터 50일 후인 오순절 때 '다른 보혜사'이신 성령님께서 역사 속으로 오십니다. 우리는 그날을 '오순절 성령 강림절'이라고 불러요. 성령님께서 오순절에 강림하셨다고 해서 그전까지는 성령님이 계시지 않았다는 말이 아닙니다. 다만 그때부터 역사 속에서 구체적으로 일하심을 공표하는 겁니다. 그때부터 성령님께서 적극적으로 일하시는 시대가 활짝 열린 겁니다.

무슨 일을 하십니까? 17절을 봅시다. "그는 진리의 영이라 세상은 능히 그를 받지 못하나니 이는 그를 보지도 못하고 알지도 못함이라 그러나 너희는 그를 아나니 그는 너희와 함께 거하심이요 또 너희 속에 계시겠음이라." 보혜사는 제자들과 함께 계시고, 제자들 안에 계십니다. 보혜사는 삶의 현장과 떨어져 있는 은하수의 세계에 계시지 않습니다. 한 사람 한 사람의 삶 속에 계십니다. 예수님을 믿는 한 사람을 성전이라고 말하는 이유가 여기에 있습니다. 성전은 성령 하나님이 계신 곳입니다.

그러면 보혜사께서 함께 계심으로써 어떤 일들이 일어납니까? 첫째로, 예수님만이 진리이심을 믿고 고백하는 일이 일어납니다. 예수님을 믿지 않는 사람 중에는 까칠한 사람도 있지만, 인간성이 정말 괜찮은 친구도 있어요. 인간성이 좋다고 해서 믿음을 갖는 것은 아닙니다. 믿음은 그 사람의 성격이나 능력이 아닌 보혜사의 일하심으로 결정되기 때문입니다. 인간성이 아무리 좋아도 보혜사를 모르면 믿음을 갖지 못합니다.

다시 말하면 보혜사께서 일하지 않으시면 어쩔 도리가 없습니다. 그러므로 시간적으로는 보혜사의 일하심이 먼저고 예수님께 대한 고백은 나중입니다. 하지만 내용적으로는 동시적인 사건입니다. 따라서 보혜사가 우리 안에 계심으로써 가장 먼저 일어난 일을 믿음의 고백이라고 말하는 겁니다. 믿음의 고백이 있는 사람은 무엇을 깨닫습니까?

둘째로, 내 삶을 인도하시는 분은 내가 아닌 보혜사이심을 깨닫습니다. 믿음으로 사는 우리는 내 마음대로 사는 것이 아닙니다. 작은 일에서부터 큰일에 이르기까지 보혜사께서 인도하십니다. 내 인생 배의 노를 내가 아닌 보혜사께서 젓고 계십니다. 그러므로 자기 뭘 하겠다고 힘을 쓰다 보면 괜스레 피곤하고 일찍 지칩니다. 스트레스만 쌓입니다.

그러므로 완전히 맡겨야 합니다. 세상에서는 '뚝심' '고집쟁이'가 매력이 있을지 몰라도 믿음의 세계에서는 '열린 마음' '겸손'이 인정받습니다. 보혜사께서 나를 어디로 인도하시는지를 잘 알고 따라가는 것이 중요합니다. 그런 자에게 보혜사께서 어떤 선물을 주십니까?

셋째로, 보혜사께서는 각 사람에게 맞는 다양한 선물을 주십니다. 우리 안에 계신 보혜사께서 그 사람에게 맞는 선물을 주십니다. 어떤 사람에게는 성경을 잘 가르칠 수 있는 지혜를 주시고, 어떤 사람에게는 말씀을 잘 깨닫는 지식을 주십니다. 어떤 사람에게는 어떤 유혹 앞에서도 흔들리지 않는 믿음을 주시고, 어떤 사람에게는 병을 고칠 수 있는 선물을 주십니다. 어떤 사람에게는 방언을 말하는 선물을 주시고, 어떤 사람에게는 그 방언을 통역하는 선물을 주십니다(고전 12:8-10).

여기서 한 가지 주의해야 할 점이 있어요. '성령님의 은사(선물)'를 성령님 자체로 혼동해서는 안 됩니다. 예를 들어, 방언하면 성령님이 내 안에 계시는 것이고, 그렇지 않으면 안 계신 것으로 생각해서는 안 됩니다. 방언으로 말하는 것은 성령님께서 내 안에 계시는 증거 중 하나일 뿐입니다. 앞에서 살펴보았듯이 성령님께서 내 안에 계시고 함께 하신다는 증거들이 얼마나 많습니까? 예수님을 진리로 믿고 고백하는 일에서부터 시작하여, 성경을 바르게 깨닫고, 가르치고, 세상 유혹 속에서도 믿음의 길을 걸어가는 것 등이 다 보혜사께서 주신 선물입니다.

이런 선물들을 주신 목적은 다양한 사람들을 다양한 모습으로 섬기도록 하기 위함입니다. 이것을 우리는 '품격 있는 신자, 건강한 교회'라고 말해요. 다시 말하면 '세상을 향하여 대안을 제시하는 대안 공동체'가 되는 겁니다. 이것이 보혜사께서 우리에게 선물을 주신 목적입니다. 선물은 그 목적에 맞게 사용할 때 빛이 납니다.

그러므로 우리가 가장 확신해야 할 바는 무엇입니까? 바로 지금 내 안에 보혜사께서 계신다는 사실을 믿는 겁니다. 어떤 사람은 꽤 유식한 것처럼 말해요. "너희 교회에는 예수님은 계시는 데 성령님은 계시지 않아." 이럴 수는 없는 겁니다. 하나님은 계시는 데 예수님은 안 계시고, 예수님은 계시는 데 성령님은 안 계실 수 없다는 말입니다. 이것은 유식이 아니라 무식이 춤추는 겁니다. 하나님과 예수님과 성령님은 같은 분이시기 때문에 같이 존재하십니다. 굳이 그런 말을 하고 싶다면 이렇게 말해야 옳아요. "넌 예수님은 알면서 성령님은 모르는 것 같구나." 그럴 수 있어요. 하지만 이제는 다릅니다. 보혜사께서 깨우치시기 때문입니다.

우리가 예수님을 믿는다고 고백하는 일도 보혜사께서 하신 일이요, 그 순간 보혜사께서 내 안에 계십니다. 그리고 지금 나를 보호하시고 인도하십니다. 내가 지금 캠퍼스 목자요 성경 선생으로 사는 것은 내 안에 계신 보혜사 때문입니다. 보혜사는 세상 끝날까지 나와 함께 하십니다.

이 사실을 믿는 것이 얼마나 중요합니까? 18절을 봅시다. "내가 너희를 고아와 같이 버려두지 아니하고 너희에게로 오리라." '고아'란 '부모를 여의거나 부모에게 버림받아 몸 붙일 곳이 없는 아이'라는 뜻입니다. 버림받는 것처럼 슬프고 비참한 일도 없어요. 더러 "가을은 남자의 계절이다."라고 말해요. 남성들이 가을이 되면 외로움을 탄다는 말인데, 적극적인 관심과 사랑이 필요하다는 겁니다. 우울증에서 자살로 이어지는 과정에는 버림받음이 있어요. 믿음으로 살면서도 버림받음이라는 단어가 내 것처럼 들릴 때가 있어요. 주변 사람들의 무관심 때문이기도 해요.

하지만 본질로는 성령님의 함께 하심에 대한 인식이 부족하기 때문입니다. 하지만 보혜사의 함께 하심은 마치 예수님께서 하나님 안에 계시고, 우리가 예수님 안에 있으며, 예수님이 우리 안에 계신 것과 같습니다 (19-20). 예수님의 말씀을 지키고 예수님을 사랑하는 사람은 이 사실을 더욱 확신할 수 있습니다. 왜냐하면 그런 사람에게 보혜사께서 나타나시기 때문입니다(21).

이런 점에서 예수님의 말씀에 순종하는 일이 참 중요합니다. 예수님의 말씀에 순종하지 않는 사람은 죽었다 깨어나도 모릅니다. 보혜사께서 가르쳐 주시지 않기 때문입니다. 아니 가르쳐 줘도 모르기 때문입니다 (22-23). 다시 말하지만 우리가 할 수 있는 일은 성경을 배우고 그 말씀에 순종하는 겁니다. 더러 어떤 사람은 말씀을 통하지 않고 직접 듣고자 해요. 그래서 말씀을 공부하기보다는 높은 산으로 가는 사람이 있어요. 잘못 된 것은 아니지만 지나치면 위험할 수도 있어요. 어떤 사람은 주님의 뜻을 알기 위해서 마음을 비우고 몸부림치며 기도했는데, 꿈을 통해서 방향을 잡기도 해요.

그런데도 이른바 '직통 계시'를 받았다는 사람들치고 건강한 신앙생활을 하는 사람이 많지 않아요. 왜냐하면 대부분 '직통 계시'는 주관적이기 때문입니다. 그러므로 말씀을 통해서 보혜사의 인도하심을 받는 것이 가장 좋은 길입니다. 마음이 허전할 때, 혼자인 것 같은 고독이 밀려올 때 성경을 읽어보지 않으렵니까? 말씀을 읽으면 보혜사의 함께 하심을 확신할 수 있습니다.

왜 그럴까요? 26절을 봅시다. "보혜사 곧 아버지께서 내 이름으로 보내실 성령 그가 너희에게 모든 것을 가르치고 내가 너희에게 말한 모든 것을 생각나게 하리라." 보혜사는 말씀을 통해서 우리를 깨우쳐 주십니다. 믿음을 갖는 것, 믿음으로 사는 것, 겉으로 보면 내가 결정하고 내 마음대로 움직이는 것처럼 보입니다. 하지만 궁극적으로는 보혜사께서 결정하시고 움직이십니다. 그러므로 우리는 보혜사를 사모하고 보혜사를 의지해야 합니다. 그러면 평화가 임합니다(27). 아무리 힘들고 어려운 문제를 만나도 스트레스를 이길 수 있습니다. 보혜사께서 함께하시고 도와주시기 때문입니다.

그러므로 제자들은 예수님께서 제자들 곁을 떠났다가 다시 오신다는 말씀 앞에서 기뻐할 수 있습니다(28). 비록 예수님께서 십자가에서 죽으시지만 그것은 사탄에게 패배하는 것이 아닙니다. 그것은 오히려 예수님께서 하나님의 말씀에 순종하는 것을 보여주시는 겁니다(29-31). 제자들과 오늘 우리에게 말씀대로 사는 것이 무엇인가를 보여주시는 겁니다.

우리는 어떻게 해야 합니까? 보혜사께서 이미 나와 함께 하시고 인도하심을 믿는 겁니다. 그 믿음으로 이번 주에도 믿음의 길을 힘차게 가기를 기도합니다.

제29강
열매

◇ 본문 요한복음 15:1-17
◇ 요절 요한복음 15:5
◇ 찬송 86장, 92장

'사랑의 열매'로 알려진 세 개의 빨간 열매를 가슴에 다는 사람을 봅니다. 그것은 호랑가시나무의 열매인데, 예수님의 십자가와 연결되어 있습니다. 예수님께서 골고다 언덕에 가시관을 쓰고 오르실 때 작은 새 '로빈' 한 마리가 예수님의 머리에 박힌 가시를 자신의 부리로 뽑아내려고 했어요. 하지만 그 새도 가슴이 피로 물들면서 죽고 말았어요. 그 후로 '로빈'이 잘 먹는 그 열매를 신성하게 여기고, 장식으로 널리 사용했습니다. 오늘 말씀을 생각하면서 그 열매가 생각납니다. 우리는 어떻게 해야 열매를 맺을 수 있습니까? 우리는 어떤 열매를 맺어야 합니까?

1절을 읽읍시다. "나는 참 포도나무요 내 아버지는 농부라." 포도나무는 유대인들에게는 신학적으로나 환경적으로 중요한 의미가 있습니다. 구약에서 포도나무는 이스라엘을 상징했습니다. 이스라엘은 하나님께서 애굽에서 뽑아다가 가나안 땅에 심은 포도나무였습니다(시 80:8-10). 이사야는 그들을 의와 정의의 열매를 맺어야 할 극상품 포도나무로 간주했습니다(사 5:1-7). 에스겔은, "곧게 자란 포도나무로도 만들 수 있는 것이 하나도 없는데 하물며 불에 타 버린 가지로 무엇을 할 수 있겠느냐?"며 교만한 이스라엘을 질책했습니다(겔 15:5). 예레미야 역시 "좋은 포도나무였던 이스라엘이 못 쓸 나무가 되었다."라고 책망했습니다(렘 2:21).

환경적으로 이스라엘의 기후와 토양은 포도나무를 경작하기에 적합했습니다. 그곳에는 포도원이 없는 곳이 거의 없었습니다. 포도나무는 무화과나무와 함께 풍성한 복의 시대를 상징했습니다(왕상 4:25). 그런데 예수님께서 "나는 참 포도나무"라고 선언하십니다.

여기에는 어떤 뜻이 있습니까? 이 말씀은 '포도나무였던 이스라엘은 더는 포도나무가 아니다.'라는 말입니다. 왜냐하면 그들이 열매를 맺지 못했기 때문입니다. 즉 실패한 포도나무이기 때문에 더는 포도나무가 될 수 없다는 겁니다. 동시에 그 실패한 포도나무를 대신해서 예수님이 참 포도나무이십니다. 참 포도나무 예수님은 과거 이스라엘처럼 열매를 맺는 데 실패하지 않습니다. 그리고 아버지 하나님은 나무의 가지를 관리하는 농부이십니다.

농부는 무슨 일을 하십니까? 2절을 봅시다. "무릇 내게 붙어 있어 열매를 맺지 아니하는 가지는 아버지께서 그것을 제거해 버리시고 무릇 열매를 맺는 가지는 더 열매를 맺게 하려 하여 그것을 깨끗하게 하시느니라." 농부는 죽은 가지나 불필요한 가지들을 제거합니다. 살아 있는 가지 중에서 쓸모없이 자란 부분은 깨끗하게 다듬습니다. 이렇게 하는 것은 더 많은 열매를 맺게 하려는 겁니다.

이 비유가 제자들에게는 어떻게 적용됩니까? 3절을 읽읍시다. "너희는 내가 일러준 말로 이미 깨끗하여졌으니." 제자들은 예수님의 말씀을 통해서 가지치기가 이미 다 끝났습니다. 즉 열매를 맺는 데 있어서 이미 준비된 사람들입니다. 그들은 세상 욕심을 다 끊었습니다. 세상 미련을 버렸습니다. 그들은 이제 믿음과 소망과 사랑에 관심을 둡니다.

그런 그들이 해야 할 일은 무엇입니까? 예수님 안에 거하는 겁니다. 그러면 예수님도 그들 안에 계십니다. 그들은 왜 예수님 안에 머물러 있어야 합니까? 가지가 포도나무에 붙어 있지 않으면 가지 스스로 열매를 맺을 수 없듯이, 제자들도 예수님 안에 있지 않으면 스스로 열매를 맺을 수 없기 때문입니다(4).

그들은 왜 스스로 열매를 맺지 못합니까? 5절을 읽읍시다. "나는 포도나무요 너희는 가지라 그가 내 안에, 내가 그 안에 거하면 사람이 열매를 많이 맺나니 나를 떠나서는 너희가 아무것도 할 수 없음이라." 가지가 열매를 맺는 길은 오직 하나, 나무에 붙어 있는 그것뿐입니다. 가지는 나무에 붙어 있기만 하면 영양분을 받아서 자동으로 열매를 맺습니다. 그런데 제자들은 나무가 아니라 가지입니다. 스스로 독립된 존재가 아니라 나무에 종속된 존재입니다. 제자들은 결코 예수님을 떠나서는 열매를 맺지 못합니다. 열매를 맺으려면 절대적으로 참 포도나무이신 예수님 안에 있어야 합니다.

그러면 '예수님 안에 거하는 것'은 구체적으로 어떻게 하는 겁니까? 삶의 현장에서 예수님의 말씀에 순종하는 겁니다. 삶의 현장에서 세상을 보는 렌즈가 말씀 중심이어야 합니다. 삶 속에서 옳고 그름의 절대적 기준이 말씀이어야 합니다. 이렇게 살면 자동으로 열매를 맺습니다.

우리는 우리나라의 믿음의 선배들이 '성경을 사랑하는 사람들(Bible lovers)'이었음을 배웠습니다. 그들은 '겨울 사경회'를 통하여 말씀을 공부하고, 그 말씀에 순종하기 위해서 몸부림을 쳤습니다. 그랬을 때 놀라운 부흥의 열매를 맺게 되었습니다. 우리는 국내뿐만 아니라 선교지에서도 생명이 살아나는 열매를 맺기를 원합니다.

우리가 무엇을 해야 합니까? 주님께서 주신 말씀에 순종해야 합니다. 삶의 현장에서 받은 말씀에 순종해야 합니다. 그러면 주님께서 우리를 통하여 열매를 친히 맺어주십니다. 열매는 내가 억지로 맺는 것이 아닙니다.

주님은 나에게 열매를 맺으라고 요구하지 않습니다. 압력을 넣지 않습니다. 다만 주님의 말씀에 순종하기를 원하십니다.

만일 예수님의 말씀에 순종하지 않으면 어떻게 됩니까? 6절을 봅시다. "사람이 내 안에 거하지 아니하면 가지처럼 밖에 버려져 마르나니 사람들이 그것을 모아다가 불에 던져 사르느니라." 예수님의 말씀에 순종하지 않으면 단지 열매만 맺지 않는 정도로 끝나는 것이 아닙니다. 지옥 불에 던져져 심판받아 죽게 됩니다. 그러므로 반드시 예수님의 말씀에 순종하는 삶을 살아야 합니다. 즉 반드시 열매를 맺어야 합니다. 열매는 선택이 아니라 필수입니다. 그런데 예수님의 말씀에 순종만 하면 열매는 자동으로 맺힙니다. 이 얼마나 놀라운 은총입니까?

순종하는 자에게 주어지는 또 하나의 특권은 무엇입니까? 7절을 읽읍시다. "너희가 내 안에 거하고 내 말이 너희 안에 거하면 무엇이든지 원하는 대로 구하라 그리하면 이루리라." 무엇이든지 기도할 수 있고, 주님께서 그 기도를 들어주십니다. 여기서 기도의 응답은 열매를 맺는 겁니다. 우리가 주님께 열매를 주시도록 기도하면 주님은 열매를 맺게 하십니다.

주님께서는 왜 우리로 열매를 맺게 하십니까? 우리가 광을 내도록 함이 아닙니다. 아버지 하나님께 영광을 돌리려는 겁니다. 동시에 예수님의 제자가 되는 표시가 됩니다(8). 열매는 제자 됨의 표식 중 하나입니다. 제자라고 하면서 열매가 없다면 무늬만 제자일 뿐입니다. 내가 맺을 열매를 통해 나 자신도 제자로서 자긍심을 갖게 됩니다. 그러므로 제자들은 반드시 열매를 맺어야 합니다. 삶의 현장에서 예수님의 말씀에 순종해야 합니다.

예수님의 말씀에 순종하는 것은 곧 어디에 거하는 것과 같습니까? 9절을 봅시다. "아버지께서 나를 사랑하신 것 같이 나도 너희를 사랑하였으니 나의 사랑 안에 거하라." 아버지께서 예수님을 사랑하신 것 같이 예수님도 제자들을 사랑하셨습니다. 그러므로 제자들은 예수님의 사랑 안에 거해야 합니다.

'사랑 안에 거한다.'라는 말은 어떻게 하는 겁니까? 예수님의 계명에 순종하는 겁니다. 예수님의 계명에 순종하는 것은 곧 예수님의 사랑 안에 머무는 겁니다. 예수님의 사랑에 머무는 것은 곧 예수님의 말씀에 순종하는 거고요. 사랑은 이론이 아니라 실제입니다. 삶 속에서 구체적인 행동으로 나타납니다. 사랑과 순종은 유기적으로 연결되어 있습니다. 예수님의 사랑 안에서 산다는 말은 예수님의 말씀을 실천하는 겁니다. 제자들이 삶의 현장에서 실천해야 할 예수님의 말씀은 무엇입니까? 제자들끼리 서로 사랑하는 겁니다(12).

그들이 어떻게 서로 사랑할 수 있습니까? 예수님께서 제자들을 사랑하셨기 때문입니다. 예수님은 제자들을 어떻게 사랑하셨습니까? 사람이 자기 친구를 위해 자기 목숨을 내놓는 것보다 더 큰 사랑은 없습니다. 제자들이 서로를 사랑하면 예수님의 친구가 됩니다. 친구 사이는 서로에 대한 신뢰가 있기에 친구의 말을 잘 듣습니다. 친구의 말을 듣지 않으면서 친구라고 하는 것은 뻔뻔한 짓입니다. 제자들은 예수님의 말씀에 순종함으로써 친구가 되었습니다. 예수님은 친구인 그들을 위해서 십자가에서 대신 돌아가심으로 그 최고의 사랑을 베푸셨습니다(13-15). 그들이 서로 사랑할 수 있는 것은 이 사랑을 받았기 때문입니다.

예수님께서 제자들을 친구로 택하신 목적은 무엇입니까? 16절을 보십시오. "너희가 나를 택한 것이 아니요 내가 너희를 택하여 세웠나니 이는 너희로 가서 열매를 맺게 하고 또 너희 열매가 항상 있게 하여 내 이름으로 아버지께 무엇을 구하든지 다 받게 하려 함이라." 예수님께서 제자들을 친구로 택하신 목적은 그들이 열매를 맺고, 열매가 항상 있게 하시기 위함입니다. 그래서 예수님의 이름으로 구하는 것은 무엇이든지 아버지로 하나님으로부터 받도록 하기 위함입니다. 우리가 삶의 현장에서 열매가 있으면 기도할 수 있습니다. 그리고 기도하면 열매를 항상 맺습니다.

제자들이 맺어야 할 열매는 무엇입니까? 17절을 읽읍시다. "내가 이것을 너희에게 명함은 너희로 서로 사랑하게 하려 함이라." 제자들끼리 서로 사랑하는 열매를 맺어야 합니다. 제자들끼리 서로 사랑하는 것은 제자 공동체의 핵심입니다. 제자 공동체, 즉 교회는 어디까지나 사랑으로 본질을 나타내야 합니다. 교회가 사랑의 열매를 풍성히 맺는다면 세상의 소금이요 빛으로서 증명할 수 있습니다.

신앙생활에서 가장 중요한 덕목을 무엇이라고 생각합니까? 어떤 이는 마음속의 체험을 제일 중요한 줄로 알고 늘 체험만 강조합니다. 어떤 이는 뜨거운 찬양만 있으면 신앙이 부흥하는 것처럼 열광합니다. 어떤 이는 성경에 대한 지식을 최고로 여깁니다. 이 모든 것들이 다 중요합니다. 하지만 서로에 대한 사랑이 없다면 이 모든 것들은 아무것도 아닙니다. 사람의 방언과 천사의 말을 하더라도 사랑이 없다면, 그것은 울리는 종과 시끄러운 꽹과리와 다를 게 없습니다. 또 산을 옮길 만한 믿음을 가지고 있다 하더라도 사랑이 없다면, 아무것도 아닙니다(고전 13:1-2).

어거스틴(St. Aurelius Augustinus, 354-430)은 사랑에 대해서 정의합니다. "사랑은 남을 도와주는 손을 가지고 있다. 사랑은 가난하고 어려운 사람들을 향해 달려가는 발을 가지고 있다. 사랑은 불행과 궁핍을 보는 눈을 가지고 있다. 사랑은 사람들의 한숨과 한탄을 들을 수 있는 귀를 가지고 있다." 우리의 삶은 '이중창(듀엣, duet)' 아니면 그 이상의 '하모니'로 이루어집니다. 특히 교회 공동체는 이 '사랑의 하모니'의 결정체라고 할 수 있습니다. 그러므로 이 '하모니'에 익숙하지 못하면 인생이 잘 안 풀립니다. 홀로서기가 다 좋은 것은 아닙니다.

우리 시대는 자기 개성들이 너무나 강합니다. 사랑으로만 세상을 아름답게 가꿀 수 있습니다. 비록 상대방이 실력 없는 약자로 보인다고 하더라도 기꺼이 상대방의 자리로 내려가 그를 격려하고 용기를 줄 수 있는 '듀엣의 정신' '하모니 정신'을 가졌으면 합니다. 제가 어렸을 때 우리 민족은 모래알로, 일본은 찰흙으로 비유한 적이 있었습니다. 모래알은 하나로는 강하지만 뭉치는 힘이 약합니다. 반면 찰흙은 하나로는 약하지만 뭉치는 힘이 대단합니다.

우리가 일본에 강탈을 당한 것도 뭉치는 힘이 없었기 때문이라는 겁니다. 그래서 초대 대통령 이승만은 외쳤습니다. "뭉치면 살고 흩어지면 죽는다!" 모래알이 뭉칠 수 있는 것이 있으니 바로 시멘트입니다. 모래알에 시멘트가 섞이면 찰흙은 '게임'이 되지 않습니다. 그 시멘트가 바로 사랑입니다. 서로에 대한 사랑은 개성이 강한 한 사람 한 사람을 뭉치게 하는 힘입니다. 서로 사랑하는 것은 서로를 한데 묶는 사랑의 띠요 사랑의 안전 띠입니다. 사랑이란 모든 허물과 문제를 용광로에 녹여서 전혀 새로운 것으로 만들어 냅니다. 사랑은 다른 이의 약점과 허물까지도 아름답게 승화시킵니다.

물론 서로를 사랑한다는 것은 말처럼 쉽지는 않습니다. 나름대로 희생이 요구됩니다. 돈도 들어가고 시간도 투자해야 하고 마음도 비워야 합니다. 그래서 알면서도 잘 안 됩니다. 하지만 이것은 우리의 신앙생활에서 선택이 아닌 필수입니다. 우리가 신앙생활의 핵심으로 알고 애를 쓰면 주님께서 도와주십니다.

우리 앞에는 이런 사랑을 실천해야 할 일들이 많이 있습니다. 아니 우리의 삶의 목적은 이 사랑의 열매를 맺는 겁니다. 누군가가 말했습니다. "우리의 사는 날 동안 서로를 사랑만 해도 시간이 부족하다." 맞습니다. 그런데 미워하고 시기할 시간이 어디에 있습니까? 우리가 믿음의 동역자를 사랑하지 않고서 어떻게 세상을 사랑할 수 있겠습니까? 세상에 대한 사랑은 우리 안에 있는 동역자에 대한 사랑으로부터 시작됩니다. 우리가 서로를 사랑하면 양들도 사랑하게 됩니다. 우리가 서로를 사랑하면 제자양성도 이룰 수 있습니다. 우리가 먼저 서로 사랑하면 우리나라가 모든 분열을 딛고 일어나 세계에 대하여 제사장 나라가 될 것입니다.

"개구리 왕자(The Frog Prince)"라는 동화가 있어요. 공주가 숲 근처 연못에서 금으로 된 공을 가지고 놀다가 실수로 공을 연못에 빠트렸어요. 그때 개구리 한 마리가 "그 공을 찾아 줄 터이니 나하고 함께 식사하고 키스를 해달라."고 요청합니다. 공주는 공만 찾고 약속을 지키지 않아요. 공주는 할 수 없이 개구리와 밥을 먹어요. 하지만 개구리가 뽀뽀를 요구하자 화가 난 공주는 개구리를 잡아서 벽으로 던져버립니다. 개구리가 실신하자, 당황한 공주가 다가가 뽀뽀합니다. 그 순간 그 개구리는 잘생긴 왕자로 변신해요. 이런 모습이야말로 서로를 사랑하는 모습이 아닐까요? 거의 죽어가는 개구리와 같은 동역자에게 부담스러움을 이기고 뽀뽀하면 하나님의 왕자와 공주로 태어납니다.

양을 향한 목자의 사랑은 어떻게 나타나야 할까요? 그들과 눈높이를 맞추며 그들의 아픔과 어려움에 동참해야 합니다. 하지만 그 모든 것의 도착점은 예수님께 있어야 합니다. 이웃 사랑의 열매는 '그리스도를 증언하는 일'입니다.

누군가가 말합니다. "교회여, 세상에 희망을 주자!" 교회는 세상의 모든 문제를 해결할 수 있는 희망의 장소입니다. 그 희망의 빛이 어떻게 비춰질 수 있습니까? 내가 먼저 교회 안에서 형제자매를 사랑함으로 시작합니다. 주님의 말씀에 순종함으로써 사랑의 열매와 전도의 열매를 맺을 수 있습니다. 그리하여 자기중심적이고 이기적인 세상을 밝히는 희망의 등불이 되기를 기도합니다.

제30강
성령님이 오시면

◇ 본문 요한복음 15:18−16:33
◇ 요절 요한복음 16:13
◇ 찬송 184장, 185장

10월 31일, "신비한 TV 서프라이즈"에서는 이른바 '성령의 불'에 대해서 방송했어요. '성령의 불'은 예루살렘의 성묘교회(Church of the Holy Sepulcher)에서 부활절을 앞둔 토요일 밤 정각 12시에 대주교가 아무런 장치 없이 붙인 불이래요. 그 불은 33분 동안 사람이 직접 만져도 피부 손상이 없고, 머리카락도 타지 않았어요. 신자들은, 공기 중에 '성령의 불'이 나타났는데, 성묘교회를 예수님이 죽은 성스러운 장소에 세웠기 때문이래요. 반면 "이것은 기적이 아닌 일종의 쇼이다."라고 반박하기도 해요. 어쨌든 이 불을 보려고 많은 사람이 모였다는군요. 그런데 이것이 쇼가 아닌 '성령의 불'이라고 할지라도 성령님의 사역에 대해서 오해의 소지가 있어요. 왜 그럴까요?

우리는 예수님의 말씀에 순종하기 위해서 사랑의 열매를 맺으려고 애를 씁니다. 하지만 세상은 이런 우리를 인정하기도 하지만 미워하기도 해요. 예수님을 모르기 때문입니다. 아니 받아들이고 싶지 않기 때문입니다. 그들은 그에 합당한 대가를 치를 겁니다(15:18−27). 예수님께서 제자들에게 이 말씀을 하시는 것은 넘어지지 않게 하려는 겁니다.

신학대학원 입학시험 면접 때 학생에게 물었어요. "왜 목사가 되려고 합니까?" 그는, "목사는 세상에서 존경도 받고 사회적 지위도 안정되기 때문입니다."라고 대답했어요. 그는 마치 '아이돌 스타'의 화려한 겉모습만 보고 연예인이 되려는 '초딩' 같아요. 예수님을 믿으면 인정도 받지만 미움도 받습니다. 예수님께서 인정도 받으셨지만 미움도 받으셨기 때문입니다. 이 사실을 알아야 미움을 받을 때 넘어지지 않아요. 하지만 제자들은 이 사실을 모르기 때문에 근심이 가득합니다(16:1-6).

그런데도 예수님은 왜 제자들 곁을 떠나시려는 겁니까? 보혜사가 오시기 때문입니다(7). 보혜사가 오시는 것이 왜 제자들에게 유익일까요? 보혜사가 오셔서 죄와 의와 심판에 대하여 세상의 잘못을 깨우쳐 주시기 때문입니다(8).

어떻게 깨우치십니까? 9절을 봅시다. "죄에 대하여라 함은 그들이 나를 믿지 아니함이요." 불과 얼마 전만 해도 동성애는 표현하는 것조차도 부담스러웠는데, 한 TV 연속극에서는 내놓고 다루었어요. 이에 대해서 비판적 시각을 갖는 사람에게 오히려 "성적 소수자를 편애한다."라며 목소리를 높였어요. 죄에 대한 관념이 점점 상대화하고 있어요.

그렇다면 보혜사께서 가르치시는 기준은 뭡니까? 예수님을 믿지 않는 겁니다. 즉 모든 죄의 뿌리가 예수님을 믿지 않습니다. 우리는 왜 세상 풍조대로 '자유연애'를 하지 않고 순결을 지키려고 하는 겁니까? 예수님을 믿기 때문입니다. 어떤 점에서 예수님을 믿지 않으면 참 편하게 살 수 있어 보여요. 걸리는 것, 즉 죄가 없기 때문입니다. 그래서 우리가 볼 때는 죄인인데도 불구하고 의인처럼 목에 힘주는 사람이 참 많아요.

반대로 우리는 그들에 비해서는 의인인데도 불구하고 죄인처럼 살아요. 보혜사께서 우리에게는 죄에 대해서 깨우쳐 주셨지만, 그들에게는 아직 깨우쳐 주시지 않았기 때문입니다. 보혜사께서 깨우쳐 주셔야만 죄에 대해서 바른 기준을 갖습니다.

죄를 깨우치신 보혜사께서 의에 대해서도 깨우치십니다. 10절입니다. "의에 대하여라 함은 내가 아버지께로 가니 너희가 다시 나를 보지 못함이요." 사람들이 죄를 모르기 때문에 자신을 의롭다고 생각해요. 하지만 의인은 오직 예수님뿐입니다. 그런 예수님께서 십자가에서 죽으시니 더는 의를 보지 못합니다. 세상은 불의만 가득합니다.

한 국회의원이 "청와대 사모님이 로비를 했다."라며 폭로하자 청와대는 "국회의원의 품격도 없는 사람"이라며 발끈했어요. 그런 청와대가 '대포폰'을 사용하여 국회의원을 사찰함으로써 '품격 없는 청와대'가 되고 말았어요. 그런 정치인들을 보면서 일부 사람들은 자기만 잘났다고 생각해요. 하지만 세상은 모두 불의합니다. 이 사실을 보혜사께서 깨우쳐 주십니다.

보혜사는 심판에 대해서도 깨우치십니다. 11절을 봅시다. "심판에 대하여라 함은 이 세상 임금이 심판을 받았음이라." '이 세상 임금'은 '세상을 다스리는 사탄'을 말해요. 사람들이 자기를 의롭다고 생각하는 것은 사탄에게 사로잡혀 뭘 모르기 때문입니다.

어떤 사람이 맨홀에 빠지자 '114 안내'에 전화하여 "119가 몇 번인가"라고 물었어요. 맨홀에 빠지면 맨홀에 사로잡혀 이렇게까지 헤맵니다. 북한의 많은 주민은 '김씨 왕조'에 사로잡혀 제일인 줄 알고 믿고 따릅니다. 하지만 그 '왕조'가 무너지면 그들은 어떻게 될까요? 예수님을 믿지 않는 사람들은 자신이 인정하지 않을지라도 사탄을 왕으로 섬기고 사는 겁니다. 그런 사탄이 심판을 받으면 어떻게 될까요? 그러므로 누구를 섬겨야 합니까? 이런 사실을 보혜사께서 오셔서 깨우쳐 주십니다.

깨우치신 후에는 무엇을 하십니까? 13절을 읽읍시다. "그러나 진리의 성령이 오시면 그가 너희를 모든 진리 가운데로 인도하시리니 그가 스스로 말하지 않고 오직 들은 것을 말하며 장래 일을 너희에게 알리시리라."

보혜사는 진리의 성령님이십니다. 왜냐하면 제자들을 모든 진리 가운데로 인도하시기 때문입니다. 보혜사는 진리이신 예수님과 그 말씀 안으로 인도하십니다. 보혜사는 스스로 말하지 않고 오직 들은 것을 말합니다. 즉 예수님과 언제나 코드를 맞추십니다. 그리고 예수님께서 장차 감당하실 십자가의 죽으심과 부활, 그리고 승천에 대해서 가르칩니다. 예수님께서 십자가에서 죽으신 사건은 꾸며낸 이야기가 아닌 역사적 사실입니다.

하지만 그 사실을 믿는 사람보다도 믿지 않는 사람이 더 많아요. 왜 그럴까요? 당사자들에게도 그 원인이 있어요. 하지만 본질로는 성령님께서 인도하시느냐, 그렇지 않느냐에 달려 있어요. 우리가 예수님께서 죽으시고 부활하신 사건을 나를 위한 사건으로 영접할 수 있는 것은 내가 받아들였기 때문이기도 해요. 내가 성경을 배우고, 내가 예배에 참석했기 때문이기도 해요.

하지만 성령님께서 인도하셨기 때문입니다. 우리의 삶 속에서 일어난 일들, 우연처럼 보인 일들 속에 성령님의 인도하심이 있는 겁니다. 이것을 '우연을 가장한 필연', 혹은 '우연을 가장한 섭리'라고 말해요. 예수님을 믿는 순간 성령님께서, 아니 예수님을 믿도록 도와주신 성령님께서 내 안에 계시고, 예수님과 그 말씀 안으로 인도하십니다. 그 인도하심으로 우리는 변화를 경험하고, 건강하게 자랍니다.

복음서에 나타난 예수님 제자들의 모습은 어떠합니까? 어떤 때는 우리보다 못한 모습을 보이기도 해요. 그래서 우리는 부족한 우리의 모습 앞에서도 희망을 품습니다. 그런데 사도행전으로 넘어가면 완전 달라요. 사람이 이렇게까지 변할 수 있다는 사실을 알고는 다시 희망을 봅니다. 그 희망의 원천은 성령님의 인도하심입니다. 제자들이 활동하던 세상은 결코 만만한 곳이 아닙니다. 인본주의 본산인 헬레니즘과 율법주의의 근본인 유대주의가 세상 풍조를 이끌었어요. 그런 세상에서 중심을 지키는 일도 쉽지 않아요. 먹히지 않은 것만도 대견스러워요.

하지만 그들은 세상을 거슬러 올라갑니다. 세상에 대안을 제시하는 '대안 공동체'가 됩니다. 성령님께서 그들을 인도하셨기 때문입니다. 그들이 성경 선생이요 목자가 될 수 있었던 것은 성령님의 인도하심 때문입니다. 보통 성령님의 사역을 사람이 손을 대도 데지 않는 그런 불을 만나는 것만을 생각해요. 말기 암이 낫고, 방언으로 기도하고, 자기만 아는 어떤 '직통계시'를 받는 것으로만 생각해요. 하지만 우리의 일상적인 삶 속에서도, 지극히 평범하게 보이는 일들 속에서도 성령님의 기적은 일어납니다.

저와 성경을 공부하는 한 목사님이 있어요. 그는 괜찮은 직장을 사직하고 신학교로 갔어요. 그런 그를 보고 그 형이 어느 날 핀잔을 주었어요. "아야, 넌 처녀가 아이를 낳았다는 사실을 믿니? 에라..." 그랬던 형이 몇 년 전에 암에 걸렸는데, 그것이 계기가 되어 자기는 믿을 수 없다던 '처녀가 낳은 아들' 예수님을 그리스도로 믿고 하나님 나라로 가셨어요. 형이 이렇게 변화된 데는 이런저런 많은 사연이 있을 겁니다. 하지만 가장 중요한 사실은 성령님께서 그 형을 예수님께로 인도하신 겁니다. 성령님이 인도하시면 도저히 믿을 수 없는 것처럼 보이는 일도 믿을 수 있습니다. 그래서 누군가가 말했어요. "이 세상에서 가장 놀라운 기적은 바로 나 같은 사람이 예수님을 믿는 겁니다."

함께 전도를 받아서 신앙생활을 함께 시작한 친구들이 있었어요. 그들은 거의 매일 만나 교제하며 자란 중에 대부분 새롭게 발견한 신앙에 열심을 가졌어요. 하지만 한 형제는 특별한 변화를 경험하지 못했어요. 말씀을 배울 때나 예배 때나 별로 흥미가 없어 보였어요. 어느 날부터 그의 목자는 그 형제가 성령님의 인도하심을 알고 받도록 기도했어요. 그는 성령님의 존재와 사역에 대해서 눈을 뜨기 시작했어요. 환한 미소가 그의 얼굴에 생겼고, 그의 웃음소리가 들리기 시작했어요. 특별히 말씀 공부와 예배에서 기쁨을 찾으며, 매력적인 사람 중 한 사람으로 자랐습니다. 그는 자기가 경험한 성령님의 인도하심을 증언하는 성경 선생이요 선교사로서 쓰임받고 있습니다.

우리는 이 성령님을 어떻게 경험할 수 있나요? 찬양, 기도, 말씀을 통해서 경험할 수 있습니다. 이 세 가지는 별개가 아닌 통합인데, 그 통합은 예배를 통해서 나타납니다. 우리는 예배를 통해서 성령님의 인도하심을 구체적으로 경험할 수 있습니다. 그렇게 경험하는 것이 가장 건강한 모습입니다.

그러면 성령님께서 우리를 인도하시는 목적은 무엇입니까? 14절을 봅시다. "그가 내 영광을 나타내리니 내 것을 가지고 너희에게 알리시겠음이라." 성령님께서 우리를 인도하시는 목적은 예수님의 영광을 나타내는 데 있어요. 즉 예수님이 하나님이심을 나타내는 데 있어요(15-16). 육신의 모습을 입으신 예수님으로 존재하신 하나님께서 이제는 성령님으로 존재하십니다. 예수님과 성령님은 한 분 하나님으로서 다만 그 존재양식이 다를 뿐입니다.

그런데 제자들은 그 의미를 아직 모릅니다(17-19). 그래서 제자들은 마음이 무겁습니다. 하지만 그 근심은 곧 기쁨으로 변합니다(20-22). 성령님을 만나기 때문입니다. 성령님은 제자들과 영원토록 함께 하십니다.

성령님의 인도하심을 경험하는 자는 구체적으로 무엇을 합니까? 첫째로, 기도합니다. 23절을 봅시다. "그 날에는 너희가 아무 것도 내게 묻지 아니하리라 내가 진실로 진실로 너희에게 이르노니 너희가 무엇이든지 아버지께 구하는 것을 내 이름으로 주시리라." 제자들은 지금까지는 예수님의 이름으로 아무것도 구하지 않았습니다. 하지만 예수님이 가시고 성령님이 오시면 예수님의 이름으로 기도해야 합니다. 성령님의 오심으로 기도의 시대가 열렸습니다. 그래서 우리도 '예수님의 이름으로' 기도합니다. 기도는 단순한 형식이 아니라 성령님의 인도하심을 경험하는 하나의 표현입니다. 기도는 성령님의 인도하심을 받고 있다는 표현이며 확신입니다. 이렇게 기도하면 하나님께서 응답하십니다. 우리를 사랑하시기 때문입니다(24-27).

둘째로, 예수님을 하나님으로부터 오심을 믿습니다. 예수님께서 아버지께로 가심으로써 새 시대가 열립니다. 예수님께서 지금은 밝히 말씀하시고 아무 비유로도 하지 않습니다. 그래서 제자들은 예수님께서 하나님께서부터 오신 분임을 믿습니다(28-30). 그러나 예수님이 보실 때 조금은 때가 늦었습니다. 물론 지금이라고 이 정도의 믿음이라도 있으니 다행입니다. 그들은 예수님을 혼자 버려두고 흩어질 때가 벌써 왔습니다. 그러나 아버지께서 예수님과 함께 계시므로 예수님은 혼자가 아닙니다. 예수님은 외롭지 않습니다(31-32).

셋째로, 세상에 대해서 담대합니다. 33절을 읽읍시다. "이것을 너희에게 이르는 것은 너희로 내 안에서 평안을 누리게 하려 함이라 세상에서는 너희가 환난을 당하나 담대하라 내가 세상을 이기었노라." 예수님은 제자들이 평화를 누리기를 바라십니다. 어떻게 평안을 누릴 수 있습니까? 제자들은 세상에서 환난을 겪습니다. 그러나 제자들은 담대해야 합니다. 인간적인 용기를 말하는 것이 아니라 믿음에 의한 용기를 말합니다. 왜냐하면 예수님께서 세상을 이기셨기 때문입니다. 예수님은 세상을 이미 이겼습니다.

오늘 우리에게 주는 의미는 무엇입니까? 우리도 세상에 대한 담대함이 필요합니다. 용기는 믿음에서 나옵니다. "세상을 이기는 승리는 이것이니 우리의 믿음이니라"(요일 5:4). 우리는 세상에서 환난을 피할 수 없습니다. 그럴지라도 우리는 성령님의 함께 하심을 믿음으로 담대할 수 있습니다.

한 아이가 유명한 피아니스트의 연주회에 참석했어요. 기다림에 지친 그 아이는 무대 위에 있는 그랜드 피아노에 다가가 자기가 아는 유일한 "젓가락 행진곡"을 연주해요. 아니 그냥 친 겁니다. 아이의 엄마, 청중까지 당황하여 어찌할 바를 모릅니다. 그때 그 피아니스트가 그에게 다가가 "젓가락 행진곡"에 맞는 멜로디를 즉흥으로 연주해요. 아이는 물론이고 청중까지 덩달아 흥이 나서 박수로 화답합니다. 성령님의 사역을 이렇게 비유할 수 있을까요? 성령님은 아름다운 인생의 멜로디를 연주하심으로써 우리를 인도하십니다. 그리하여 우리는 물론이고 세상에 흥을 돋우십니다.

이 성령님을 믿고 오늘 우리도 성경 선생과 목자의 길을 담대하게 갈 수 있기를 기도합니다.

제31강
고별기도

◇ 본문   요한복음 17:1-26
◇ 요절   요한복음 17:17
◇ 찬송   452장, 461장

　주일 아침에 한 아들이 어머니에게 주일예배에 가기 싫다며 말해요. "주일에는 늦잠을 자고 푹 쉬고 싶어요. 장로님의 기도가 너무 길고 지루해요. 그리고 찬양대의 화음이 맞지 않아 짜증이 나요." 어머니가 말해요. "넌 담임목사이면서 그렇게 말하면 안 되지..." 교회에 대한 잘못된 생각을 꼬집고 있어요. 교회에 대한 우리의 기대는 무엇이어야 합니까?

　예수님은 십자가의 죽음 앞에서 기도하시는데, 그 기도를 '고별기도'라고 부릅니다. 가장 먼저 무엇이라고 기도하십니까? "아버지여 때가 이르렀사오니 아들을 영화롭게 하사 아들로 아버지를 영화롭게 하게 하옵소서"(1). 십자가는 겉으로만 보면 패배요 수치입니다. 하지만 속을 보면 사탄과 죽음에 대한 승리입니다. 따라서 예수님은 십자가를 통해서 그 영광을 드러내십니다. 그리하여 하나님의 영광도 나타내십니다.

　왜냐하면 예수님의 죽음은 인류를 향한 하나님의 사랑을 표현하는 것이기 때문입니다. 누구든지 이 사랑을 영접하면 영생을 얻습니다(2). 영생은 곧 유일하신 참 하나님과 그가 보내신 자 예수 그리스도를 아는 겁니다

(3). 즉 우리를 대신해서 예수님을 십자가에서 죽게 하신 하나님의 그 크신 사랑과 십자가에서 죽으신 예수님의 은혜를 아는 겁니다. 알아야 믿음이 생깁니다. 물론 알면서도 믿지 않는 사람이 없는 것은 아니지만 그래도 알면 믿음이 생깁니다. 바른 믿음은 바른 앎에서 시작합니다. 그래서 예수님은 이 세상에 계실 때 하나님과 당신을 알리는 일에 전념하셨어요.

예수님은 세상에 계실 때는 어떻게 하나님을 영화롭게 하셨나요? 하나님께서 맡기신 일을 완성하심으로써 하나님을 영화롭게 하셨습니다(4). 사명을 감당하신 예수님은 창세 전에 가졌던 본래의 영광으로 돌아가고자 하십니다(5).

예수님이 완성하신 사명은 무엇입니까? 하나님께서 보내 주신 제자들에게 하나님의 이름을 나타내신 겁니다(6). 제자들은 예수님과 예수님께서 하신 모든 말씀이 다 하나님께로부터 온 것임을 알았습니다. 그들은 예수님께서 주신 말씀을 하나님의 말씀으로 영접했고, 예수님을 하나님께서 보내신 그리스도로 믿었습니다(7-10).

여기서 볼 때 믿음은 예수님의 말씀을 통해서 시작하는 것을 알 수 있습니다. 이 원리는 지금도 변함이 없습니다. 여기에 말씀 공부의 중요성이 있어요. 제자들도 예수님과 말씀 공부를 통해서 믿음의 사람으로 자란 겁니다. 그런데 예수님은 그 제자들 곁을 떠나십니다. 그래서 기도하십니다(11a).

기도의 내용이 무엇입니까? "거룩하신 아버지여 내게 주신 아버지의 이름으로 그들을 보전하사 우리와 같이 그들도 하나가 되게 하옵소서"(11b). 하나님 아버지께서 그들을 지켜 주시도록 기도하십니다. 왜냐하면 세상이 제자들을 미워하기 때문입니다. 왜 미워합니까? 예수님께서 세상에 속하지 않은 것과 같이 제자들도 속하지 않기 때문입니다(14). 그들은 세상 사람과는 다른 삶의 스타일을 추구합니다. 어쩌면 세상 사람이

나 우리나 주일을 기다리는 것은 똑같아요. 하지만 그 목적이 달라요. 세상 사람은 자기만의 시간을 갖고, 놀거나 쉬기 위해서 기다립니다. 하지만 우리는 예배하고 교제하기 위해서 기다립니다.

우리의 삶은 주일을 중심으로 돌아갑니다. 그래서 날짜는 며칠인지 몰라도 되지만 요일은 잊어버리면 큰일 날 수 있어요. 세상 사람의 관심은 나에게 집중되어 있지만, 우리는 양들과 교회, 그리고 하나님 나라에 관심을 품습니다. 한 하늘 밑에서 같은 공기를 마시며 살아도 이렇게 완전 다릅니다. 그래서 세상은 우리를 '미운 오리 새끼' 취급하기도 해요. 하지만 우리의 본질은 구정물에서 노는 오리가 하늘을 나는 백조입니다.

이런 세상에서 우리는 어떻게 살아야 합니까? 세상으로부터 도망쳐야 합니까? 세상에 살면서도 세상에 물들지 않아야 합니다(15-16). 이런 삶의 모습을 거룩이라고 표현합니다. 17절을 읽읍시다. "그들을 진리로 거룩하게 하옵소서 아버지의 말씀은 진리니이다." '거룩'이란 말은 '하나님께 쓰임 받기 위해서 세속의 영역에서 떼어내어 구별된 자리에 놓는다.'라는 뜻입니다. 그러니까 세상에서 살지만 세상처럼 살지 않고 하나님을 위해서 구별된 삶을 사는 겁니다.

배와 물의 비유로 설명해 볼까요? 배가 제대로 실력 발휘를 하려면 바다와 같은 물 위에 있어야 해요. 물 위에 있을 때 가장 부담스러운 것은 물속으로 빠지는 겁니다. 이것이 부담스럽다고 해서 배가 땅 위로 올라오면 어떻게 됩니까? 물속으로 빠지지는 않지만 존재 의미가 사라져 버립니다. 따라서 배는 물 위에 있어야 하고, 물속으로 빠져서도 안 됩니다. 이런 모습이 바로 거룩입니다.

거룩은 구체적으로 어떻게 나타나야 합니까? 영성과 함께 윤리의 차별로 나타나야 합니다. 요즘만큼 윤리의식이 강조된 때도 없어요. '인사청문회'에서 보았듯이, "우리 사회에서는 정직한 사람은 성공하기 힘들다. 우리 사회에서 성공한 사람 중에는 정직하지 못한 사람이 많다."라는 사실이 알려졌어요. 다시 말하면 "우리 사회도 능력 있는 사람보다도 윤리성이 높은 사람이 인정받는 세상이 되었다."라는 겁니다. 그런데 대부분 사람은 자신은 정직하다고 생각한다는군요. 결국 우리 사회의 문제는 내가 아니라 상대방이라는 겁니다.

우리 교회는 어떠합니까? 과거에는 세상으로부터 존경받았고, 마지막 희망의 보루로 여겨졌어요. 하지만 최근에는 '개독교'라고 놀림을 받는 신세가 되었어요. 영성과 윤리가 세상과 차이가 없어졌기 때문입니다. 예를 들면 이런 겁니다. 세상은 '내 주식과 집값이 얼마나 올랐느냐'에 관심이 큽니다. 내가 타고 다니는 차, 내 건강의 나이와 같은 것들이 최대 관심사입니다.

반면 존재의 변화, 거룩에 대해서는 관심이 없어요. 그런데 이런 현상이 교회까지 파고들었다는 겁니다. 세상과 교회를 구분할 수 있는 경계선이 점점 없어진다는 겁니다. 따라서 세상은 우리에게 교회에 소속되어 있는 의미에서의 '교인'이 아닌 '거룩한 백성'이라는 '성도'로서 합당한 삶의 회복을 강력하게 요청하고 있습니다.

어떻게 이 요청에 응답할 수 있습니까? 17절을 다시 봅시다. "그들을 진리로 거룩하게 하옵소서 아버지의 말씀은 진리니이다." 우리가 거룩하게 되어야 합니다. 그런데 거룩은 진리인 하나님의 말씀으로 가능합니다. 하나님의 말씀에 순종해서 살면 거룩한 사람이 됩니다. 말씀이 우리를 건강한 교회 품격 있는 신자로 키워줍니다. 즉 말씀 없이는 그 누구도 거룩한 사람이 되지 못합니다. 세상에서 살면서 세상과 가까이하고 세상과 놀면 거룩과는 멀어집니다. 세상은 거룩을 추구하지 않습니다.

세상을 대표하는 'G20' 정상들이 모여서 "우리가 어떻게 하면 좀 더 거룩한 사람들이 될 수 있을까"에 대해서 머리를 맞댄 나요? 그들은 먹고사

요한복음 믿음과 생명

는 일에만 집중하는 것처럼 보입니다. 한 TV 뉴스의 앵커는 정의를 실현하는 집단인 검찰을 향해서 비판했어요. "검찰이 정치권에는 대포를 쏘면서 청와대 '대포폰'에 대한 수사는 고무줄 새총 수준이군요." 세상은 정의에 대해서 말은 하는데 실제로는 그렇게 살지 않는 것처럼 보여요. 오직 하나님의 말씀만이 거룩을 가르치고, 거룩하게 만들어갑니다.

세상 이야기는 '성공 신화'로 가득 차 있지만, 성경 이야기는 '충성 신화'로 가득 차 있습니다. 세상 이야기는 '스펙(specification) 쌓기'를 말하지만, 성경 이야기는 '존재의 변화'에 대해서 말해요. 우리가 처음부터 윤리와 영성이라는 거룩에 대해서 관심이 있었나요? 말씀을 공부하는 중에 문제의식이 생겼어요. 그리고 지금은 거룩이야말로 우리 존재의 의미요 목적이라는 생각이 들어요. 그리고 그것을 좀 더 얻기 위해서, 삶 속에서 좀 더 실천하기 위해서 애를 씁니다.

과거에는 좀 더 잘 놀고, 좀 더 인정받는 일에 관심이 있었어요. 하지만 이제는 어떻게 하면 좀 더 거룩하게 살아 볼까에 대해서 고민해요. 그리고 한 주 동안 거룩으로부터 먼 삶을 살면 마음이 아파요. 운전할 때 신호 위반이나 과속 단속 카메라에 찍혀서 벌금을 물면 속이 쓰려요. 하지만 이제는 내가 누군가에게 상처 준 말을 하고, 배려하지 못한 모습을 생각하면 속이 아파요. 말씀이 우리를 이렇게까지 키운 겁니다.

이렇게 살아야 하는 목적은 무엇입니까? 18절입니다. "아버지께서 나를 세상에 보내신 것 같이 나도 그들을 세상에 보내었고." 하나님께서 예수님을 세상에 보내신 것같이 예수님도 제자들을 세상에 보내십니다. 제자들은 세상에 가서 예수님께서 하셨던 것처럼 생명 사역을 이루어야 합니다. 생명 사역은 거룩을 통해서 일어납니다. 세상에서 살면서도 세상에 속하지 않고 세상을 변화하도록 하는 힘은 거룩입니다.

예수님께서 자신을 거룩하게 하신 것은 제자들도 그런 삶을 살라는 겁

256

니다(19). 그리하여 세상이 변화되기를 원하신 겁니다. 겨자씨처럼 작은 초대교회가 거대한 정글과 같았던 로마 사회에서 어떻게 주류로 자랐습니까? 거룩 때문입니다. 로마의 귀족들이 애인을 만들 때도 성도들은 순결을 지켰습니다. 다들 돈을 벌기 위해서 수단 방법을 가리지 않을 때도 그들은 믿음을 지켰습니다. 그런 그들은 처음에는 인정받지 못했어요. 그렇게 사는 자신들도 내세울 만한 것이 없었어요. 하지만 때가 되자 그들은 역사의 주인공으로 등장했습니다. 그들의 삶은 로마 지성인들에게 '롤 모델(roll model)'이 되었어요.

우리는 종종 '저 사람에게 좋은 영향력을 끼치려면 타협해야 하지 않을까'라고 고민해요. 물론 상황에 따라서는 융통성이 필요해요. 하지만 분명한 기독교적 세계관을 갖는 것이야말로 그 사람을 예수님께로 인도할 수 있는 가장 좋은 길입니다. 반대로 타협이야말로 가장 나쁜 길일 수 있어요. 처음에는 먹히는 것 같지만 조금만 지나면 '약발'이 전혀 먹히지 않습니다. 오히려 우리의 정체성에 치명적 손상만 입고 맙니다. 그러므로 거룩만이 우리를 지키고 주위 사람을 변화하도록 하는 힘입니다.

한 사람이 거룩하게 살면 그 거룩의 기운이 세상으로 전파됩니다. 그 얼굴에서 빛이 납니다. 삶이 메시지가 됩니다. 한 개그 프로그램에서 권사와 장로가 나와서 노래를 해요. 그 이미지를 표현한 겁니다. 권사와 장로는 세상 사람과는 다른 삶의 모습을 추구하기 때문에 얼굴과 삶, 노래하는 모습까지 다르기 때문입니다. 물론 이런 삶 속에는 희생이 따르고 아픔이 있습니다. 그런데도 이런 삶이 세상을 변화시킬 수 있는 유일한 희망입니다.

예수님은 제자들을 통해서 일어날 미래의 제자들, 즉 오늘 우리를 위해서도 기도하십니다(20). 오늘의 교회를 위해서는 무슨 기도를 하십니까? 21절입니다. "아버지여, 아버지께서 내 안에, 내가 아버지 안에 있는 것 같이 그들도 다 하나가 되어 우리 안에 있게 하사 세상으로 아버지께서 나를 보내신 것을 믿게 하옵소서." 예수님은 오늘의 교회가 하나가 되도록 기도하십니다. 한 분 주님을 믿고, 동일한 사랑을 체험하면서 같은 사명을 감당하기를 원하십니다(22-26).

그렇다고 해서 교회라는 이름만 같으면 무조건 하나가 되라는 말은 아닙니다. 정말로 같은 주님을 믿고 있는지, 정말로 같은 사명이 있는지가 중요합니다. 그래서 세상에는 여러 교회가 존재하면서도 하나가 되지 못한 겁니다. 그런데도 오늘 우리의 교회는 하나 되는 일에 힘써야 합니다. 오늘 우리가 예수님을 믿고, 그 사랑 안에서 살아가는 것은 믿음의 선배들이 거룩을 지키고 하나가 되었기 때문입니다. 오늘 우리가 거룩을 지키고 하나가 되면 우리의 후배들이 예수님을 믿고 그 사랑 안에서 살게 됩니다. 오늘 우리의 삶은 '다음 세대'를 위한 자양분입니다.

그런데도 교회에 대해서 어떤 기대를 합니까? 공부를 잘하게 만들고, 아파트 평수를 늘려주고, 승진을 시켜주는 곳으로 기대합니까? 교회에서 이런 일이 일어날 수는 있지만 본질은 아닙니다. 본질은 우리의 존재를 변화하도록 하는 것, 즉 거룩해지는 겁니다. 세상은 교회를 향하여 거룩을 강력하게 원하고, 세상을 향해 희망의 메시지를 전하기를 바랍니다. 이 요청 앞에서 우리는 어떻게 해야 합니까? 나는 어떻게 거룩한 사람으로 자랄 수 있습니까?

제32강
내가 왕이니라

◇ 본문 요한복음 18:1-40
◇ 요절 요한복음 18:37
◇ 찬송 151장, 457장

오늘은 감사 주일입니다. 감사할 일이 있나요? 다른 학생들은 지난주에야 수능시험을 보았는데, 이미 서울대학에 합격한 한 자매와 그 아빠 엄마는 감사가 넘칩니다. 건강이 좋지 않았는데, 기도 덕분에 건강해진 사람도 감사할 일입니다. 이 정도는 아닐지라도 학교에서 좋은 일이 있었거나, '스마트폰'을 새로 장만한 것도 감사할 일입니다. 그런데 이런 일이 없는 사람은 어떻게 해야 하나요? 아니 안 좋은 추억만 있는 사람은 어떻게 해야 하나요? 우리가 정말로 감사해야 할이 무엇인가를 알아야 하지 않을까요?

예수님께서 고별기도를 하신 뒤에 제자들과 함께 기드론 골짜기 건너편으로 가십니다. 예수님을 넘겨줄 유다는 군인들과 경비병들을 이끌고, 등불과 횃불과 무기를 들고 왔어요. 그들은 예수님뿐만 아니라 제자들까지 완전소탕을 하려는 겁니다.

어떤 국회의원들은 검찰이 소환하면 뒤로 숨고 변명해요. 여기에 '방탄국회'도 한몫을 합니다. 하지만 예수님은 피하지 않고 오히려 당당하게 그들 앞에 나섭니다. 그러자 그들은 놀라서 자빠집니다(1-6). 예수님께서 스스로 허락하지 않는 한 어떤 특수부대도 예수님을 체포할 수 없습니다.

예수님은 왜 스스로 체포당하시는 걸까요? 제자들을 풀어주기 위해서 입니다. 예수님은 제자들을 한 사람도 잃지 않기 위해서 자신을 내어주십니다(7-9). 예수님은 자기 양들을 끝까지 지키는 참 좋은 목자이십니다.

예수님이 체포당할 때 베드로는 무엇을 합니까? 그는 칼을 빼서 대제사장의 종의 오른쪽 귀를 잘라버립니다. 그렇다고 해서 베드로가 '강호 무림'의 고수는 아닙니다. 그가 얼마나 답답했으면 칼을 빼 들었을까요? 그가 할 수 있는 일이라고는 그것밖에 없었을 겁니다. 칼이라도 빼지 않으면 그 상황을 어떻게 감당할 수 있겠어요.

하지만 예수님은 다릅니다. 예수님을 칼로써 해결하지 않습니다. 예수님은 하나님께서 주신 잔, 즉 십자가의 길을 가고자 하십니다(10-11). '칼'은 힘을 상징한다면 '십자가'는 희생을 상징합니다. 우리가 삶의 현장에서 억울한 일을 당할 때 어떻게 하고 싶나요? "법은 멀고 주먹은 가깝다."라는 말이 있어요. 주먹이라도 내밀지 않으면 억울하여 죽을 것 같아요. 가지고 있는 것이 아무것도 없다면 소리라도 질러야 하잖아요? 하지만 그렇게 해서는 아무것도 지키지 못해요. 오히려 자기를 비우고 희생함으로 지킬 수 있어요.

캠퍼스에서 학우들을 만나 예수님을 증언할 때도 이런 마음이 필요해요. 내가 가진 것, 자존심을 부리거나 혈기를 부리면 그때는 뭔가 있는 것 같지만 남는 것이 없어요. 반대로 져주고 희생하면 남는 것이 있어요. 예수님께서 그 길을 가셨기 때문입니다.

예수님은 당시 종교 실세인 대제사장의 장인에게 심문을 받습니다 (12-14). 베드로와 다른 제자가 예수님을 따라갑니다. 그 제자는 대제사장과 잘 아는 사이라서 그 집 안뜰까지 들어갑니다. 하지만 베드로는 대문 밖에 서 있는데, 그 제자가 문지기인 하녀에게 말하고 데리고 들어갑니다.

그때 하녀가 말해요. "당신도 제자 중 한 사람이군요." 그러자 베드로는 정색하고 부인합니다. 사람들이 숯불을 피워 놓고 서서 불을 쬐고 있는데, 베드로도 그들과 함께 불을 쬡니다(15-18). 베드로는 자신의 정체를 사람들 속에 숨깁니다.

그러나 예수님은 자기 정체성에 대해서 아주 분명하십니다. 예수님은 지금까지 모든 것을 공개적으로 가르치셨습니다. 예수님의 말씀은 '블러그(blog)'나 '트위터(twitter)'에 완전히 공개했습니다(19-21). 은밀한 사교나 이단 집단처럼 뒤에서 점조직으로 이루어지지 않습니다. 예수님의 당당함에 종교 실세도 손을 들고 현 대제사장에게로 보냅니다(22-24).

그런데 베드로는 이런 예수님과는 달리 점점 자신의 정체를 잃어갑니다. 결국 세 번이나 예수님의 제자가 아니라고 부인합니다. 그러자 닭이 웁니다(25-27). 무림의 고수처럼 칼을 뺐던 베드로는 '특별 검사'도 아닌 보통 사람 앞에서 무너지고 맙니다. 상황에 말려들어 한 번 자기를 숨기다 보면 이렇게까지 될 수 있어요.

반면 예수님의 당당함은 현 대제사장 앞에서도 똑같습니다. 그들은 예수님을 감당할 수 없음을 알고 로마 총독 빌라도에게 보냅니다. 하지만 빌라도도 눈치를 채고 그들에게 떠넘깁니다(28-31a). 예수님을 가운데 놓고 '뜨거운 감자'로 여기며 서로 피하려고 해요.

그때 그들은 무엇이라고 주장합니까? "우리에게는 사람을 죽이는 권한이 없나이다"(31b). 그들은 예수님을 죽이고 싶은데 권한이 없으니 빌라도 총독이 대신 죽여 달라는 겁니다. 당시 유대인들 로마의 식민지였기 때문에 사형 집행권이 없었어요. 다만 종교 문제, 즉 하나님을 모독하는 일에 대해서는 돌멩이로 쳐 죽일 수 있었어요(신 13장). 따라서 예수님도 돌멩이로 죽이려면 얼마든지 죽일 수 있어요. 그런데도 그들은 빌라도의 손을 통해서 예수님을 죽이고자 해요. 그들에게는 예수님을 죽이는 것도 중요하지만 그 방법도 중요해요.

어떤 점에서 중요할까요? 32절을 읽읍시다. "이는 예수께서 자기가 어떠한 죽음으로 죽을 것을 가리켜 하신 말씀을 응하게 하려 함이러라." 당시 로마는 심각한 죄를 지으면 십자가형으로 처형했어요. 그리고 유대인들은 십자가형을 하나님의 저주를 받은 것으로 생각했어요(신 21:22-23). 종교 지도자들이 예수님을 십자가형으로 죽이고자 한 것은 예수님이 하나님의 저주를 받은 것임을 사람들에게 알리려는 겁니다. 그렇게 되면 남은 제자들도 저주를 받은 집단이 되어서 힘을 쓸 수 없습니다. 그런 고도의 계산으로 예수님을 십자가형에 처하려고 빌라도를 이용한 겁니다.

그런데 그들이 모른 것이 하나 있어요. 즉 하나님의 뜻입니다. 예수님께서 십자가에서 죽으시는 것은 그들의 고도의 계산이기도 하지만 하나님은 그 계산을 역이용하십니다. 하나님은 처음부터 예수님을 십자가에서 죽게 하시려고 계획하셨어요. 그러니까 어쩌면 하나님의 계획에 그들이 이용당했다고 말할 수 있어요.

어쨌든 예수님은 왜 십자가형을 당하셔야만 합니까? 예수님은 왜 저주를 받아야만 합니까? 그것은 바로 우리를 대신해서 죽으시고 저주를 받으신 겁니다. 예수님이 대신 저주받고 죽으심으로써 우리는 복을 받고 구원을 받도록 하신 겁니다. 이것을 '대표성의 원리'라고 말해요.

아시안 게임에서 각국의 선수들은 그 나라를 대표하여 게임을 펼칩니다. 금메달은 개인의 영광이기도 하지만 국가의 영광입니다. 우리 선수가 일본이나 중국을 이길 때면 기분이 좋지만, 몽골이나 방글라데시의 선수를 일방적으로 이기면 좀 그렇습니다. 대만의 한 선수가 태권도에서 실격패를 당하자 대만 전체가 '반한 감정'으로 들끓고 있어요. 그 한 사람은 대만 국민 전체를 대표하기 때문입니다. 우리나라에는 금메달을 딴 선수들도 많고, 혼자 몇 관왕을 한 사람도 많아요.

하지만 수영 선수 박태환의 인기를 따라오지는 못해요. 개인적으로 혼자 7개 종목을 감당했다는 점도 대단하지만, 수영이라는 특수성이 더 중요해요. 수영은 강국을 상징해요. 수영에서의 금메달은 다른 종목에 비해서 대한민국이 강대국임을 나타냅니다. 그가 경기에서 죽을 쑤면 온 나라가 인상을 쓰고, 그가 살면 온 나라가 살아요. 따라서 '대한민국의 박태환이 아니라, 박태환의 대한민국'이 되었어요. 그는 이미 수영 실력뿐만 아니라, 신발, 옷, 그리고 그가 듣는 음악까지도 우리나라를 대표하고 있어요. 그는 단국대학교 학생이기도 한데, 그는 단국대를 세계적으로 홍보하고 있어요. 대표성이란 이런 겁니다. 자, 이제 예수님의 대표성으로 돌아와요.

우리를 대표하여 십자가에서 죽으신 예수님은 누구십니까? 빌라도는 그것이 궁금했어요. 물론 우리도 궁금해요. 그는 구체적으로 예수님이 왕인 줄 알고 싶었어요(33-35). 예수님의 대답은 무엇입니까? 36절입니다. "예수께서 대답하시되 내 나라는 이 세상에 속한 것이 아니니라 만일 내 나라가 이 세상에 속한 것이었더라면 내 종들이 싸워 나로 유대인들에게 넘겨지지 않게 하였으리라 이제 내 나라는 여기에 속한 것이 아니니라." 예수님은 먼저 그 나라의 성격에 대해서 말씀하십니다. 예수님의 나라는 이 세상에 속하지 않았어요. 예수님의 나라는 로마와 같은 그런 나라가 아닙니다.

만일 그런 나라였다면 예수님이 체포되었을 때 '팬 카페' 회원들이 촛불 집회를 열었을 겁니다. 제자들은 무력 혁명을 일으켰을 겁니다(36). 세상 나라는 아무리 강해 보여도 세월의 무게 앞에서는 무너지고 맙니다. 하지만 예수님의 나라는 사람들의 마음속에 세워집니다. 그 나라는 칼이 아닌 희생을 통해서 세워집니다. 그렇기 때문에 그 나라는 영원합니다.

그 나라의 왕은 누구십니까? 37절입니다. "빌라도가 이르되 그러면 네가 왕이 아니냐 예수께서 대답하시되 네 말과 같이 내가 왕이니라 내가 이를 위하여 태어났으며 이를 위하여 세상에 왔나니 곧 진리에 대하여 증언하려 함이로라 무릇 진리에 속한 자는 내 음성을 듣느니라 하신대." 예수님이 그 나라의 왕이십니다. 그런데 예수님은 로마의 왕과는 본질적으로 다릅니다. 대부분 왕은 백성보다는 자기 자신을 위해서 존재합니다. 말로는 백성을 위한다고 하면서도 실제로는 자기를 위해서 백성을 이용합니다. 하지만 예수님은 정말로 백성을 위하십니다. 예수님은 백성을 위해서 스스로 체포당하십니다. 예수님은 백성을 위해서 십자가에서 죽으십니다. 예수님은 나라에 대한 개념과 함께 왕에 대한 개념도 완전 바꾸십니다.

요즘 기업에서는 리더십에 대해서 많은 발표를 해요. 리더가 중요하기 때문입니다. 그런데 이런저런 리더십을 연구하다가 최종적으로 예수님의 리더십으로 결론을 내려요. 예수님의 리더십은 한 마디로 섬기는 리더십, 자기를 희생하는 리더십입니다. 이것을 '서번트십(servantship)'이라고도 말해요. 이런 모습만이 회사를 살리고, 나라를 살립니다. 예수님께서 자기를 희생하심으로써 우리를 살리십니다.

'대물'이라는 드라마는 현실정치의 한 면을 보여줍니다. 한 젊은 정치인은 부패한 정치인을 개혁한다는 명분으로 정치를 시작해요. 그런데 그 자신도 자기가 부패 정치인으로 지목한 그 선배의 전철을 밟아갑니다. 선한 의도에서 시작했을지라도 떨어지는 지점은 다를 바가 없습니다. 현실정치의 태생적 한계입니다. 반면 한 여성은 자기를 희생함으로써 자기를 지키고 주민을 지키려는 새로운 정치철학을 가집니다. 그런 그녀를 향하여 기존 정치인들은 현실을 모른다고 핀잔을 줍니다. 하지만 결국 그 여성은 기존 정치판을 뒤엎고 최초의 여성 대통령이 될 겁니다. 드라마는 현실을 살아가는 사람들의 대리만족 내지는 희망 사항의 표현입니다. 그런데 그 희망 사항을 이루신 분이 예수님이십니다. 예수님은 자기를 희생하심으로써 우리를 죄로부터 구원하시는 구원의 왕이십니다. 그 다스림이 이루어지는 곳이 믿음의 세계요, 교회 공동체의 모습입니다.

교회는 우리를 위해서 대신 죽으신 예수님을 믿는 사람들의 공동체입니다. 우리가 받아야 할 저주를 대신 받으신 예수님을 믿고 그 안에서 자유를 누리고 기쁨을 누리는 곳이 교회입니다. 그런데 이런 자유와 기쁨을 나 혼자만 어떻게 간직할 수 있겠어요? 너무나 소중한 것이기 때문에 가장 가까운 사람과 함께 하려는 겁니다. 그래서 우리는 가족은 물론이고 대학의 후배들에게도 전하는 삶을 사는 겁니다. 이런 사실을 잘 모르는 사람들은 우리를 비웃기도 하고, 안타깝게 생각하기도 합니다. 그리고 엉뚱한 일을 저지르기도 해요. 그것은 예수님을 죽이라고 소리치는 겁니다. 대신에 강도를 풀어주라는 억지를 부립니다.

그런데 놀라운 사실은 강도가 풀려난 것은 예수님께서 강도를 대신해서 죽으셨기 때문입니다(38-40). 예수님은 왕이면서도 그 백성을 위해서 스스로 목숨을 버리십니다.

오늘 우리는 무엇을 감사해야 합니까? 예수님을 왕으로 고백하고 섬길 수 있음이 가장 큰 감사 제목입니다. 왜냐하면 그 예수님 때문에 우리는 저주에서 축복으로, 심판에서 구원으로의 새로운 삶을 살기 때문입니다. 이 은혜를 붙들고 캠퍼스와 삶의 현장에서 성경 선생으로 살기를 기도합니다.

제33강
구원의 완성

◇ 본문 요한복음 19:1-42
◇ 요절 요한복음 19:30
◇ 찬송 150장, 154장

    십자가형은 로마의 사형제도 중 가장 비참한 것이었습니다. 그런데 유럽과 러시아 황제들의 면류관은 물론이고 국기에도 십자가 문양이 있습니다. 최근 십자가 목걸이는 대표적 액세서리가 되었습니다. 비참함의 상징이었던 십자가가 영광의 상징이 되었습니다. 왜 이렇게 된 겁니까? 오늘 우리에게는 어떤 의미가 있습니까?

    예수님은 체포당하셔서 그 해의 대제사장인 가야바의 장인 안나스에게로 끌려갔습니다. 안나스는 예수님을 결박한 채 가야바에게 보냈습니다. 그런데 유대인들은 예수님을 로마 총독의 관저로 데리고 갔습니다. 예수님은 빌라도에게 심문을 당하십니다. 하지만 빌라도는 예수님으로부터 아무런 죄를 찾지 못하여 예수님을 석방하고자 합니다. 하지만 유대인들은 강하게 반발합니다(18:12-40).

    총독인 그조차도 어찌해 볼 도리가 없습니다. 그래서 빌라도는 예수님을 데리고 가서 채찍질하게 했습니다(19:1). 당시 로마 법정에서는 형이 확정되면 자유인이나 군인은 막대기로 때렸습니다. 노예에게는 채찍질했

266

습니다. 그런데 예수님은 형이 확정도 되지 않았는데 채찍을 당하셨습니다. 이렇게 하면 성난 군중들이 마음을 식히고 예수님을 풀어주는 일에 동의할 것으로 기대했습니다.

군인들은 가시나무로 왕관을 만들어 예수님의 머리에 씌우고 자줏빛 옷을 입혔습니다. 예수님의 얼굴을 때렸습니다(2-3). 군인들은 예수님의 왕권을 비웃고 멸시한 겁니다. 하지만 그들의 비웃음은 예수님이 왕이심을 역설적으로 보여준 겁니다. 왜냐하면 유대인들은 예수님을 행악자(18:30)라고 고소했지만, 빌라도는 그 어떤 죄도 찾지 못했기 때문입니다.

빌라도는 사람들 앞에서 예수님을 어떻게 소개합니까? 5절을 봅시다. "이에 예수께서 가시관을 쓰고 자색 옷을 입고 나오시니 빌라도가 그들에게 말하되 보라 이 사람이로다 하매." 이런 말입니다. "단지 가련하고 불쌍한 예수를 보라!" "내가 이만큼 처벌한 이 사람을 보라!" 즉 죄가 없으니 풀어주자는 말입니다. 하지만 여기에는 또 다른 의미가 있습니다. '이 사람'이란 '인자'를 말합니다. 예수님은, 자신이 십자가에서 높이 들릴 것을 말씀하실 때 '인자'란 말을 사용하셨습니다(3:14, 8:28, 12:34). 예수님은 당신의 예언대로 십자가에서 높이 들리게 됩니다.

누구를 위해서 돌아가십니까? 대제사장과 아랫사람을 위해서 돌아가십니다. 그러나 그들은 목소리를 높여 외칩니다. "십자가에 못 박으시오! 십자가에 못 박으시오!" 빌라도는 예수님께 사형을 선고할 어떤 명분도 찾지 못했습니다. 종교 지도자들은 억지 명분을 제시하며 압력을 가합니다. "우리의 법대로 하면 그는 당연히 죽어야 합니다. 자기를 하나님의 아들이라고 주장했기 때문이오." 그들의 입을 통하여 예수님은 하나님의 아들로서 죽으신다는 사실을 역설적으로 보여줍니다. 빌라도는 이 말을 듣고 더 두려워 묻습니다. "너는 어디로서냐?" 예수님은 침묵하십니다. 빌라도는 자기의 권세로 예수님을 석방할 수 있다고 말합니다(6-10).

그러나 예수님은 무엇이라고 말씀합니까? 11절을 봅시다. "예수께서 대답하시되 위에서 주지 아니하셨더라면 나를 해할 권한이 없었으리니 그러므로 나를 네게 넘겨 준 자의 죄는 더 크다 하시니라." '위'는 '아버지 하나님'을 말합니다. 빌라도의 그 막강한 권세는 하나님께서 주신 겁니다. 예수님의 생명을 살리고 죽이는 것은 하나님께 달린 것이지 빌라도에게 있는 것이 아닙니다. 빌라도는 다만 하나님의 뜻을 이루는 도구에 불과합니다.

내 인생을 주관하시는 분은 하나님이십니다. 이런 렌즈로 나를 보고 세상을 볼 때 사람에게 말려들지 않습니다. 사람에게 매이지 않습니다. 하나님을 믿는 믿음의 사람이 됩니다. 한편 빌라도가 하나님께서 주시는 권세로 일을 한다고 해서 면죄부가 주어지는 것은 아닙니다. 예수님을 십자가에 못 박은 그의 죄는 역사 속에서 영원히 기억됩니다. 예수님을 빌라도에게 넘겨준 유대인의 죄는 더 큽니다.

유대인들의 큰 죄는 구체적으로 무엇입니까? 12절을 봅시다. "이러하므로 빌라도가 예수를 놓으려고 힘썼으나 유대인들이 소리 질러 가로되 이 사람을 놓으면 가이사의 충신이 아니니이다 무릇 자기를 왕이라 하는 자는 가이사를 반역하는 것이니이다." 그들의 주장 속에는 자기들이 빌라도보다 로마 황제에게 더 충성스럽다는 전제가 깔려 있습니다. 어떻게 이런 말을 할 수 있는지요? 빌라도는 그 말을 듣고 예수님을 끌고 와서 재판석에 앉았습니다. 그날은 유월절의 예비일이요, 때는 제 육 시입니다 (13-14). '유월절을 준비하는 정오'는 유월절 희생양을 잡기 시작하는 시간입니다.

유월절 희생양을 잡아야 할 그 시간에 그들은 누구를 잡고자 합니까? 15절을 읽읍시다. "그들이 소리 지르되 없이 하소서 없이 하소서 그를 십자가에 못 박게 하소서 빌라도가 이르되 내가 너희 왕을 십자가에 못 박으랴 대제사장들이 대답하되 가이사 외에는 우리에게 왕이 없나이다 하니."

'없이 하소서'라는 말은 예수님께서 하나님의 어린양으로서 세상 죄를 없앨 때 사용된 단어입니다(1:29). 예수님은 이 세상의 죄를 없애기 위해 어린양으로서 없어지십니다.

빌라도는 유대인들의 양심에 마지막으로 호소합니다. 하지만 양심이 화인을 맞은 그들은 망언을 서슴지 않습니다. "가이사 외에는 우리에게 왕이 없나이다." 그들은 예수님을 죽일 수만 있다면 무슨 짓이든 합니다. 시내산 언약에 따라 하나님은 유대인의 왕이었고, 그들은 하나님의 백성입니다. 그들에게는 하나님 외에 왕이 있을 수 없습니다.

그런데도 그들은 자기 입으로 하나님의 언약 백성이 아니라고 주장합니다. 가이사가 자기들의 유일한 왕이라는 겁니다. 그들은 하나님과 맺은 언약을 스스로 파기하고 말았습니다. 이로써 하나님의 백성으로서 갖는 모든 특권과 축복은 끝나고 맙니다. 이것은 마치 그들의 조상이 광야에서 금송아지를 만들고 외친 것과 같습니다. "이스라엘아! 이것이 너희를 애굽 땅에서 인도해 낸 신이다"(출 32:4)! 왕이신 하나님을 부정하고 왕으로 섬겨서는 안 될 것을 왕으로 인정하는 것, 죄의 뿌리입니다.

우리 시대의 죄는 어떻게 나타납니까? 이 죄는 시대가 바뀌고 세상이 변해도 결국 돌고 돕니다. 어떤 사람은 이 유대인들처럼 예수님이 왕이심을 부정합니다. 그리고는 말합니다. "나에게 돈 외에는 왕이 없다!" "나에겐 오직 권세만이 왕이다!" "나에겐 사랑만이 왕이다!" 이런 사람은 빌라도처럼 두려움의 노예가 됩니다. 돈이 우리의 왕이 될 수 없습니다. 세상 권세가 왕이 되지 못합니다. 남녀 간의 사랑은 더더욱 아닙니다. 오직 예수님만이 우리의 왕이십니다.

예수님을 석방하고자 애를 썼던 빌라도는 어떤 판결을 내립니까? 16절을 봅시다. "이에 예수를 십자가에 못 박도록 그들에게 넘겨 주니라." 빌라도는 예수님을 풀어주고자 애를 썼음에도 불구하고 결국 넘겨줍니다. 왜 그랬을까요? 예수님을 왕으로 영접하지 않았기 때문입니다. 가이사를 왕으로 영접했기 때문입니다. 예수님을 왕으로 영접하지 않으면 자기 소신대로 살지 못합니다. 자기 양심대로 살지 못합니다. 세상과 타협할 수밖에 없습니다.

예수님은 어떻게 되셨습니까? 예수님께서 자신이 매달릴 십자가를 직접 지고 '해골의 터'라는 곳으로 가셨습니다(17). 십자가형을 당하는 사람은 가장 먼 길을 걸어 처형 장소에 도달합니다. 가능한 많은 사람에게 죄인의 비참한 모습을 보여주려는 것과 그 죄인을 변호할 기회를 주고자 함이었습니다. 그곳에서 사람들은 예수님을 십자가에 못 박았습니다.

빌라도는 예수님의 죄목을 어떻게 썼습니까? 19절을 읽읍시다. "빌라도가 패를 써서 십자가 위에 붙이니 나사렛 예수 유대인의 왕이라 기록되었더라." 이것은 죄목이라기보다는 예수님의 명칭입니다. '나사렛 예수 유대인의 왕이라'는 말은 '나사렛 출신 예수님이 유대인의 왕이다.'라는 뜻입니다. 예수님은 유대 베들레헴에서 태어나셨지만, 나사렛에서 자라셨습니다. 그래서 '나사렛 예수'라고 부릅니다.

하지만 이 말에는 예수님의 정체가 담겨 있습니다. '나사렛 예수'는 '구약에서 약속하신 인류의 구원자 메시아'를 말합니다. 물론 유대인의 왕도 메시아에 대한 별명입니다. 유대인들은 예수님을 왕이 아니라고 주장했습니다. 그런데 빌라도는 예수님이 왕이라고 선언합니다. 예수님은 인류를 죄로부터 구원하시고 새 생명을 주시는 왕이십니다. 예수님은 그 본체가 왕이십니다. 예수님은 왕이시지만 육신의 몸을 입고 세상에 오셨습니다. 그리고 자기를 비우시고 종으로 사시며 섬겼습니다. 마침내 십자가에서 왕으로 돌아가십니다.

왕이 그 백성을 위해서 돌아가시는 것, 여기에 생명 역사가 있습니다. 생명의 희생 없이 생명이 살아나지 않습니다. 구약에서는 어린양이 대신 죽음으로써 생명이 살아났습니다. 하지만 거기에는 한계가 있었습니다. 한 사람 한 사람이 죄를 지을 때마다 매번 양이 희생되어야만 했습니다. 그러나 이제 예수님께서 십자가에서 돌아가심으로써 그를 믿는 모든 자에게 단번에 영원한 생명이 보장됩니다.

누구든지 이 예수님을 왕으로 영접하면 생명을 얻습니다. 왕의 다스림을 받아 사랑과 평화를 누리게 됩니다. 왕이신 예수님을 닮아가는 성숙한 인생이 됩니다. 즉 하나님의 언약 백성이 되며, 그에게 주어지는 모든 특권을 누리게 됩니다. 특히 제사장 나라 거룩한 백성이 됩니다(출 19:6). 다른 사람을 위해서 기도하며 섬길 수 있는 목자가 됩니다.

유대 땅에서 죽으신 예수님이 어떻게 세상 만민에게 역사할 수 있습니까? 20절을 읽읍시다. "예수께서 못 박히신 곳이 성에서 가까운 고로 많은 유대인이 이 패를 읽는데 히브리와 로마와 헬라 말로 기록되었더라." 빌라도는 세 나라의 말로 썼습니다. '히브리어'는 엄밀하게는 '아람어'를 말하는데, 유대인들이 사용했습니다. '로마어'는 공용어였고, '헬라어'는 상용어입니다. 이 세 나라는 결국 온 세상 만민을 가리킵니다. 빌라도가 이 세 나라말로 죄목을 썼다는 것은 예수님이 온 세상 만민의 왕이심을 보여줍니다.

예수님은 문자적으로는 '유대인의 왕'이지만 내용적으로는 온 세상 만민의 왕이십니다. 예수님은 유대인에게만 생명을 주고자 오신 것이 아닙니다. 예수님은 온 세상 만민에게 생명을 주고자 오셨습니다. 그러나 유대인들은 이 사실을 받아들이지 않습니다. 그런데 빌라도가 이번에는 소신을 굽히지 않습니다(21). "내가 쓸 것을 썼다"(22).

십자가 아래에서는 무슨 일이 일어났습니까? 군인들은 예수님을 십자가에 못 박은 뒤에 그의 옷을 네 조각으로 나누었습니다. 그리고는 저마다 한 조각씩 나누어 가졌습니다. 그들은 속옷도 가져갔는데, 이것은 찢지 말고 제비를 뽑아 한 사람이 갖고자 합니다. 그런데 이런 일이 일어난 것은 성경 말씀을 이루기 위함입니다. 예수님의 십자가 곁에는, 예수님의 어머니와 이모, 그리고 글로바의 아내 마리아와 막달라 마리아가 서 있습니다 (23-25).

예수님은 사랑하는 제자에게 그 어머니를 부탁합니다. 그 후에 예수님은 모든 일이 이룬 줄 아시고 성경이 성취되게 하려고 "내가 목마르다."라고 말씀하십니다. 그러자 사람들이 신 포도주를 흠뻑 적셔서, 우슬초 막대기에 매달아 예수님의 입에 댑니다. 예수님은 그것을 받으십니다 (26-30a). 예수님은 하나님의 뜻을 이루기 위해서 마지막까지 최선을 다하십니다.

예수님의 마지막 말씀은 무엇입니까? 30절을 읽읍시다. "예수께서 신 포도주를 받으신 후에 이르시되 다 이루었다 하시고 머리를 숙이니 영혼이 떠나가시니라." 예수님께서 이 땅에 오신 목적은 하나님을 계시하시는 것입니다. 하나님의 사랑을 증언하는 겁니다. 그 사랑을 보고 예수님을 믿음으로 생명을 얻게 하는 겁니다. 이를 위해서 예수님은 표적을 행하시고 말씀을 가르치셨습니다. 마침내 십자가에서 죽으십니다. 십자가는 하나님을 계시하는 절정입니다. 이로써 예수님은 하나님에 대한 모든 계시 활동을 완결했습니다. 이로써 예수님은 하나님께서 하라고 하신 구속 사역을 완성하셨습니다.

예수님께서 모든 일을 완성하셨다는 말은 구약에 나타난 구원에 관한 하나님의 모든 예언을 성취하는 것입니다. 예수님께서 "다 이루었다."라고 말씀하실 때, 제사장의 손에서 양을 잡는 칼은 떨어지고 말았습니다. 모든 시대의 모든 희생 제사는 영원히 쓸모없게 되었습니다. 세상 죄를 지신 하나님의 어린양이 죽으셨기 때문입니다. 그 희생 제사의 효력을 믿는 모든 사람에게는 더는 제사 지낼 것이 없습니다(히 10:18).

예수님은 머리를 숙이시고 영혼이 돌아가십니다. 영원 전부터 계시던 그분이 돌아가십니다. 만물을 지으신 그분, 영원한 말씀이 돌아가십니다. 영생하시는 그분이 돌아가십니다. 죽은 나사로를 무덤에서 나오게 하신 그분 자신이 무덤으로 가십니다. 이것은 신비 자체입니다. 이 신비를 믿는 자가 생명을 얻습니다.

이 신비 앞에서 사람들은 어떻게 합니까? 31절을 봅시다. "이 날은 준비일이라 유대인들은 그 안식일이 큰 날이므로 그 안식일에 시체들을 십자가에 두지 아니하려 하여 빌라도에게 그들의 다리를 꺾어 시체를 치워 달라 하니." 안식일을 거룩하게 지키겠다고 시체들을 치우고자 합니다. 죄인들이 빨리 죽도록 다리를 꺾었습니다. 원래 십자가 처형은 최대한 고통을 느끼면서 서서히 죽게 하는 것입니다. 그런데 예수님은 이미 죽으셨습니다. 예수님께서 그렇게 빨리 죽으신 것은 결코 우연이 아닙니다. 죽을 권세는 물론 다시 살 권세를 가지신 예수님께서 자발적으로 그의 생명을 내어놓으신 것입니다. 군인들은 예수님이 이미 죽은 것을 보고 다리를 꺾지 않습니다.

대신 옆구리를 창으로 찌르니 피와 물이 나왔습니다(32-34). '피와 물이 나왔다'라는 것은 예수님께서 이미 돌아가셨음을 뜻합니다. 살아 있는 몸에서는 물은 나오지 않고 피만 나옵니다. 여기에는 더 깊은 의미가 있습니다. '피'는 우리의 죄를 씻어 의롭게 하고 하나님과 연합하게 하는 속죄 제사를 가리킵니다. "내 살을 먹고 내 피를 마시는 자는 영생을 가졌고 마지막 날에 내가 그를 다시 살리니"(6:54). '물'은 성령님을 상징합니다(4:14). 예수님께서 십자가에서 죽으시면 성령님이 오신다고 약속하셨습니다(16:7). '피와 물'은 이 약속이 성취되었다는 것을 상징적으로 보여주는 겁니다. 즉 예수님의 죽음으로 모든 속죄 사역이 완성되었다는 것과 보혜사 성령님께서 오실 것임을 확신시켜 주는 겁니다.

이것을 어떻게 믿을 수 있습니까? 35절을 봅시다. "이를 본 자가 증언하였으니 그 증언이 참이라 그가 자기의 말하는 것이 참인 줄 알고 너희로 믿게 하려 함이니라." 본 자가 증언하는데, 믿지 못한다면 더는 무슨 말을 할 수 있겠습니까? 본 자가 증언해도 안 믿는 것은 증거가 부족한 것이 아니라 안 믿고자 억지를 부리는 것입니다. 증언을 믿을 때만이 믿음이 생깁니다. 믿음이 생겨야 생명을 얻습니다. 증거자의 증언은 자기감정에 의한 것이 아닙니다. 이 모든 일은 성경에 근거한 것이고 성경대로 된 겁니다(36-37). 그만큼 증언은 참됩니다. 성경의 증언을 믿는 자만이 생명 역사를 체험합니다.

그 생명을 체험한 자가 있습니까? 38절을 봅시다. "아리마대 사람 요셉은 예수의 제자이나 유대인이 두려워 그것을 숨기더니 이 일 후에 빌라도에게 예수의 시체를 가져가기를 구하매 빌라도가 허락하는지라 이에 가서 예수의 시체를 가져가니라." 요셉은 지금까지는 은밀한 제자로 남아 있었습니다. 하지만 더는 숨은 제자로 남아 있을 수 없었습니다. 그는 빌라도에게 예수님의 시체를 내어달라고 요구합니다. 이것은 누군가가 생명의 위협을 무릅쓰고 나서야 할 일이었습니다. 그렇지 않으면 예수님의 시신은 공동묘지에 내팽개쳐질 것이기 때문입니다.

그는 혼자 시작했지만 동역자가 나타납니다. 일찍 예수님께 밤에 나아왔던 니고데모도 몰약과 침향 섞은 것을 백 근쯤 가지고 왔습니다. 니고데모 역시 더는 예수님에 대해 어둠과 무지에 속한 자가 아닙니다. 그는 예수님 편에 섰습니다. 그는 예수님의 시체를 가져다가 유대인의 장례 법대로 장례를 치릅니다. 그리고 동산 안에 아직 사람을 장사한 일이 없는 새 무덤에 모십니다(39-42). 이 또한 예수님의 장례가 왕적인 장례임을 보여줍니다.

예수님은 유대인의 왕이십니다. 예수님은 온 세상 만민에게 생명을 주기 위해 십자가에서 죽으셨습니다. 유대인의 왕으로 돌아가신 예수님은 모든 구속 사역을 완성하셨습니다. 모든 인류를 구원하는 대역사는 완성 되었습니다. 더는 그 어떤 것도 필요하지 않습니다. 오직 이 예수님을 믿는 믿음만 있으면 됩니다. 누구든지 이 예수님을 믿으면 영원한 생명을 얻습니다. 우리 가운데 생명 사역이 역동적으로 일어나기를 기도합니다.

제34강
나도 너희를 보낸다

◇ 본문 요한복음 20:1-31
◇ 요절 요한복음 20:21
◇ 찬송 442장, 456장

　지난주에 영국의 선교사로부터 전화가 왔는데, 한 달 동안 '부활절 방학'이라는 군요. 유럽은 부활절이 우리의 크리스마스처럼 분위기가 있는데, 부활의 의미 때문이라기보다는 '부활절 휴가(Easter Holiday)' 때문입니다. 유럽의 한 '초딩'이 이런 기도를 했어요. "하나님, 선데이(sunday)가 이스터(easter)인데, 초콜릿 많이 주세요." 가게마다 초콜릿을 싸놓고 '부활절 세일'을 해요. '부활절은 달걀에 색칠하는 날' 정도로 아는 사람도 있을 겁니다. 갈수록 부활의 참된 의미는 사라지고 껍데기만 남을 수 있어요. 이런 세상에서 대안 공동체로 살아가는 우리 교회가 들어야 할 메시지는 무엇입니까?

　안식일 다음 날 이른 아침에 막달라 마리아가 예수님의 무덤으로 갔어요. 그녀는 무덤 입구를 막았던 커다란 돌이 옮겨진 것을 보고는 제자들에게로 달려가서 말합니다(1-2). "사람들이 주님을 무덤에서 가져다가 어디에 두었는지 모르겠어요."

　왜 이렇게 말할까요? 당시에는 시신을 가져간 경우가 많았어요. 마리아는 예수님의 시신도 누군가 가져갔다고 단정 지었어요. 그녀는 자기 고정관념으로 판단한 잘못된 내용을 사실인 것처럼 전달합니다. 그 말을 들은 베드로와 다른 제자는 무덤으로 달렸는데, 다른 제자가 베드로보다 무덤에 먼저 도착했어요. 그는 무덤 안으로 들어가지는 않고 몸을 굽혀 예수님의 시신을 쌌던 세마포가 놓인 것을 보았어요.

반면 허겁지겁 뒤따라온 베드로는 도착하자마자 안으로 들어갔어요. 그도 세마포가 놓여 있는 것과 예수님의 머리를 감았던 천이 잘 개켜져 있는 것을 보았어요(3-7). 비어 있는 무덤은 잘 정돈되어 있습니다. 이 사실이 주는 의미는 무엇입니까? 당시 일부에서는 예수님이 다시 살아나셨다는 사실을 반박하기 위해서 시신을 가져갔다고 주장했어요. 하지만 시신을 훔쳐 가면서 정돈하는 사람은 없어요. 무덤이 비어 있고, 잘 정돈된 것은 예수님이 다시 살아나셨음을 보여주는 하나의 증거입니다.

그 증거가 다른 제자에게는 어떻게 작용합니까? 8절을 읽읍시다. "그 때에야 무덤에 먼저 갔던 그 다른 제자도 들어가 보고 믿더라." 그는 빈 무덤을 보고 예수님의 부활을 믿었어요. 빈 무덤이 어떤 사람에게는 시신을 훔쳐 간 것으로 보였지만, 다른 제자에게는 부활 사건으로 보인 겁니다. 증거가 같아도 그것을 받아들이는 사람에 따라서 그 결과는 전혀 다릅니다. 그런데 증거를 통해서 갖는 믿음에는 한계가 있어요. 제자들은 성경에 예수님께서 죽은 자 가운데서 다시 살아나리라 하신 말씀을 아직 알지 못했어요(9). 그러다 보니 부활에 대한 믿음이 그들의 삶을 변화시키지 못합니다.

세상에서 가장 먼 거리가 어디인 줄 아십니까? 머리에서 가슴까지래요. 아는 것을 실천하는 것이 그렇게 오래 걸린다는 말입니다. 어떤 경우에는 평생을 걸려도 머리에 있는 것이 가슴까지 도착하지 못해요. 다른 제자도 부활에 대한 믿음이 생기기는 했지만 아직은 가슴까지 내려오지 못했어요. 그래서 그들은 그냥 집으로 돌아갑니다(10).

한편 마리아는 어떻게 되었나요? 그녀는 홀로 남아 무덤 밖에서 울고 있어요. 그녀의 눈물은 시신마저 잃어버렸다는 절망에서 나온 눈물입니다. 천사들이 그녀에게 나타났지만, 주님의 시신 타령만 합니다. 부활하신 예수님이 찾아오셨지만, 공원묘지 관리인으로 생각합니다. 예수님께서 그녀의 이름을 부르자 그때야 알아봅니다(11-16). 부활하신 예수님을 알수 있는 또 한 가지는 예수님께서 이름을 불러주시는 겁니다. 즉 예수님께서 우리에게 인격적으로 찾아오셔야만 만날 수 있다는 말입니다. 대부분의 종교들은 자기가 노력해서 뭔가를 만난다(?)고 말해요. 하지만 부활하신 예수님은 우리가 노력한다고 해서 꼭 만날 수 있는 것은 아닙니다. 주님께서 찾아와 깨우쳐 주셔야 합니다. 그래서 주님을 만났을 때 '은혜'라고 고백하는 겁니다.

부활하신 예수님께서 그녀에게 무슨 말씀을 하십니까? 17절을 읽읍시다. "예수께서 이르시되 나를 붙들지 말라 내가 아직 아버지께로 올라가지 아니하였노라 너는 내 형제들에게 가서 이르되 내가 내 아버지 곧 너희 아버지, 내 하나님 곧 너희 하나님께로 올라간다 하라 하시니." 마리아는 예수님을 더는 놓치고 싶지 않습니다. 예수님과 이 세상에서 오순도순 살고 싶습니다. 하지만 예수님은 마리아의 손을 뿌리치십니다. 아직 아버지께로 올라가지 못하셨기 때문입니다. 예수님께서 아버지께로 가셔야만 구원역사가 완성됩니다. 그러므로 예수님은 마리아로 하여금 이 사실을 제자들에게 알리기를 원하십니다.

그런데 예수님은 제자들을 '내 형제'라고 부르시고, 하나님을 '너희 아버지'라고 말씀하십니다. 이 말은 예수님과 제자들이 한 형제라는 겁니다. 이제부터는 제자들도 하나님을 '아버지'라고 부를 수 있습니다. 이제는 누구든지 예수님을 믿으면 하나님과 새로운 가족관계를 맺게 됩니다. 즉 모두가 다 하나님의 아들딸들이 되는 겁니다. 하나님께는 언제나 아들딸만 있지 손자 손녀는 없습니다. 즉 하나님을 '할아버지'로는 부르지 않는다는 겁니다. 다시 살아나신 예수님은 이래저래 놀라운 소식이 아닐 수 없습니다.

이 소식을 마리아로부터 들은 제자들의 반응은 어떠합니까? 그들은 자매가 꿈속에서 헤매고 있다고 생각했을 겁니다. 그들은 유대인들을 두려워하여 모인 곳에 문들을 꽁꽁 잠그고 숨어 있습니다. 예수님을 십자가형에 처한 유대인들이 자기들도 언젠가는 체포하러 올 것으로 생각하고 두려워한 겁니다. 그날 저녁에 두려워하는 제자들에게 예수님께서 직접 오셨습니다. 그리고 평강을 주십니다. 그들에게 지금 필요한 것은 두려움을 이길 수 있는 평화입니다. 그 평화의 증거로 손과 옆구리를 보이십니다. 즉 예수님이 다시 살아나셨음을 확증해 줍니다. 제자들은 무척 기뻐합니다(18-20). 죽음이 주는 두려움은 부활로만 이길 수 있습니다.

예수님은 기뻐하는 제자들에게 무슨 말씀을 하십니까? 21절을 읽읍시다. "예수께서 또 이르시되 너희에게 평강이 있을지어다 아버지께서 나를 보내신 것 같이 나도 너희를 보내노라." 예수님은 제자들이 기쁨에 묻혀 있지 말고 그 기쁨을 전파하도록 세상으로 보내십니다.

이런 일화가 있어요. 베드로가 로마의 핍박을 피해 밖으로 나갈 때 주님이 나타나 어디론가 가시자 묻습니다. "도미네 쿼 바디스(Domine(주님), Quo(어디로) Vadis(가십니까)?" 주님이 대답하십니다. "네가 버리고 나온 로마로 가서 십자가를 다시 지고자 한다." 베드로는 로마로 다시 들어갔고, 그곳에서 부활의 증인으로 살다가 순교합니다. 예수님의 제자는 안에서 기쁨을 누리는 자가 아니라 밖으로 나가서 전파하는 자입니다. 예수님의 제자는 예수님의 십자가와 부활을 기념만하는 자가 아니라 세상에 전파하는 자입니다.

그 세상은 어떤 곳입니까? 세상은 죽음 때문에 절망의 눈물을 흘리며 두려움에 떨고 있습니다. 1884년 부활절, 조선에 도착한 아펜젤러(Henry Gerhard Appenzeller, 1858-1902) 선교사가 보낸 첫 선교보고서에는 조선의 상태를 이렇게 표현했어요. "우리는 부활절에 이곳에 왔다. 그날 사망의 철장을 쳐부수고 하나님의 자녀로, 빛과 자유의 세계로 인도해 주시기를 기도했다." '사망의 철장', 이것이 세상의 모습입니다.

우리나라는 '천안함'이라는 '철장'에 갇혀서 꼼짝달싹을 못하고 있는 것처럼 보입니다. '천안함의 철장'만이 아니라 여기저기에서 죽음의 사건들이 터지고 있어요. '천안함'이 워낙 크다 보니 가려진 것이지 실은 그 자체만으로도 절망의 눈물과 두려움은 대단합니다. 한 연예인의 자살 소식은 또 다른 충격으로 다가옵니다. 이런 세상에 정말로 필요한 것이 무엇입니까? 절망의 눈물을 몰아내고 두려움을 없애 줄 희망과 평화의 메시지입니다. 누가 이 메시지를 줄 수 있습니까? 죽음을 이기고 다시 살아나신 예수님이십니다.

그 예수님을 누가 세상에 전파해야 합니까? 다시 살아나신 예수님을 통하여 희망과 평화를 체험한 우리 교회입니다. 지금은 '사망의 철장'에 갇힌 이 나라에 희망과 평화의 메시지를 들고 나가야 할 때입니다. 우리는 가끔 "교회가 세상으로 나가지 않고 자기들의 세만 키우려 한다."라는 비판을 받습니다. 어떤 목회자나 교인들은 "세계 최대의 교회를 세우고 싶고, 다니고 싶다."라고 말해요. 참 위대한 말입니다. 하지만 '세계 최대'가 '세계 최강'은 아닙니다. 우리는 '세계 최대'를 자랑한 기업들이 하루아침에 무너지는 것을 보았어요. '세계 최대'를 자랑한 교회가 무너지는 것도 보았어요. 중요한 것은 '세계 최대'가 아니라 '세계 최강'입니다. '세계 최강'은 '세계 최대'에서 나오지 않고, 오히려 적은 수에서 나옵니다.

우리 자매 동역자들은 정말 부지런히 캠퍼스로 나갑니다. 학우들을 참 많이 만납니다. 그리고 그들에게 예수님의 부활을 전하고, 희망의 메시지를 전합니다. 하지만 당장에는 그 열매들이 보이지 않습니다. 그래서 어떤 때는 지치고 피곤하기도 합니다. 그렇지만 우리의 수고와 헌신은 절대 헛되지 않습니다. 왜냐하면 부활하신 주님께서 주시는 희망과 평화의 메시지가 그들 속에 떨어져 언젠가 열매를 맺을 것을 믿기 때문입니다.

그러면 이런 현실 앞에서 우리가 어떻게 평화와 희망의 메시지를 전할 수 있을까요? 22절을 읽읍시다. "이 말씀을 하시고 그들을 향하사 숨을 내쉬며 이르시되 성령을 받으라." 예수님께서 우리에게 성령님을 보내주십니다. 부활의 증인은 홀로 일하는 자가 아니라 성령님과 함께 일합니다. 아니 성령님이 함께 하심을 믿고 성령님의 인도를 잘 받는 자입니다.

세상에 나가서 해야 할 일은 무엇입니까? 23절을 읽읍시다. "너희가 누구의 죄든지 사하면 사하여질 것이요 누구의 죄든지 그대로 두면 그대로 있으리라 하시니라." 사실 죄를 용서할 수 있는 권세는 오직 예수님께만 있어요. 하지만 예수님은 이제 사람들의 죄를 직접 용서하지 않습니다. 제자들을 통해서 용서하십니다. 예수님은 하늘에서 어떤 자매의 죄를 직접 용서하실 수도 있지만, 이제는 목자를 통하여 용서하십니다. 따라서 목자가 어떻게 순종하느냐에 따라서 그 결과는 전혀 다릅니다. 우리가 세상에 가지 않고 용서의 메시지를 전하지 않으면 세상은 용서받지 못한 상태로 살다가 그냥 죽게 됩니다. 한 사람이 생명을 얻느냐 그냥 죽느냐는 우리 교회의 손에 달려 있습니다.

오늘 우리가 부활하신 예수님을 만나기 위해서 해야 할 일은 무엇입니까? 어떤 사람은 자기가 직접 경험함으로써 예수님을 만나려고 해요. 다시 살아나신 예수님이 제자들에게 나타나셨을 때 도마는 없었어요. 돌아와 보니 제자들이 변했어요. 하지만 그는 자기가 직접 예수님의 옆구리에 손가락을 넣지 않고서는 제자들의 말을 믿지 않겠다는 겁니다. 자기만 없을 때 나타나신 예수님께 섭섭해서 더욱 고집을 피웠을 수도 있어요.

예수님께서 그런 도마를 위해서 다시 나타나셨습니다. 사랑하는 제자가 불신에 빠져 있기보다는 믿음의 사람이 되기를 원하십니다. 도마는 주님의 기대에 부응하여 고백합니다. "나의 주님이시요 나의 하나님이십니다"(28). 이것은 성경에서 가르치는 것 중에서 최고의 고백입니다. 하지만 그가 믿음을 가지는 과정은 최고가 아닙니다.

어떻게 믿는 것이 중요합니까? 29절입니다. "예수께서 이르시되 너는 나를 본 고로 믿느냐 보지 못하고 믿는 자들은 복되도다 하시니라." 어떻게 보지 못하고 믿을 수 있나요? 목격자들의 증언입니다. 목격자의 증언 중 최고의 증언은 바로 성경입니다. 요한복음이 그 대표작입니다.

이제 우리는 자기 경험보다는 목격자들의 증언에 기초하여 예수님의 부활을 믿을 수 있고, 믿어야 합니다. 그러면 그 믿음을 통하여 생명을 얻습니다. 슬픔을 대신하여 희망을 말하고, 두려움 대신에 평화를 누립니다(30-31). 이런 믿음이야말로 복된 믿음이요, 이런 사람이야말로 복 받은 사람입니다.

오늘 우리가 들어야 할 메시지는 무엇입니까? 죽음 때문에 절망하여 눈물을 흘리고 두려움에 빠져 있는 이 나라에 오직 부활하신 예수님만이 희망과 평화의 메시지를 주신다는 겁니다. 우리 교회로 하여금 세상으로 나가서 희망과 평화의 메시지를 전파하라는 겁니다.

제35강
사랑과 사명

◇ 본문 요한복음 21:1-25
◇ 요절 요한복음 21:15
◇ 찬송 315장, 505장

얼마 동안 우리에게 거룩한 부담을 주었던 분들이 있습니다. "너도나도 젓가락 들고 찔러봐서 확인하자. 나가면 만나고 안 나가면 못 만난다." 고구마 전도 왕이지요. "한번 물면 절대로 놓지 않는다."라며 오늘도 삶의 현장에서 비지땀을 흘리는 '진돗개 전도왕'도 있습니다. 그분들에겐 뭔가 특별한 것이 있습니다. 그 뭔가 특별한 것이 뭘까요?

예수님께서 디베랴 호수에서 또 제자들에게 자기를 나타내셨는데, 그 일은 이러합니다(1). 베드로, 도마, 나다나엘, 세베대의 아들들, 또 다른 제자 둘이 함께 있었어요. 그들이 성경 읽기를 하고 있었다면 얼마나 좋았을까요? 하지만 그들은 '영양가' 없는 말만 하며 헤매고 있었습니다. 그때 베드로가 결단합니다. "나는 물고기 잡으러 간다!" 다른 제자들도 그를 따릅니다(2-3a). 그들은 베드로가 하는 일이라면 무조건 따라 합니다.

그런데 그들이 '물고기 잡으러 간다.'라는 말은 무슨 뜻입니까? 예수님을 믿기 전의 삶으로 돌아간다는 뜻입니다. 그들 대부분은 어부 출신들입니다. 예수님께 '피싱(fishing)'되어 '사람 낚는 어부', 즉 '목자'가 되었습니다. 그들은 부활하신 예수님을 두 번씩이나 만났습니다. 그런데도 사명을 버리고 옛 생활로 되돌아갑니다. 참 이상하지 않아요? 부활하신 예수님이 삶 속에 없고 머릿속에만 있기 때문입니다. 머릿속에서만 뱅뱅 도는 부활은 삶을 변화시키지 못합니다.

옛 생활로 되돌아간 저들은 괜찮았나요? '혹시나'가 '역시나'가 되고 말았습니다. 그 밤에 아무것도 잡지 못하였습니다(3b). 예수님을 떠나면 뭔가 더 잘 될 것 같다는 유혹, 이것처럼 허망한 것도 없습니다. 예수님은 말씀하셨습니다. "너희가 나를 떠나서는 아무것도 할 수 없다"(15:5). 예수님을 떠난 그들은 아무것도 할 수 없습니다. 다만 실패로 인한 허탈감에 눌릴 뿐입니다. 그 밤은 너무 길었습니다.

그러나 날이 새어 갈 때 어떤 새 사역이 시작됩니까? 4절을 봅시다. "날이 새어갈 때에 예수께서 바닷가에 서셨으나 제자들이 예수이신 줄 알지 못하는지라." 그 새벽에 주님께서 오셨습니다. 하지만 제자들은 아직도 어둠 속에 갇혀 있습니다. 그런 그들을 향하여 주님께서 부르십니다. "애들아, 고기가 있니?" 풀이 죽어 대답합니다. "한 마리도 못 잡았어요"(5). 예수님께서 방향을 주십니다. "그물을 배 오른편에 던져라." 그 방향에 순종하자마자 고기가 너무 많아, 그물을 배 안으로 끌어 올릴 수가 없었습니다(6).

예수님은 사역을 떠난 그들에게 왜 고기를 많이 잡도록 도와주셨을까요? 예수님은 베드로에게 첫 만남을 기억하도록 도우신 겁니다. 그가 예수님을 처음 만났을 때도 빈 그물이었습니다. 예수님의 방향에 순종했을 때 만선의 기쁨을 누렸습니다. 이것이 계기가 되어 그는 예수님의 제자가 되었습니다(눅 5:1-11). 예수님은 오늘 다시 베드로의 빈 그물을 채워주십니다. 베드로의 실패를 만회시켜 주십니다. 그 첫사랑을 회복시켜 주십니다. 예수님을 향한 베드로의 사랑은 하루에도 열두 번씩 변합니다. 하지만 예수님의 사랑은 어제나 오늘이나 영원토록 동일합니다(히 13:8).

그러나 누가 먼저 예수님을 알아봅니까? 예수님께서 사랑하시는 그 제자입니다. 그는 베드로에게 말합니다. "주님이시다." 베드로는 벗고 있던 겉옷을 두른 후에 바다로 뛰어내려 헤엄쳐 주님께로 갑니다. 주님을 향한 베드로의 사랑은 '못 말리는 사랑'입니다. 타의 추종을 불허합니다. 다른 제자들은 작은 배를 타고 고기 든 그물을 끌고 왔습니다. 육지에 올라 보니 숯불이 있는데 그 위에 생선이 놓였고 떡도 있습니다(7-9). 주님은 그들을 따뜻하게 맞이하십니다. 주님은 그들을 아침 식사로 초대하십니다. "방금 잡은 생선을 가지고 오너라!" 그들이 고기를 세어보니 백쉰세 마리나 되었습니다(10-11).

예수님은 엄마처럼 말씀하십니다. "와서 아침 먹자!" '와서 조반 먹어라.'라고 말씀하시는 주님은 어떤 분입니까? 세상에 있는 자기 사람들을 사랑하시되 끝까지 사랑하시는 주님이십니다(13:1). 모든 허물과 실수를 아시지만 감당하시는 주님이십니다. 참으로 따사한 엄마의 모습입니다. 제자들은 그분이 주님이신 줄 알기 때문에 감히 묻는 사람이 없습니다(12). 예수님과 그들 사이에 침묵이 흐릅니다. 제자들은 주님 앞에서 몸 둘 바를 모릅니다. 그들은 죄송한 나머지 말도 못 걸고 대접하는 것도 잊어버렸습니다. 그들의 마음을 아신 주님께서 오히려 말을 걸고 대접하십니다.

예수님은 떡을 가져다가 주시고 생선도 주십니다(13). 떡과 생선을 주신 예수님은 보리빵 다섯 개와 물고기 두 마리로 오천 명을 먹이셨던 그 주님의 모습이 담겨 있습니다. 부활하신 예수님은 제자들에게 생명을 주시는 생명의 떡이십니다. 예수님을 떠나서는 생명을 얻지 못합니다. 예수님 안에만 풍성한 생명이 있습니다. 부활과 생명이신 예수님은 제자들에게 세 번씩이나 나타나셔서 믿음을 심으십니다(14).

그들이 식사를 마치자 주님께서 베드로에게 무엇을 물으십니까? 15절을 읽읍시다. "그들이 조반 먹은 후에 예수께서 시몬 베드로에게 이르시되 요한의 아들 시몬아 네가 이 사람들보다 나를 더 사랑하느냐 하시니 이르되 주님 그러하나이다 내가 주님을 사랑하는 줄 주님께서 아시나이다 이르시되 내 어린 양을 먹이라 하시고," 예수님은 베드로에게 "이 사람들보다 나를 더 사랑하느냐"고 물으십니다. '이 사람들'은 '다른 동료 제자들'을 말합니다. 즉 "요한이 나를 사랑하는 것보다도 네가 나를 더 사랑하느냐"는 말입니다.

지금까지 베드로는 그 어떤 제자들보다도 예수님을 최고로 사랑한다고 장담해왔습니다. "주님을 위하여 제가 목숨을 버리겠나이다"(13:37). 예수님은 그런 그에게 물으십니다. "베드로야, 이런 사랑이 지금도 계속되느냐, 네 사랑에 변함이 없느냐?" 예수님은 베드로에게 최고의 사랑을 원하십니다.

왜 그에게 이런 사랑을 원하시는 겁니까? 예수님께서 베드로를 열두 제자 중에서 최고로 사랑하시기 때문입니다. 예수님은 그 사랑의 증거로 당신의 목숨을 십자가에서 내어주셨습니다. 예수님은 베드로를 너무나 사랑하셨기 때문에 그 증거로 십자가에서 못 박혀 돌아가셨습니다. 예수님께서 베드로를 최고로 사랑하시기 때문에 최고의 사랑을 요구하실 수 있습니다. 최고로 사랑하지 못하면 최고의 사랑을 요구하지 못합니다. 예수님은 나 하나만 사랑하는 것처럼 우리 모두를 최고로 사랑하십니다.

베드로는 뭐라고 대답합니까? "주님 그러하나이다 내가 주님을 사랑하는 줄 주님께서 아시나이다." 그는 주님을 사랑했었고 지금도 변함없이 사랑합니다. 비록 잠깐 '물고기 잡으러' 갔었지만, 주님에 대한 사랑만큼은 변함이 없습니다. 이것은 '빈말'이 아닙니다. 듣기 좋은 말도 아닙니다. 그의 진정성을 조금도 의심하지 않아도 됩니다. 그런데 예수님은 그에게 똑같은 질문을 세 번씩이나 하십니다(16-17). 베드로는, 예상치 못한 예수님의 세 번의 질문 앞에서 근심에 빠지고 말았습니다.

이 반복된 질문은 베드로로 하여금 자기 존재의 깊은 곳을 살피게 하는 계기가 되었습니다. 마치 베드로의 사랑 고백에 다른 뜻은 없는지, 혹은 그 고백의 진정성을 어떤 근거에서 받아들여야 하는지 캐묻는 것처럼 보입니다. 베드로가 예수님에 대한 자신감과 단호함은 이 시점에서 흔들렸습니다. 왜냐하면 배반의 아픈 상처가 있기 때문입니다. 그는 숯불 앞에서 예수님을 세 번 부인했었습니다. 예수님은 숯불 앞에서 세 번 물으심으로 그 상처를 치료해 주십니다. 사랑의 새 살이 돋기를 원하십니다. 이런 주님 앞에서 베드로는 오직 주님께서 자기의 모든 것을 아신다는 사실에 호소할 수밖에 없습니다. "내가 주님을 사랑하는 줄 주님께서 아시나이다."

예수님은 사랑을 고백한 그에게 어떤 사명을 주십니까? "내 어린양을 먹이라"(15b). "내 양을 치라"(16b). "내 양을 먹이라"(17b). 이 말씀들은 다 같은 의미입니다. 한마디로 양을 먹이는 목자가 되라는 말입니다. 이것은 예수님께서 이미 베드로에게 주셨던 사명입니다. "아버지께서 나를 보내신 것 같이 나도 너희를 보내노라"(20:21). 하지만 그는 이 사명을 받았는데도 불구하고 '물고기 잡으러' 가고 말았습니다. 일시적으로 사명을 버렸습니다. 그런데 예수님께서 양을 먹이는 목자로서 그 사명을 다시 회복시켜 주십니다.

여기서 한 가지 주의해야 할 것이 있습니다. 그것은, 그가 먹이는 양이 자기 양이 아니라 예수님의 양입니다. 보통 '양을 먹인다.'라고 하면 자기 양을 먹이는 것으로 오해하기 쉽습니다. 하지만 이 세상에 '자기 양은 없습니다. 오직 예수님의 양만 있습니다. 왜냐하면 오직 예수님만이 양에게 생명을 주시기 때문입니다. 오직 예수님만이 양을 위해서 십자가에서 돌아가시고 죽은 자 가운데서 사흘 만에 다시 살아나셨기 때문입니다. 베드로가 양을 먹인다는 것은 이 예수님의 양을 먹이는 겁니다. 우리가 '목자'

라고 하는 것도 이런 맥락과 사상에 기초하고 있습니다.

'양을 친다.'라는 것은 어떻게 하는 겁니까? 예수님의 말씀을 가르치고 예수님의 렌즈를 갖도록 돕는 것입니다. 예수님의 제자로 키우는 겁니다. 좀 더 구체적으로는 성경을 머리로만 알지 않고 삶의 현장에서 그 말씀에 순종하도록 돕는 겁니다. 믿음으로 학교 공부를 하고, 믿음으로 취직하고, 믿음으로 가정교회를 이루도록 하는 겁니다. 혼합주의 세상에서 믿음의 순수성을 지키도록 돕는 겁니다. 한 사람을 이런 '명품 신자'로 키우는 일이야말로 '양을 치는 것'입니다.

그런데 예수님은 사명을 맡기기 전에 왜 사랑을 고백하도록 하셨을까요? 사명과 사랑은 어떤 관계가 있을까요? 양을 치는 것이 자기 양을 치는 것이 아니고 예수님의 양을 치는 것이기 때문입니다. 예수님을 사랑하지 않으면서 예수님의 양을 칠 수는 없습니다. 예수님을 사랑하는 표현이 예수님의 양을 먹이는 일입니다. 예수님을 사랑해야 지혜도 생기고 능력도 생깁니다. 사랑은 사명을 수행하는데 기본이고 가장 유일한 조건입니다.

아픈 사람을 사랑하면 나도 아프고, 기쁜 사람을 사랑하면 나도 기쁘고, 우는 자를 사랑하면 나도 웁니다. 사랑은 운명을 같이하게 하며, 생명을 바칠 정도로 엄청난 용기도 생기게 합니다. 사랑하게 되면 자신을 부정하고 자존심이 없어집니다. 사랑한다고 하면서 아직도 자존심이 있어서 손해 보는 것 같고 아까워서 쩔쩔맨다면 그것은 덜 사랑하는 겁니다.

사랑은 나의 모든 것을 다 주고도 모자라는 겁니다. 자존심 꺾기가 아까워서 뚝뚝 소리를 낸다거나, 헌신하는 것이 분해서 씩씩거린다면 사랑을 모르는 것입니다. 사랑이란 자기를 소멸해도 아까운 것이 없고 부러운 것이 없이 마냥 좋기만 한 겁니다. 그래서 사랑하면 미친다는 말이 나왔습니다. 사랑이란 처다보고 말만 해서 되는 것이 아닙니다. 내가 사랑하는 사람이 소중히 여기는 것을 나도 소중하게 여기는 것이 사랑입니다. 상대방이 고전음악을 즐기면 함께 즐기고, 책을 소중히 여기면 같이 책을 소중히 여길 줄 아는 것이 진정한 사랑입니다.

그러므로 그리스도께서 대신 돌아가셔서 살리신 그 소중한 양을 나도 사랑하는 것이 주님을 사랑하는 것입니다. 주님께서 대신 돌아가셔서 세우신 교회를 사랑하는 것이 바로 그리스도를 사랑하는 겁니다. 사랑은 말로만 하는 감상이 아니라 구체적인 행동입니다. 하나님께서 사랑하시는 한 사람 한 사람을 내가 사랑하는 것이 곧 하나님께 대한 사랑입니다. 그리스도에 대한 헌신은 그리스도의 교회에 대한 헌신으로 나타납니다. 교회에 대한 헌신이란 양에 대한 헌신을 말합니다.

이 사실을 나에게는 어떻게 적용할 수 있습니까? 어떤 사람은 '양을 치는 것'을 특별한 사람이나 하는 것으로 생각합니다. 즉 신앙생활의 일반원리로 받아들이지 않습니다. 예수님을 사랑하는 것은 사랑하는 것이고, 양을 치는 것은 양을 치는 것으로 분리하여 생각합니다. 그러나 성경은 주님을 향한 사랑이 주님의 양을 먹이는 일로 나타나야 함을 분명하게 말씀합니다. 물론 우리는 양을 잘 치려고 하지만 잘 안 되는 현실로 많이 힘들어합니다. 양 치는 일이 힘들다고 해서 신앙의 원리까지 부정해서는 안 됩니다. 우리가 양을 잘 치든지 잘못 치든지 그 원리만은 인정해야 합니다. 즉 예수님을 사랑하는 사람은 누구나 예수님의 양을 먹어야 한다는 것을 영접하고 순종해야 합니다.

양을 치는 것을 다른 말로는 '전도'나 '선교'라고 부릅니다. 교회의 존재 목적은 전도에 있습니다. 교회가 이 원칙을 잃어버리면 교회의 존재 의미를 잃어버리는 겁니다. 교회는 전도를 위해서 존재하는 것이고, 전도 때문에 존재하는 겁니다. 오늘 우리가 여기에 존재하게 된 이유가 바로 여기에 있습니다. 전도는 우리의 정체성입니다. 전도 없이 부흥은 이루어지지 않습니다. 나로부터 이웃, 직장, 그리고 캠퍼스에서 양을 치는 역사가 일어나기를 바랍니다.

사명을 회복한 베드로의 과거와 미래가 어떻게 대조됩니까? 18절을 읽읍시다. "내가 진실로 진실로 네게 이르노니 네가 젊어서는 <u>스스로 띠 띠</u>고 원하는 곳으로 다녔거니와 늙어서는 네 팔을 벌리리니 남이 네게 띠 띠우고 원하지 아니하는 곳으로 데려가리라." 베드로는 지금까지 스스로 띠를 띠고 자신이 원하는 대로 살았습니다. 그러나 이제부터 다른 사람이 띠를 띠우고 그가 원하지 않는 곳으로 데려갑니다. 자기중심에서 예수님 중심으로 그 삶의 중심이 바뀌게 됩니다. 삶뿐만 아니라 죽음으로도 하나님께 영광을 돌리게 됩니다(19). 그는 이제부터는 오직 예수님만 따라야 합니다. 주님을 향한 사랑은 주님을 따르는 행동으로 나타나야 합니다.

그때 베드로가 돌이켜 예수님의 사랑하시는 그 제자가 따르는 것을 보고 묻습니다. "이 사람은 어떻게 되겠습니까?" 그는 그 제자와 비교의식이 들었습니다. 그러나 그는 상관하지 말아야 합니다. 그 제자는 그 제자의 길을 가고, 나는 나의 길을 갈 뿐입니다(20-22). 모든 사람은 하나님 앞에서 절대적 자기 길이 있습니다. 비록 사람들이 예수님의 말씀을 오해할지라도 우리는 우리의 길을 가면 됩니다(23). 왜냐하면 우리는 이 일들을 기록한 그의 증언이 참된 줄 알기 때문입니다(24-25).

오늘 요한복음을 끝내면서 우리에게 도전을 주신 말씀은 무엇입니까? "나를 사랑하느냐?" "내 어린양을 먹이라!" 주님께 사랑을 고백하고 사명을 감당하는 '작은 목자'요 성경 선생으로 자라기를 기도합니다!

참고 도서

김득중. 『요한의 신학』. 서울: 컨콜디아사, 1994.

김병국. 『설교자를 위한 요한복음 강해』. 서울: 대서, 2007.

김세윤. 『요한복음 강해』. 서울: 두란노, 2004.

김선정. 『요한복음서와 로마황제숭배』. 서울: 한들출판사, 2003.

백예철. 『요한복음』. 서울: 성광문화사, 1990.

유상섭. 『설교를 돕는 분석요한복음』. 서울: 규장, 1999.

이필찬. 『요한복음1: 이 성전을 헐라』. 서울: 엔크리스토, 2008.

이한수. 『신약은 성령을 어떻게 말하는가』. 서울: 이레서원, 2001.

정성구. 『영원한 생수가 흐른다』. 서울: 총신대학출판부, 1997.

Barton, Bruce B. *Life Application Bible Commentary: John*. 전광규 역.
    『(적용을 도와주는) 요한복음』. 서울: 성서유니온선교회, 2005.

Beasley-Murray, George R. *WBC; John*. 이덕신 옮김. 『요한복음』. 솔로
    몬, 2001.

Bruce, F. F. *The Gospel Of John*. 서문강 옮김. 『요한복음』. 서울: 로고
    스, 2003.

Fee, Gordon D. & Stuart, Douglas. *How to Read the Bible Book*. 김진선
    옮김. 『책별로 성경을 어떻게 읽을 것인가』. 서울: 성서유니온선
    교회, 2004.

Guthrie, Donald. *New Testament Introduction*. 김병국 · 정광욱 옮김. 『신

약 서론』. 서울: 크리스챤 다이제스트, 2003.

Hendriksen, William. *The Gospel of John*. 문창수 역. 『요한복음(상)』. 서울: 아가페, 1974.

Keener, Craig S. *The IVP Bible Background Commentary*. 정옥배 · 김 현희 · 유선명 [공]옮김. 『성경배경주석: 신약』. 서울: IVP, 2001.

Kysar, Robert. *John the Maverick Gospel*. 나채운 역. 『요한복음서 연구』. 서울: 성지, 1996.

Lenski, Richard C.H. *The Interpretation of St. John's Gospel II*. 장병일 역. 『요한복음(상)』. 서울: 백합, 1974.

Milne, Bruce. *The New Testament World Insights from Cultural Anthropology*. 심상법 옮김. 『신약의 세계: 문화인류학적인 통찰』. 서울: 솔로몬, 2000.

Morris, Leon. *John*. 홍찬역 역. 『요한신학』. 서울: 기독교문서선교회, 1995.

Pink, A. W. *John*. 지상우 역. 『요한복음』. 서울: 엠마오, 1987.

Smalley, Stephen S. *John Evangelist and Interpreter*. 김경신 역. 『요한 신학』. 서울: 생명의 샘, 2004.

Sloyan, Gerard S. *John: Interpretation*. 『요한복음: 목회자와 설교자를 위한 주석』. 서울: 한국장로교출판사, 2000.

Tenney, Merrill C. *John: The Gospel of Belief an Analytic Study of the Text*. 김근수 역. 『요한복음서 해석』. 서울: 기독교문서선교회, 2003.

Bauckham, Richard & Mosser, Carl. *The Gospel of John and Christian Theology*. Grand Fapids: Wm. B. Eerdmans Publishing Co., 2008.

Beasley-Murray, George R. *Word Biblical Commentary(36)*. Texas: Word Books Publisher, 1987.

Bieringer, R. & Pollefeyt, D. *Anti Judaism and Fourth Gospel*. London:

Westminster John Knox Press, 2001.

Brown, E. Raymond. *The Anchor Bible–The Gospel according to John.* New York: Doubleday & Company Inc., 1966.

Bruce, F. F. *The Gospel of John.* Grands Rapids: William B. Eerdmans Pub., 1983.

Carson, D. A. *The Gospel According to John.* Grand Rapids: William B. Eerdmans Pub., 1991.

Clark, H. Gordon. *The Johannine Logos.* N.P.: The Presbyterian and Reformed Publishing Com., 1972.

Kee, Howard Clark· Young, Franklin W. *Understanding The New Testament.* Englewood Cliffs, N.J. : Prentice Hall, 1957.

Lenski, R. C. H. *The Interpretation of St. John's Gospel: Commentary on the New Testament.* N.P.: Hendrickson Publishers, 1998.

Moloney, J. Francis. T*he Gospel of John: Sacra Paginal Series.* Collegeville: The Liturgical Press, 1998.

Whitacre, A. Rodney. *John: The IVP NTC series.* Downers Grove: IVP, 1999.

권성수. "설교자를 위한 요한복음의 신학이해."『그말씀』. 서울: 두란노, 2004-9.

심상법. "요한복음의 주제와 구조."『그말씀』. 서울: 두란노, 2004-9.

양용의 외. "요한복음을 어떻게 설교할 것인가 ②."『그말씀』. 서울: 두란노, 2004-10.

윤철원. "요한복음 설교를 위한 배경: 두 세계."『그말씀』. 서울: 두란노, 2004-9.